新・アメリカ研究入門

[増補改訂版]

矢野 重喜 編

成美堂

まえがき

　本書は、アメリカ合衆国についての基礎的な知識を身につけるためと、アメリカ研究の入門書として、編集された大学・短大の1、2年生（1、2回生）を対象にした教科書です。したがって、アメリカ合衆国について分かりやすく解説することに心掛けています。この意味では、日本との関係が、さらに一層緊密さを増しつつあるアメリカ合衆国に関心のある人たちのための、アメリカ合衆国について解説した標準的な教科書と言えるかもしれません。

　アメリカ合衆国の17の分野について、編者を含めた15人の執筆者によって、本書は書かれています。分担執筆による本書には、担当分野を主に研究している専門家によって執筆されるという利点があります。本書の執筆者は、いずれもそれぞれの分野について長い研究歴を持ち、実際の教育現場に立つ人びとです。各執筆者が豊富な教育経験を踏まえて、限られた頁（ページ）内に、執筆分野の基礎的な知識と考える内容を盛り込むことに、意を注ぎました。

　今日、アメリカ合衆国を論じた書物は、日本に数多くあり、大学のアメリカ研究を専攻する学生向けの教科書も少なくありませんが、一般学生向けのアメリカ研究の入門書は必ずしも多くはありません。本書が一般学生および一般読者のためのアメリカ概説書、アメリカ研究入門書の1冊になることを願っています。

　幸いにして、読者の皆さんに、本書を特色あるアメリカ合衆国の概説書、研究入門書として活用していただけるならば、私たち執筆者にとって、これに勝る喜びはありません。

1997年11月3日　文化の日に

本書［増補改訂版］については、初版が出版された当初から予定されていました。初版が、諸般の事情で必ずしも、最初の企画通りの内容で出版できていなかったからです。

　21世紀を目前にして、このような形で増補改訂版の出版が実現できたことは、本当に喜ばしい限りです。

　なお、増補改訂にあたって留意したことは、以下の４点です。

1．「序章」、「経済と経営」、「社会」３章の追加
2．必要な加筆修正
3．地図、図表、等の増補
4．索引の充実

2000年８月15日　終戦記念日に

編　者

マリリン・モンロー
『ナイアガラ』(1953)
監督ヘンリー・ハサウェイ

　クリントン大統領は、ダイアナ元英皇太子妃の葬儀で「エルトン・ジョンさんが『キャンドル・イン・ザ・ウインド』を歌った際、涙が出た」と記者団に語り、「あの歌はお気に入りの曲。(もともと曲がささげられた) マリリン・モンローも、死亡した時は36歳だった」と述べたそうです (本文、313頁)。

目　次

　まえがき　　　　　　　　　　　　　　　　　　　　　　　　　　　　i
　アメリカ合衆国歴史略年表　　　　　　　　　　　　　　　　　　　 vi
　アメリカ合衆国50州の地図　　　　　　　　　　　　　　　　　　　viii

1．序章 ……………………………………… 鈴　木　　　透　　1
2．アメリカの地理 ………………………… 氷見山　幸　夫　 13
3．アメリカの歴史 ………………………… 川　島　正　樹　 31
4．アメリカの法律 ………………………… 植　村　泰　三　 51
5．アメリカの政治 ………………………… 重　乃　　　皓　 65
6．アメリカの外交 ………………………… 植　村　泰　三　 79
7．日米関係 ………………………………… 重　乃　　　皓　 91
8．アメリカの経済と経営 ………………… 石　井　貫太郎　103
9．アメリカの労働市場の特質と問題点 ………… 岡　地　勝　二　119
10．アメリカの科学技術 …………………… 竹　内　　　潔　139
11．アメリカの社会 ………………………… 矢　野　重　喜　157
12．アメリカの民族 ………………………… 黒　岩　　　裕　171
13．アメリカの女性
　　　──価値観の変化を中心として── ……… 藤　田　真理子　191
14．アメリカの思想的原型
　　　──エドワーズとエマソンの思想を通して── 佐　久　間　重　203
15．アメリカの宗教
　　　──任意主義の浸透と信教の自由の確立── … 柴　田　史　子　221

16. アメリカの教育 ……………………………… 濱田佐保子 235
17. アメリカの文学
　　——神話と文学的想像力—— ……………… 大畠一芳 249
18. アメリカの言語 ……………………………… 樋口明夫 271
19. アメリカの音楽 ……………………………… 北山敦康 287
20. アメリカ大衆文化がつくった日本
　　——アメリカ文化研究への誘（いざな）い—— …………… 矢野重喜 303

あとがき ………………………………………………………… 319

付　録
　1. 地図 ……………………………………………………… 322
　2. アメリカ合衆国歴史重要人物一覧 ………………………… 326
　3. アメリカ研究関連インターネット・ホームページ一覧 ……… 328
　4. アメリカ研究関連機関電話番号一覧 ……………………… 329
　5. アメリカ永久保存指定映画25本 ………………………… 330
　6. 索引 ……………………………………………………… 333

執筆者一覧 ……………………………………………………… 338

＊　映画の写真協力： （財）川喜多記念映画文化財団
　　作品タイトルの後のカッコ内の数字は、製作年を示します。
　　例：『ナイアガラ』（1953）

アメリカ合衆国歴史略年表

西暦年	事項
1492	クリストファー・コロンブス、「新世界」に到達
1607	ヴァージニア会社、最初の北米植民地ジェームズタウンを建設
1619	黒人奴隷貿易始まる（-1807）
1620	ピルグリム・ファーザーズがメイフラワー号でプリマスに移住
1636	ハーヴァード大学創設
1676	ヴァージニアでベーコンの反乱起こる
1697	この頃、三角貿易始まる
1734	ニューイングランドで「大覚醒運動」盛んになる
1775	英米、レキシントンとコンコードで衝突、独立戦争開始（-83）
1776	アメリカ独立宣言を採択し公布
1783	ノア・ウェブスター『アメリカ綴字教本』（初版）出版
1788	アメリカ合衆国憲法発効
1795	リンドリー・マリー『*English Grammar*』出版
1812	対英宣戦布告、1812年戦争開始（-14）
1823	モンロー宣言を発表
1828	ノア・ウェブスター『アメリカ英語辞典』出版
1830	インディアン強制移住法成立（ミシシッピ川以西へのインディアンの強制移住始まる）
1836	エマソン他、トランセンデンタル・クラブを結成
1846	米、メキシコ両軍戦闘開始（-48）
1852	マサチューセッツ州、義務教育法制定
〃	ストウ夫人『アンクルトムの小屋』出版
1853	日米修好通商条約調印
1861	南北戦争（-65）
1863	リンカーン大統領、奴隷解放宣言
1865	憲法修正第13条（奴隷制全廃）
1869	最初の大陸横断鉄道が完成
1877	南部再建政策終了
1885	マーク・トウェイン『ハックルベリー・フィンの冒険』出版
1888	ウッズホール海洋生物学研究所設立
1891	エディソンの映画産業が栄える
1898	ハワイ併合／米西戦争の結果、フィリピンほかを領有
1914	フォード、自動車の大量生産を始める
1917	対独宣戦布告、第一次世界大戦（1914-18）に参戦
1920	憲法修正第19条（婦人参政権）成立／ラジオ放送の開始

1921	レコード生産、年間1億枚以上に達する
1924	割当移民法（排日条項付移民法）成立
1929	「暗黒の木曜日」、ニューヨーク株式大暴落／大恐慌始まる
1933	F・D・ローズヴェルト大統領、ニューディール政策開始
1939	ジョン・スタインベック『怒りの葡萄』出版
1941	日本、真珠湾攻撃／アメリカ対日宣戦布告（太平洋戦争開始）
1945	ロスアラモス研究所で世界最初の原子爆弾が完成
〃	広島・長崎に原爆投下／日本降伏（第二次世界大戦終結）
1950	朝鮮戦争勃発（-53）
1951	対日講和条約・日米安全保障条約調印
1954	最高裁「ブラウン」判決で公立学校における人種隔離違憲判断
1955	アラバマ州モントゴメリーで人種隔離バス・ボイコット（公民権運動の始まり）
1957	スプートニク・ショック（ソ連、人工衛星の打ち上げに成功）
1962	ワシントン大行進（キング牧師「私には夢がある」演説）
〃	レイチェル・カーソン『沈黙の春』出版
1963	J・F・ケネディ大統領暗殺
1964	1964年の市民権法成立（人種差別の撤廃）
1965	北ヴェトナムへの爆撃（北爆）開始（戦争への関与深まる）
〃	投票権法（南部における黒人参政権の保証）
〃	ジョンソン移民帰化法成立（新しい移民の時代を迎える）
1968	脳死に関する「ハーヴァード基準」が報告される
1969	アメリカの宇宙船アポロ11号月面着陸、人類初めて月面に立つ
〃	生命倫理研究のヘースティングセンター設立
1975	ヴェトナム戦争終結
1979	米中国交関係樹立／スリーマイル島原発事故起こる
1982	米国内で初のエイズ患者見つかる
1988	アメリカ包括貿易法成立
1989	米ソ両国首脳によるマルタ会談（東西冷戦の終結）
1990	イラクのクウェート侵攻によるペルシャ湾岸戦争起こる
1992	ロサンゼルスで暴動発生
1996	クローン羊ドリー、誕生
2000	ヒトゲノム解析進む

主要参考文献：
亀井俊介・平野 孝編『講座アメリカの文化 別巻1』（南雲堂、1971年）。
Bradbury, Malcolm & Howard Temperley, ed., *Introduction to American Studies*. Third ed., New York: Longman, 1998.

アメリカ合衆国50州の地図*)

数字は州成立の年
( )内の年は、合衆国憲法批准の年

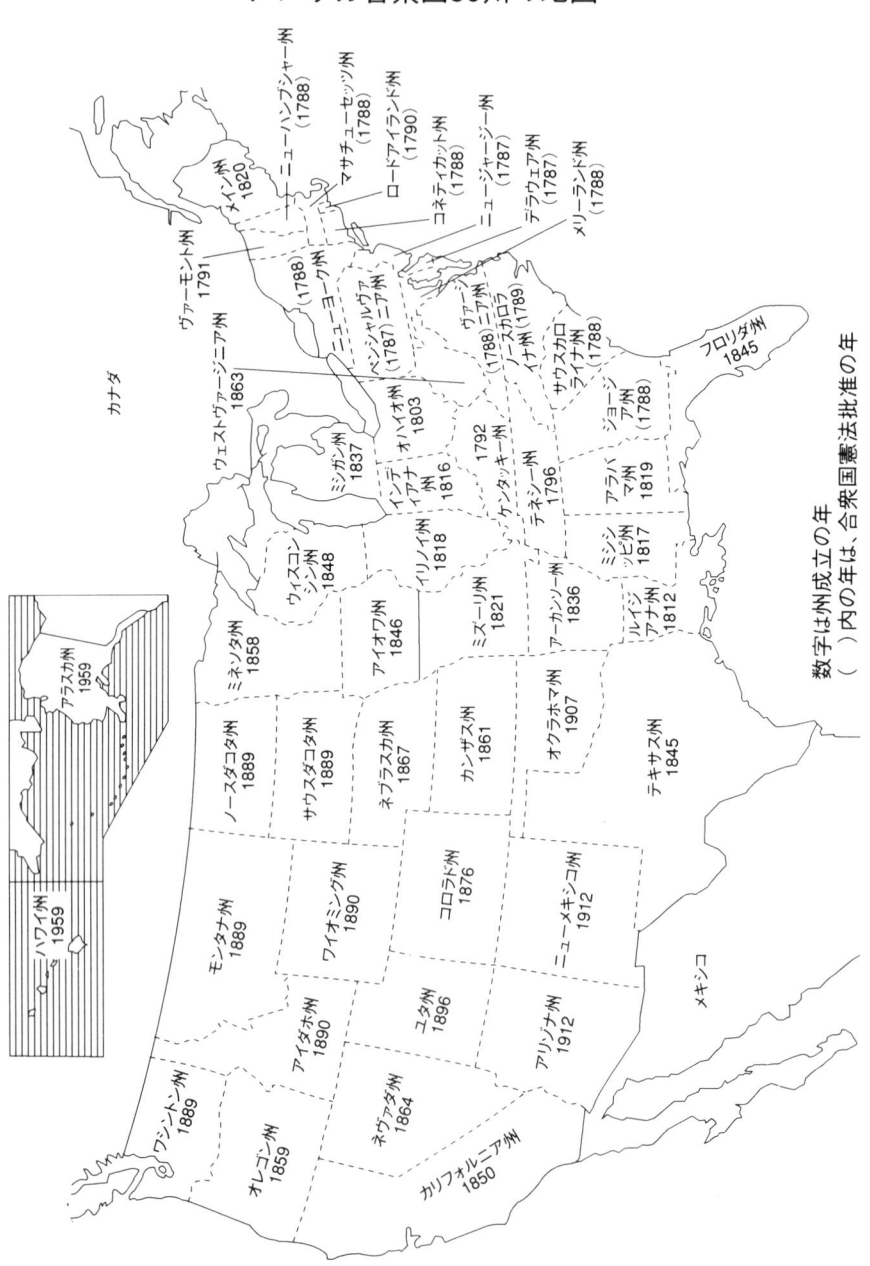

*) 有賀　貞著『アメリカ史概論』（東京大学出版会、1987年）x 頁。

1. 序章　アメリカ研究を始めよう

1-1. はじめに

　アメリカという国は、皆さんにとって恐らく最も身近に感じられる外国の一つでしょう。例えば、プロ・スポーツや映画、音楽に関心のある人の中には、アメリカの試合をテレビ観戦し、アメリカ映画に足を運び、アメリカのアーティストたちのCDを買い求めるという人も多いことでしょう。また、政治や経済に興味のある人ならば、冷戦終結後もいわば唯一の超大国であり続けるアメリカの動きに注目せずにはいられないはずです。

　確かに現在のアメリカは、このように他の国に対して強い影響力を持つ存在です。しかし、文化の発信基地として、あるいは世界の警察官や世界経済の牽引車としての役割をアメリカが果たすようになったのは、実は20世紀半ば以降であり、比較的最近のことにすぎないのです。つまり、アメリカは皆さんがすぐに思い浮かべるような姿を最初からしていたわけではなく、もしかしたら百年後のアメリカも、今とはかなり違った姿をしているかもしれないのです。

　一方、アメリカは、世界をリードするような存在でありながら、多くの問題も同時に抱えています。犯罪の多さや貧富の差は日本の比ではありませんし、自由と平等を掲げながらも未だにはびこる人種差別、離婚の増大による家族の崩壊や子どもの虐待、麻薬や十代の妊娠など問題は山積しています。アメリカ社会の表と裏の落差の激しさには、しばしば皆さんも驚くことがあるはずです。

　このようにアメリカという国は、日本人にとって身近であるとはいえ、実は不可解な捉えがたさをも同時に秘めています。建国からわずか二百年あまりしか経ていないのに、なぜこれほどの国力を築くことができたのか、また、様々な社会問題があれほど深刻なのにもかかわらず、なぜアメリカは超大国であり続けることができるのか——アメリカという国を眺めているとこうした素朴な疑問がわいてくるに違いありません。

そこで、これから、こうした疑問を解くための旅に出発しましょう。ただ、先に述べたように、アメリカは国家としての歴史そのものは短いですが、その変化の度合いの大きさやこの国の表と裏の落差の程度を考えると、アメリカの経済はこうなっています、文学はこうですといった断片的な知識のみに頼ってこの複雑な超大国を理解しようとしても自ずと限界があります。また、皆さんの中には、現代アメリカで進行中の問題、例えば銃規制や情報革命、遺伝子治療の実用化などに関心を持っている人も多いと思いますが、現代という時代が過去の経緯の積み重ねとして存在している以上、現代アメリカだけを見ても十分な理解に至ることはできません。それ故、この序章では、アメリカに関する個別分野の勉強や事例研究に入る前に、アメリカという国を分析したり理解するにはどのような点を頭に入れておくべきなのか、ポイントを絞って整理することにします。そして、この国がそもそもどのような特徴やメカニズムを持った国で、これからどこに向かおうとしているのかを示し、アメリカという国を勉強することが我々にどのような知的興奮をもたらしてくれるのかについて言及したいと思います。

1-2. アメリカは未完成の実験国家

　アメリカという国の特質を大づかみに把握しようとする時、まず注目すべきなのは、国そのものは建国以来大きな変化を遂げてきているとはいえ、この国の歴史がある一貫した特徴を保持してきているという点です。それは、この国が、いわば未完成の実験国家として歩み続けてきているという点です。

　そもそもアメリカは、混乱の中から出発した国です。1776年に独立革命の最中に出された通称「独立宣言」と呼ばれる文書においても、独立して何という名前の国になるのか明記されていませんでしたし、独立戦争を戦っていた北米大陸の13のイギリス植民地がまとまって一つの国になるのか、それとも13が個々に独立国家となるのかについてもあやふやなまま独立戦争は始まっていたのです。つまり、アメリカは、何もないところから人為的に国家を作り上げるという、途方もない作業に着手するところから始めなくてはならなかったのです。

　その上、当初から独立後の国家形態が不明確だったことに加え、13の植民地の人々の間には自分たちは同じアメリカ人だという意識も最初はあまりありませんでした。しかも、この土地には、一つの同じ国民と呼ぶには背景があまりに異な

る人々が住んでいました。西欧諸国からやってきた白人たちも移住の目的や文化的背景に違いがありましたし、アフリカから奴隷として連れてこられた黒人たちは、決して自分の意志でアメリカにやってきたわけではありませんでした。そして、この広大な大陸には、独自の伝統や生活様式を数世紀に渡って守り続けていた先住インディアンたちが暮らしていました。つまり、アメリカは、言葉も文化も立場も違う多種多様な人々の間に「アメリカ人」という共通の国民としてのアイデンティティーをどう作り上げていくかという、集団統合の根幹に関わる問題とも当初から格闘せざるをえなかったのです。

　アメリカという国家も、アメリカ人という概念も確立していない、いわば国家も国民も未完成の状態から誕生した国、それがアメリカです。言い換えれば、アメリカは、人為的な国家建設と国民統合という、いつ完了するかもわからないような壮大な実験を宿命づけられて出発した実験国家なのです。しかし、未完成であるということは、決してマイナスばかりを意味するとは限りません。未完成であるという状態は、より完全な状態を目指した試行錯誤を促します。実際、その後のアメリカの歩みは、より完全なる国家とより完全なる国民統合に向けての試行錯誤の積み重ねと見ることができるのであり、それは今日でも続いているのです。こうした試行錯誤は、ある時には武力という形をとったり、別の時には法の力に頼ることもありました。また、こうした試行錯誤の過程で犠牲となる人々が出ることもしばしばでした。しかし、この国がしてきたこと、していること、これからするであろうこと、これらはみな、混乱の中から第一歩を踏み出したアメリカという国が、元来未完成であるが故にあえて様々な実験を試みるのを決して苦にしないことと密接に関係しているのです。人為的に国家を作り上げ、背景の異なる人々から一つの国民という集団を作り上げるという遠大な目標を追いかけながら、様々な実験を繰り返してきている国、それがアメリカなのです。

1-3.　アメリカのエネルギー源は相反する二つのベクトル

　とはいえ、試行錯誤を繰り返すのは、相当の労力が必要なはずです。それに、今までのやり方を排して新しいものに切り換えるという実験には、人は二の足を踏むことも多いはずです。それなのに、なぜアメリカは、良さそうなことは何でも新しく始めてみよう、だめならそこでまた考え直せば良いといった試行錯誤を

積極的に許容するような、フットワークの軽さを維持することが可能だったのでしょうか。これには、もちろん、自分たちの未完成さに対する意識が逆に積極的な姿勢を生み出したという部分もあるでしょう。しかし、それに勝るとも劣らないほどこの国の重要なエネルギー源となってきたのは、この国を統合しようとするベクトルと多元化しようとするベクトルという、いわば相反する二つの方向性を持つ力なのであり、これら二つの力が社会内部に作り出す緊張状態がこの国に絶えず推進力をもたらす役割を果してきたと見ることができるのです。

　人為的な国家建設と国民統合を宿命づけられて出発したアメリカにおいては、社会や集団を何とか統合しようとする力が当然生まれてきます。こうした統合化のベクトルは、国内に共通の価値観を作り上げようとする方向性を持ちます。しかし、先に述べたように、アメリカという国を構成している人々の間には、文化や立場にかなりの多様性が存在します。そのため、特定の価値観を社会全体におしつけようとする統合化のベクトルが強くなれば、それだけ、それに抵抗する、いわば多元化のベクトルも活性化されることになります。つまり、アメリカという国は、人為的な統合を宿命づけられているものの、国を構成する人々の多様性故に、特定の価値観を強制したり共有しようとすればするほど、それによって排除された人々の側からの抵抗が強まるような仕組みになっているのです。

　こうした傾向は、社会を効率よく統合するという点から見れば非効率的に見えるかもしれません。しかし、二つの相反するベクトルが緊張状態を作り出すという構図は、アメリカ社会が持つべき伝統や価値観とは本当は何なのだろうかという問いへとアメリカ国民をその都度立ち返らせ、より多くの人に受け入れられるものを試作してみようという動きに弾みをつけることにもなるのです。つまり、アメリカという国は、特定の価値観が暴走することに歯止めをかけ、軌道修正に道を開くメカニズムを保持しているのであり、そのことがこの国の重要な推進力を形作っているのです。統合化と多元化という二つのベクトルのぶつかりあいを克服しなければならないということは、確かに面倒なことですが、そうした状況があればこそ、逆に何とかしなければならないという、前向きの実験精神が絶えず刺激されることにもなるわけです。

　アメリカという国が実験国家であり続けられる理由、それは、統合化と多元化のベクトルが絶えず緊張状態を作り出し、問題解決の必要性を社会に投げかける

という、この国に内蔵されたメカニズムに負うところが少なくありません。国としての歴史の短さや、建国の経緯が物語る未完成さ、多様な集団の存在などは、一見するとこの国の弱点のように思えるかもしれません。しかし、アメリカは、未完成さを旺盛な実験精神へ、そして、複雑な民族構成をより妥当性の高い共通の価値観を模索する契機へと転換するメカニズムを、その短い歴史の間に獲得してきたのです。その意味では、アメリカという国は、その目標の遠大さに比例するダイナミズムとエネルギーを秘めた国といえるのです。

1-4. 21世紀のアメリカ

　実験国家としての特性も、統合化と多元化のベクトルのぶつかりあいも、当然21世紀のアメリカに受け継がれていくことでしょう。しかし、多様性を許容しつつ、国民を統合する価値観を作り出そうとする試行錯誤の連続は、次々と新しい姿へとこの国を変えていくはずです。ですから、皆さん自身がそうした変化を目の当たりにするチャンスも十分にあります。アメリカを研究する面白さの一つは、この国が完全なる国民統合の未だ途上にあり、真の意味でのアメリカ的価値観とか伝統といったものが、未来において作られるかもしれないという点にあるのです。アメリカが過去の遺産を修正し、より強固な国民統合の基盤を果してどのように作り上げていけるのかをリアルタイムで観察する楽しみがそこにはあります。

　現にアメリカは、新たな大きな変化の入口に差しかかろうとしています。それは、これまでにこの国が体験した大きな変化とはやや趣を異にするものです。これまでにアメリカは、二つの大きな変化を体験してきました。一つは、後進的農業国から先進工業国への脱皮であり、これは20世紀前半の段階で完了したといえます。二つ目は、第二次世界大戦を機に孤立主義の外交政策を完全に放棄したことに伴う、超大国への脱皮であり、これによってアメリカは国際政治の舞台でリーダーシップを握り、世界の紛争に積極的に関与して自国の利益を守るという、現在の姿になったのです。これに対して、現在アメリカに忍び寄っているのは、人口構成の変化という社会の根幹に関わる変化なのです。

　従来のアメリカ社会では、WASPと呼ばれる、白人でイギリス系の血を引くプロテスタントの宗派の人々が多数派で、社会の中枢も事実上WASPが握ってきました。しかし、最近では、アジア系や中南米からの移住者であるヒスパニッ

ク系の人々の間の出生率が非常に高く、特にヒスパニック系はアメリカ国民の約10%を占める黒人の人口を抜く猛烈な勢いで増え続けています。そして、この状態が続くと、21世紀の半ばには、非WASPがアメリカの人口の過半数を超える日が来るだろうといわれています。つまり、過去にアメリカが経験した変化が、経済や政治の次元であったとすれば、これからアメリカに訪れようとしている人口構成の変化は、むしろ文化の面に大きな影響を与える可能性を秘めているのです。

　従って、21世紀のアメリカにおいては、WASPの比率の低下に伴い、これまでは少数派だった人々の発言権がより強くなり、黒人や先住インディアンを含めた多元化のベクトルが活力を増す可能性が高いといえます。とすれば、統合化と多元化のベクトルの新たな衝突の中で、従来のアメリカ的伝統や価値観を修正し、WASP以外の人々の立場や意見をより強く反映させる方向でアメリカ文化を再編成しようとする動きが、21世紀のアメリカでは盛んになることが考えられます。現にその兆候は、文学や教育などの分野に既に表れてきていますし、社会の少数派や周縁に追いやられていた人々に改めて注目しようとする姿勢は、アメリカ研究のあらゆる分野で強まっているといえるでしょう。これまであまり取り上げられることのなかった女性の視点からアメリカ社会を見つめ直そうとする研究が増えているのは、こうした傾向の一つの表れです。また、先住インディアンや黒人奴隷など、文字による文化を持たなかったり、自ら積極的に文献記録を残すことのなかった人々の歴史を考古学的手法を活用して復元し、アメリカ社会全体の再解釈を試みようとする最近のアメリカ史研究などにも、その傾向は顕著に見られます。

　このように、21世紀のアメリカは、人口構成の変化という状況の中で、アメリカが持つべき文化とは何かという問いをさらに突き詰める必要性に迫られることでしょう。その上、人口構成の変化は、人種や民族以外にも高齢化現象という形でも表れてくるでしょうし、情報革命の進展や深刻さを増しつつある環境問題とリンクする形で、21世紀のアメリカのライフスタイルには大きな変化が訪れないとも限らないのです。こうした社会的要請や時代の変化の中でアメリカの文化がどう変貌を遂げ、そこからどのような新しい活力が芽生えてくるのか、可能性は無限に広がっているといっても過言ではありません。21世紀のアメリカ研究の面

白さの一つは、新しいアメリカへの道筋をこの目で追いかけられるという点にあるのです。

1-5. 鏡としてのアメリカ研究

　以上、アメリカという国がどのような特徴を持つ国で、現在のアメリカに何が起ころうとしているのか簡潔に述べてきましたが、最後に、このような存在であるアメリカについて研究することの持つ意味について触れたいと思います。アメリカで起きていることを勉強したところで、日本人にとっては無関係ではないかと思う人がいるかもしれません。また、日本人がアメリカについて勉強しても、アメリカ人以上にアメリカのことを理解できるはずなどないだろうし、わざわざ研究してもあまり意味はないのではないかと思う人もいるかもしれません。しかし、外国について研究することは、究極的には自分の住む日本という国、さらには世界全体を改めて見つめ直すための有効な視点を得ることに通じているのであり、アメリカ研究も決して例外ではないのです。

　人為的な集団統合を宿命づけられたアメリカという実験国家は、未だに完成途上にありますし、統合化と多元化のベクトルのぶつかりあいをその都度調整していくには、多大な労力とコストが必要です。しかし、これらは決してアメリカという国の純然たる弱点というわけではありません。むしろ、このことが指し示しているのは、アメリカにおいては、いわば理想や理念が先行しているため、現実をそれに近づけるための努力が絶えず湧き出てくる可能性が大きいということなのです。つまり、アメリカは、歴史は短いながら、危機に直面しても、それを完成途上の出来事として臨機応変に軌道修正できるようなメカニズムを作り上げてきたのであり、いわば弱点を強みに変えようとしてきたといえます。

　こうしたアメリカの体質は、時代の変化の度合いが増し、古い体質からの脱却に際して、より大胆な決断力とそれを遂行するスピードが求められるようになってきた現在、ますますその威力を発揮しつつあります。それに対して、日本は、アメリカよりも長い歴史を持つ国とはいえ、こうした時代の変化への対応力という点では果たしてどうでしょうか。外圧によってではなく、自らの意志によって古い体質から脱却していくには日本社会はどのような仕組みを備えているべきなのか、アメリカという存在は一つのヒントを与えてくれるかもしれません。

また、もし今後とも日本が現在の経済水準を維持しようとすれば、高齢化と出生率の低下の中で、労働人口をどう確保するかという深刻な問題に直面するでしょう。その際には、労働人口の高齢化のみならず、労働人口を補うための移民の受入れという選択肢を取ることも考えられます。つまり、21世紀の日本は、現在よりも外国人労働者が増える可能性があり、そうなれば、そうした人々の子孫が日本に住み着いたり、日本人との間にできた子どもの数も増えることになるのです。このことは、いわば人口構成の変化という、アメリカに起きつつあるのと似た現象を日本も体験する可能性を示唆しているだけでなく、より多様な背景の人々を将来の日本社会はどう受け入れるのかという重要な問題をも提起しています。人口構成が変化する中で、多様な背景の人々をどう統合していくかという、アメリカに突きつけられた課題は、日本人にとって決して対岸の火事ではなく、アメリカの行く末を追いかけることは、そうした将来の日本に起こるかもしれない現象に対する問題意識を深めることにも通じているのです。
　もっとも、戦後の日本はアメリカの存在を強く意識して変身しようとしてきたとはいえ、アメリカが全ての面で日本にとってのお手本であるというわけではないでしょう。しかし、アメリカを勉強することによって、アメリカという国のどこに見るべきものがあるか、あるいは問題点がどこにあるかを把握できれば、それと自国を比較しようとする発想が生まれるはずです。アメリカを知るということは、日本を見つめ直すという行為につながっているのであり、アメリカという研究対象は、自国を改めて眺めるための鏡としての意味を持っているのです。
　さらに、アメリカという鏡は、将来の日本を考えるヒントに満ちていることに加え、今後の世界の行方を占う意味でも貴重な存在といえます。21世紀にはグローバル化がいっそう進み、国境を超えた人と物の交流がますます盛んになるだけでなく、環境問題や食糧問題など、国境を超えて地球規模で対応しなくてはならない場合が増えることでしょう。しかし、地球全体を統括するような政府は、現在はまだありませんし、各国の文化的背景や利害関係も千差万別です。そこには、立場の違う人々をどう統合し、一つの意思決定にどうつなげられるかという問題があります。でも、考えてみると、アメリカという国は、自分の国を作り上げていく過程で、常にこの種の問題と格闘してきた国なのです。その意味では、人為的な集団統合というアメリカの経験してきたのと類似のことを、今度は各国が集

まって行う番がきつつあるのです。

　みなさんには、アメリカという国が背負った運命がこれまで非常に特殊に見えていたかもしれません。しかし、21世紀にはそれがそうでなくなるような状況が迫りつつあるのです。人為的な集団統合という課題に対して、人類には何ができるのか——アメリカが繰り返してきた実験は、その可能性を探る重要なサンプルとしても意味を持ちつつあるのです。

　果して、背景や立場の異なる人々の集団統合や利害調整を世界的規模で実践する必要性の増大に伴って、世界全体がアメリカ化していくのかどうかはまだ定かではありません。しかし、現実の世界では、メイド・イン・アメリカの物や娯楽が広く浸透してきているという事実を考えるならば、アメリカという存在は、元来の特殊性を薄め、むしろ普遍性を獲得しつつあると見ることもできるでしょう。そこには、アメリカ文化による他国の文化の侵略であるとか、文化帝国主義的な文化破壊の危険が潜んでいるのも事実ですが、いずれにせよ、今後の世界において、異文化理解を促進しつつ、いかに人類が共通の認識を作り上げていくかという難しい課題を考える上で、アメリカという存在と向き合うことは避けて通れないことなのです。

　このように、アメリカを研究するということは、単に教養を積むということ以上の奥行きや広がりを持っています。アメリカという国が、類稀な活力を維持しながら、いかに遠大な目標を追いかけているかについて詳しくなるだけでなく、そこから今後の日本や世界のあり方をめぐるヒントが見えてくる——このような知的興奮をもたらしてくれるアメリカ研究を是非始めてみませんか。

推薦図書

［1］　オーガスト・ラドキ『アメリカン・ヒストリー入門』（南雲堂，1992年）．
［2］　『USA GUIDE』（全9巻）（弘文堂，1992年）．
［3］　ヴィンセント・N・パリーロ『多様性の国アメリカ』（明石書店，1997年）．
［4］　鈴木　透『現代アメリカを観る』（丸善ライブラリー，1998年）．

―― 〈とっておきのアメリカ〉 ――――――――――――――――――

　「アメリカに行く予定があるのですが、どこかお薦めの場所はありますか。」学生からよくこうした質問がきます。外国のことを研究するなら、やはり百聞は一見にしかず。現地に行けるのであれば、それは貴重な体験ですから、期間の長短にかかわらず、是非とも実際にこの目で確かめてくることを私は勧めます。

　いわゆるパック旅行の定番となっているような観光地を訪れるだけでも、アメリカという国の雰囲気は多少はわかるとは思いますが、この国をもっと知りたい人には、訪れてほしい場所が他にたくさんあります。例えば、ニューヨークに行く機会があったら、自由の女神の近くのエリス島に行ってみて下さい。ここは、19世紀末から20世紀半ばにかけて合衆国移民局が置かれた所で、船でやってきた移民の入国審査が行われた建物が現在博物館になっています。移民たちはなぜ各地からアメリカにやってきたのか、アメリカ人になるにはどのような試練があったのか、それらの人々はその後アメリカ社会にどのような貢献をしたのか等について、理解を深められるでしょう。そうすれば、多様な背景の人々から成るこの国の抱える問題と可能性の両方がより鮮明に見えてくるはずです。

　また、もし南部を訪れる機会があったら、テネシー州、メンフィスにある公民権博物館に是非立ち寄ってみて下さい。これは、公民権運動の指導者だったマーティン・ルーサー・キング牧師が、1968年に暗殺された場所に建てられたもので、人種差別に対する黒人たちの闘いの歴史を垣間見ることができます。黒人がどのような差別を受け、大きな犠牲を払いながらそれにどのように立ち向かっていったのかを目の当たりにすると、人種問題にうとい日本人はかなりの衝撃を受けるかもしれませ

ん。しかし、この博物館からは、アメリカが抱える問題の深刻さのみならず、そうした現実を乗り越えようとする活力が決して失われることなく次の世代に継承されようとしている点も感じてもらえると思います。

　これら二つの場所は、アメリカについて勉強する人には是非足を運んでほしいのですが、最後に、私自身がアメリカで一番気に入っている場所を紹介しましょう。それは、アメリカの南西部、州でいえばニューメキシコ州の辺りです。この地域は、砂漠と岩山から成る荒涼とした乾燥地帯で、人口密度も低く、大きな街もあまりありませんが、かつてメキシコを支配したスペインの文化と先住インディアンの文化とが融合し、建築、美術、宗教、食文化などにおいて独特の風土が形作られています。南西部の先住インディアンの伝統的建材であるアドービと呼ばれる煉瓦でできた建物がスペイン風の広場を取り囲む街や、先住インディアンの人々のプエブロと呼ばれる集落など、典型的なアメリカの大都会からすれば異次元的空間に足を踏み入れると、この国の持つ多様性を実感できるだけでなく、アメリカという国が異なる文化の衝突と融合を繰り返しながら独自の伝統を紡ぎ出そうとしてしてきたことに改めて気づくでしょう。

　　　　　　　　　　　　　　　　　　　　　　　　　　　　（鈴木　透）

上方：自由の女神像が立つリバティ島
手前：エリス島

自由の女神

2. アメリカの地理

2-1. 概観

アメリカ合衆国は北アメリカ大陸の中央部に位置する48州、同大陸の北西端に位置するアラスカ州、それに太平洋上にあるハワイ州からなる連邦共和国で、総面積は966.7万平方キロ、総人口は26,065万人（1994年）です。本土の48州は北緯24度30分から49度、西経66度57分から124度45分までの範囲に位置し、北はカナダと、南はメキシコと国境を接し、西には太平洋が、東には大西洋があります。また外領としてプエルトリコ、バージン諸島、太平洋上の米領サモア、グァム島、ウェーク島があります。日本の25倍以上という広大な国土のため、本土だけでも1時間ずつ異なる4つの標準時帯があります。日本との時差は西岸のロサンゼルスで7時間、東岸のニューヨークでは10時間ですが、太平洋上に日付変更線がある関係で、時刻は日本の方がロサンゼルスよりも17時間、ニューヨークよりも14時間早くなっています。本土は北アメリカ大陸の中緯度地域を西端から東端まで横切っているため、東北部で日本と類似する気候が見られる一方で、南部で亜熱帯気候、内陸部で砂漠気候、太平洋岸で地中海性気候が見られるなど、自然環境も変化に富んでいます。また様々な民族的背景をもった人々からなる多民族国家であり、社会文化的にも顕著な地域差が見られます。

2-2. 地形

アメリカ合衆国本土は中央部にミシシッピ川流域の大平原が広がり、その東側にアパラチア山脈が南北にはしり、西側にはロッキー山脈がメキシコから国土を南北に縦貫し、カナダ中北部にまで達する巨大な山地をなしています（図1）。本土は大きく次の5つの地形区に分けることができます。

(1)大西洋—メキシコ湾岸低地：大西洋岸のニューヨーク付近からメキシコ湾岸

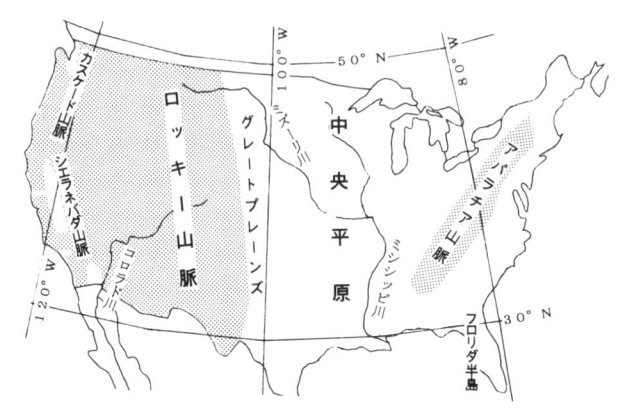

図 1　アメリカ合衆国の地形——山脈や谷、低地など
は、概ね南北に連なっています。

のテキサス州まで、海岸沿いに3000キロメートルにおよぶ帯状の低地があります。その幅は北部では狭いですが、南にゆくほど広くなっており、最も広いところで600キロメートルに達しています。全般に、ケスタの名で知られる小起伏平原の形状をなしています。この低地帯の大半は、森林と湿地になっています。

　(2)**アパラチア山脈地域**：北東部のニューイングランド地方から南東部のアラバマ州まで南北に伸びるアパラチア山脈と、その周辺地域からなります。アパラチア山脈は侵食の進んだ古い褶曲山脈で、森林資源や石炭資源に恵まれています。山脈の南東麓にはピードモント（山麓）台地が幅150～200キロメートルで連なっており、それと大西洋—メキシコ湾岸低地との境界線上には急流や滝が多く、水力を利用した工業や内航運輸が盛んな、いわゆる滝線都市が発達しました。

　(3)**中央平原地域**：北アメリカ大陸東部のアパラチア山脈と西部のロッキー山脈はともにほぼ南北にはしっており、それらの間に中央平原（中央低地）と呼ばれる東西幅約2000キロ、南北長約4000キロに及ぶ広大な平原があります。この地域はかつて草原が卓越していましたが、現在はほとんどがとうもろこし、小麦、大豆などの畑や牧草地になっています。この平原の西部のロッキー山脈に隣接する東向き緩傾斜面はグレートプレーンズと呼ばれています。

図2 コロラド高原──巨大な水平堆積層が深く侵食され、メサと呼ばれるテーブル状の地形をつくっています。

(4)ロッキー山脈地域：合衆国を南北に縦断しカナダの中北部にまで及ぶ長大な山脈で、東西幅も広いところで1600キロメートルに達します。4000メートルを越える山々とともに多数の谷や盆地も見られ、それらは概ね南北方向に連なっています。山脈南西部のコロラド高原にあるコロラド川の大渓谷はグランドキャニオンの名で知られ、世界的な観光地になっています（図2）。この地域の地形は、白亜紀後期の造山運動とそれに伴う火山活動、侵食活動などにより形成されました。

(5)太平洋岸地域：ロッキー山脈の西側には、メキシコからアラスカまで連なる起伏の激しい山脈があります。この山脈はカリフォルニア州ではシエラネバダ山脈、その北のオレゴン州とワシントン州ではカスケード山脈と呼ばれています。これらの山脈の西側には断層によってできた谷が南北に連なり、特にカリフォルニア州のセントラル・バレーは広大で、大農業地帯となっています（図3）。またシエラネバダ山脈とその東方のロッキー山脈との間には、乾燥の厳しいグレート・ベイスン（大盆地）があります。

図3 セントラル・バレーの灌漑農業——乾燥して白く見える大地に湿って黒っぽく見える農地が広がっています。

2-3. 気候

　アメリカ合衆国の本土の大半は中緯度の偏西風帯に位置しています。北部は大陸性の冷帯に属し、冬季は寒冷で降雪がありますが、南にゆくにつれ温帯から亜熱帯へと変わり、北緯25度のフロリダ半島の南端部は熱帯です。太平洋岸を除くと、降水量は概ね東から西に進むにつれ少なくなっており、テキサス州西部からロッキー山脈丘陵地帯では半乾燥のステップが広がり、ネバダ州、アリゾナ州、ニューメキシコ州では砂漠が見られます。太平洋岸の北部は海洋性の温和な気候で、降水量も年間平均していますが、南部はカリフォルニア州を中心に地中海性気候が見られ、夏季に乾燥します。カナダの北西にあるアラスカは大半が北緯60度以上の高緯度にあるため、冷涼で亜寒帯林が卓越し、北極海に面する最北部ではツンドラ気候になっています。また太平洋上の北緯20度付近に位置するハワイ諸島は、北東よりの貿易風の影響下にあり、大半が湿潤熱帯気候に属します。農業に大きな影響を及ぼす水収支の上からは、本土は次の5地帯に分けることができます。

(1) **超湿潤地帯**：北太平洋岸に沿って内陸のカスケード山脈の稜線まで広がり、年間降水量は800ミリ～3800ミリです。降水は低気圧及び山腹に当たった湿った西風の上昇によりもたらされ、一般に冬湿潤で夏乾燥します。海の影響が強いため、冬の気温は比較的高く、夏の気温は極端な上昇を示しません。平地が少ないこともあり、農業はあまり盛んではありません。

(2) **湿潤地帯**：スペリオル湖からテキサス州のメキシコ湾岸に至る線の東側に位置します。年間降水量は700ミリ～1300ミリ程度で、雨は夏に多く降ります。北緯37～38度以北では、冬にしばしば雪が降ります。本土南東部のフロリダ半島やその北の大西洋岸は、秋にしばしばハリケーンに襲われます。

(3) **亜湿潤地帯**：湿潤地帯の西側に東西幅数百キロで南北に帯状に広がっており、年降水量は500～1000ミリです。内陸部に位置するため、気温の変動が顕著です。降水は晩春から初夏にかけて多くみられます。この地帯のほとんどで大規模な天水農業が行われています。

図 4　グレート・ベイスンの砂漠の景観――北アメリカ大陸にある砂漠のほとんどがこのような岩石砂漠です。

⑷半乾燥地帯：亜湿潤地帯とロッキー山脈東斜面の間を南北に縦貫するグレートプレーンズの地域が中心です。カスケード—シェラネバダ山脈とロッキー山脈との間のほとんどが含まれます。大半が標高900メートル以上の地域で、降水量は300〜640ミリ程度です。降水量が少ないうえに夏の気温が非常に高く、蒸発散量が極めて多いため、灌漑しなければ作物は育ちません。

⑸乾燥地帯：ネバダの一部、ユタ、アリゾナ、ニューメキシコ、カリフォルニア南東部およびテキサス南西部が含まれ、年降水量は概ね260ミリ以下です。一部で地下水や河川水を利用して灌漑農業を行ってはいるものの、大半がサボテン類のまばらに生える岩石砂漠の様相を呈しています（図4）。

2-4. 生産活動
2-4-1. 農林業

アメリカ合衆国は耕地が国土の20.1％を、牧草地が25.2％を占め、多くの主要農産物の生産と輸出において世界一の大農業国です。主な農産物は表1に示す通りです。大豆ととうもろこしはほとんどが家畜の飼料用であり、大量の牛肉や牛乳などを生産するもとになっています。農業の最大の中心はミシシッピ川流域に広がる中央平原です。この平原の中でも西経100度線付近を境にして東側は、年降水量500ミリメートル以上の亜湿潤—湿潤地帯になっており、天水農業が卓越しています。この地域の北緯35度付近以北はコーン・ベルトの名で知られるとうもろこしの世界最大の産地であり、以南はコットン・ベルトと呼ばれる大綿花地帯です。一方西経100度線以西はグレートプレーンズに連なる半乾燥地帯であり、地下水を利用した灌漑農業、牧畜、それに乾燥に強い小麦の生産が盛んです。この国の農業の強さの原因として、しばしば気候や土壌などの土地条件に恵まれていること、経営規模が大きいこと、機械化が進んでいることなどがあげられます。それらはいずれも間違いではありませんが、以下の点に留意する必要があります。第一の点については、かつてプレーリーと呼ばれる草原が卓越していた中央平原からグレートプレーンズにかけての地域で、1930年代以降、過度の略奪農業の結果として、スタインベックの小説『怒りの葡萄』で知られるダストボールと呼ばれる大規模な旱魃と農地の荒廃が起こったこと、そしてそれを契機に土壌保全局

が開設され、農法の指導に当たっていることが指摘されます。第二の経営規模に関しては、連邦政府自体が過度の経営農地面積拡大の非経済性を訴えていることと、高い収益をあげているカリフォルニア州の農家の経営農地面積が必ずしも大きくないことに留意する必要があります。第三の機械化に関しては、高額の機械の購入と維持管理が農家にとって大きな負担になっており、不作や作物価格の下落の折りにそれらに耐え切れずに離農する農家が少なくないことが問題点としてあげられます。連邦政府や州政府が農業を手厚く保護していることも、この国の

農産物	生産量	世界シェアと順位
大豆	5,857万トン	46.5% (1)
とうもろこし	18,730	36.4 (1)
牛肉	1,155	21.7 (1)
牛乳	7,060	15.2 (1)
チーズ	347	23.0 (1)
小麦	5,949	11.0 (2)
オレンジ類	1,102	15.4 (2)
綿	391	19.8 (2)

表1 アメリカ合衆国の主な農産物（1995年）

図5 ワシントン州における激しい森林伐採広範囲におよぶ森林の皆伐は土壌浸食などの問題を引き起こしています。

農業の強さの背景として見逃せません。連邦政府の補助は、農家の所得保障費だけでも年間178億ドル（1993年）にのぼります。また農産物を海外、とりわけ日本に売り込むために政治的な力が用いられていることも、周知の事実です。

アメリカ合衆国は世界有数の林業国でもあります。森林が国土の30.8％（1992）を占めており、原木の年間生産量は4.9億立方メートルに達し、世界第1位です。年間3591万立方メートルの木材の輸出量はカナダに次いで世界第2位です。商業林の約4分の3は東部にありますが、処女林は太平洋岸のワシントン州、オレゴン州、カリフォルニア州に集中しています。これらの地域では激しい伐採により山林の荒廃が進んでおり、植林や山林の保護が急務です（図5）。日本はこの国からの最大の木材輸入国ですが、輸入量は1990年代に入ってから減少しています。

2-4-2. 鉱業

表2に見るように、合衆国は様々な地下資源に恵まれています。他の国々における地下資源開発が進んでいることと、安い外国産資源の輸入が増えていることのため、合衆国の生産量の世界シェアは多くの地下資源において減少傾向にありますが、総合的に見るならば、今なお世界1、2の資源大国の地位を保っていると言えます。合衆国は世界第3位の石油（原油）産出国です。主な産地は、テキサス州を中心としたロッキー山脈南東部からメキシコ湾岸にかけての地域、北極海に面したアラスカのノース・スロープ地方、カリフォルニア州南部などです。石油は国内消費が多いため、消費量の約半分を輸入に頼っています。石油に次ぐ

鉱産物	生産量	世界シェアと順位
りん鉱石	4,697万トン	34.7％ (1)
塩	3,600万トン	20.9 (1)
モリブデン	48,275 トン	36.8 (1)
金	331 トン	14.2 (2)
銀	1,648 トン	11.7 (2)
石炭	7.76億トン	22.4 (2)
銅	179.6万トン	19.1 (2)
鉛	37.2万トン	13.5 (3)
硫黄	2,320千トン	12.9 (2)
原油	3.45億トン	11.6 (3)

表2 アメリカ合衆国の主な鉱産物（1993, 1994年）

エネルギー資源である石炭の産出においても、合衆国は世界第2位です。しかも石油や天然ガスの産出量が増加していないのに対し、石炭の産出量は増加傾向にあります。石炭の主な産地は、ウェスト・ヴァージニア州を中心とするアパラチア山脈の北西麓、イリノイ州南部、ワイオミング州からモンタナ州にかけてのロッキー山脈地域などです。エネルギー資源以外にも合衆国はりん鉱石、塩、モリブデン、金、銀、銅など多くの地下資源を産出します。しかしかつて世界一をほこった鉄鉱の産出は、優良鉱が枯渇してきたことと輸入鉱石の値段が安くなったことのため、著しく減少しています。

2-4-3. 工業

アメリカ合衆国では重化学工業、精密機械工業、エレクトロニクスなどあらゆる工業が盛んであり、総合的な工業力は今も世界一です。特に化学工業、ハイテク、コンピュータでは、ソフト部門を含め、世界をリードしています。表3に見るように、自動車、コンピュータ、電気冷蔵庫など、世界第1位の生産を誇る工業製品も少なくありません。しかし産業用ロボットの設置台数では日本の数分の1、ほとんどの家庭電化製品の生産で中国を下回るなど、製造業における相対的な地位は徐々に低下しています。この国で最も重要な工業製品である自動車の生産においても、商用車の生産で日本を上回ってはいるものの、乗用車の生産では既に日本に首位の座を奪われています。工業が最も盛んな地域はニューヨークを中心とする大西洋岸中部地域で、チャールストンを含む大西洋岸南部地域とロサンゼルスを中心とする太平洋岸地域がそれに続いていますが、近年は太平洋岸地

工業製品	生産量	世界シェアと順位
自動車	1,226万台	24.8% (1)
コンピュータ	4,479千万ドル	29.9 (1)
電気冷蔵庫	1,031万台	18.7 (1)
プラスチック	3,414万トン	29.6 (1)
合成ゴム	218万トン	25.4 (1)
エチレン	1,815万トン	35.6 (1)
化学繊維	342万トン	17.1 (1)
燐酸肥料	1,022万トン	32.3 (1)

表3 アメリカ合衆国の主な工業製品 (1993, 1994年)

域の比重が高まってきています。特にロサンゼルスからサンディエゴにかけての地域とサンフランシスコ付近における発展が顕著です。サンフランシスコ郊外のシリコンバレーは、世界のコンピュータ関連産業のメッカとも言える地域で、特にコンピュータソフトの開発で知られています。自動車工業は古くからの中心地であるミシガン州のデトロイト大都市圏を中心として発展しています。五大湖南岸の地域は、デトロイト大都市圏の自動車工業の他にも、ピッツバーグの製鉄業、シカゴの食品工業や農業機械製造業などがあり、この国で最大規模の工業地帯を形成しています。

2-5. マサチューセッツ州

　アメリカ合衆国は非常に広く、自然的、歴史的、社会経済的条件も地域により大きく異なります。従って国全体の地理を理解する上でも、それぞれの特徴的地域について知っておく必要があります。そこで、5～9章では個別の代表的地域に焦点を当てます。まず本章ではマサチューセッツ州を取り上げます。マサチューセッツ州は本土の北東部のニューイングランド地方にあります。人口604万人(1994)、人口密度252人/平方キロ、面積2.4万平方キロ、州都は同州最大の都市ボストンです。人口の90％を白人が占めており、白人以外はボストンを始めとする都市部に集中しています。北海道中央部の緯度に相当する北緯43～44度に位置しますが、ボストンの月平均気温は最暖月の7月に23.2度、最寒月の1月に－1.2度で、これは青森市付近とほぼ同じです。ほぼ全州にわたりアパラチア山脈に属する丘陵と台地が広がり、氷河の作用によってできた湖やドラムリン（氷堆石丘）、モレーン（氷堆石堤）などの地形が多く見られます。東部にはケープコッドと呼ばれる巨大な砂嘴が大西洋に弓なりに突き出しており、西部にはコネティカット川が南北に貫流しています。年間降水量は1090ミリ程度で、降水量の季節変動はあまりありません。

　1620年に、ヨーロッパからアメリカに渡った最初の移民船メイフラワー号が着岸したのは、ケープコッドの先端にある、現在のプロビンスタウンの海岸です。それ以来独立戦争を経て現在に至るまで、同州は合衆国で最も伝統のある所と考えられてきました。同州はまた19世紀から現在に至るまで、合衆国の学術・文化の一大中心地でした。独立以来第二次世界大戦前までは、繊維業、造船業などが

図 6 マサチューセッツ州における農地跡の2次林

盛んで、全米有数の工業州でしたが、戦後その地位は低下しました。しかし近年、いわゆるハイテク産業が集積しているのを始め、金融等の経済活動も活発です。

　農業は、山がちのうえ表土が薄く土地がやせているため、全般に振るいません。表土が薄いのは、かつて氷河の移動によって削り取られたためです。19世紀中頃まではこの国の主要な農業地域でしたが、西部開拓の進行に伴い、起伏が多く土壌がやせているなど土地条件に劣り気候条件も厳しい同地の農業は衰退しました。かつての農地の多くは森林に戻っています。州内には森林がたくさんありますが、その多くがこのような2次林です（図6）。

2-6. ニューヨーク州とワシントンD.C.

　ニューヨーク州は大西洋岸中部地域に位置し、面積14万平方キロ、人口1,817万人（1994）で、緯度範囲は北海道とほぼ同じ41〜45度です。面積は同国の州としては格別大きい方ではありませんが、それでも日本の国土面積の3分の1ほどもあります。人口は1810年以来1960年代に至るまで同国最大でしたが、現在はカリフォルニア州、テキサス州に次ぐ第3位です。同国最大の都市ニューヨークは州の南端にあります。州都はハドソン川沿いの内陸都市オルバニーです。この地域はニューイングランド同様開発の歴史が古く、都市への人口や産業の集積が進

んでいます。この地域が大きく発展したのは、ハドソン川などの河川により内陸部と結ばれていたこと、河口部に港を作りやすかったことなどによります。ニューヨークを中心としてボストンからワシントンまで連なる都市群は大西洋岸メトロポリタンベルトと呼ばれ、各種工業や金融などにおいて、同国の中心となっています。

　北部から西部にかけてオンタリオ湖とセントローレンス水系に沿う低地が続き、東部にはハドソン川流域の低地が南北に伸びていますが、州の大半はアパラチア山系とアディロンダック山系の山地や丘陵に覆われています。西部のフィンガー・レイクスをはじめ氷河湖が随所に見られます。気候は湿潤大陸性で、北海道から東北地方に類似します。ニューヨーク市の1月の平均気温は－0.2℃、7月の平均気温は24.7℃で、仙台市の気温とほぼ同等です。

　オンタリオ湖方面の山間地域におけるぶどうやリンゴなどの果樹栽培と、ハドソン低地を中心とする都市近郊型農業を除いては、農業は全般に低調です。工業はニューヨーク市をはじめとして極めて盛んで、自動車、電子工業などあらゆる製造業が発達しています。製造品出荷額は1,542億ドル（1992）で、カリフォルニア州、テキサス州に次いで第3位です。

　ニューヨークは市域人口731万人（1992）、都市圏人口855万人（1992）、大都市圏人口1,967万人（1992）の合衆国最大の都市で、世界経済の一大中心です。特に金融、出版、衣料品製造などで、合衆国の中心になっています。市域人口の29％を黒人、24％をヒスパニックが占め、それらの割合が増加しています。マンハッタン島の高層ビル街、世界の金融の中心ウォールストリート、港外にある自由の女神像、国連本部ビルなど、世界的によく知られた場所や建物がたくさんあります。大西洋に面した天然の良港で、ヨーロッパとの貿易・交流に有利だったこと、エリー運河に繋る大河ハドソン川の河口に位置し、深内陸部と水運で結ばれたこと、マンハッタン島が硬い岩盤からなり、高層建築に適していたことなど地理的自然的条件に恵まれていたことが、発展の基盤となりました。

　ワシントンD.C.（Washington District of Columbia）はアメリカ合衆国の首都です。どの州にも属さない独立都市で、人口59万人（1992）、都市圏人口は436万人（1992）です。合衆国東岸の、ボストンから南に連なるメガロポリスの南端を占めます。ホワイトハウスや連邦議会議事堂をはじめ多くの政府機関がある他、

国立美術館などの有名文化施設がたくさんあります。南北戦争後、人種差別法が設けられなかったこと、いわゆる南部と北部の接点に位置し、南部からの黒人の流入が多かったこと、政府機関が黒人を多く雇用していることなどのため、黒人の人口比率が70％と非常に高くなっています。隣接するヴァージニア州のレストン市付近には、多くの連邦政府機関が置かれています。

2-7. ネブラスカ州

合衆国のほぼ中央部、北緯40〜43度、西経95〜104度に位置し、面積20万平方キロ、人口162万人（1992）、州都はリンカーン、最大都市は同州東端のミズーリ川右岸に位置するオマハです。先に見た東岸地域とは対照的に、州土のほとんどが農地の大農業州で、都市はあまりなく、人口密度もわずか8.1人／平方キロです。山らしい山はなく、緩やかな起伏のある平原が広がっています。ネブラスカ州からシカゴのあるイリノイ州、そしてその西隣のアイオワ州までは、耕地の土壌侵食が非常に激しい地域として知られており、土壌保全局が土壌保全のための様々な活動を行っています（図7）。土壌保全局は1930年代にこの地域を襲った大干ばつと土壌風食による深刻な被害を教訓として発足したものです。ネブラス

図7 土壌保全型耕作（ネブラスカ州）──等高線と緩やかな角度をなす線上に作付けされ、地表には刈り取った葉茎が敷き詰められている。

図 8　センターピボットを用いた灌漑農業（ネブラスカ州）

カ州の東部はいわゆるコーンベルトの西端をなしており、肉牛の肥育、飼料用とうもろこしや大豆の栽培、ブタの飼育が盛んです。それに対し州西部は乾燥が厳しい上に気候が不安定なグレートプレーンズに属し、粗放的な肉牛の放牧（北部）と冬小麦の栽培（南部）を中心とした農業が営まれています。戦後のネブラスカ農業における最大の変化は、灌漑農地の拡大です。1970年代中期に始まったセンターピボットを用いた灌漑法は、粗放的放牧地の卓越する北西部の乾燥した砂岩地帯にも急速に広がり、灌漑農地の拡大に寄与しました（図8）。これに対して減少傾向を見せているのが天水農地と森林です。このような灌漑農業の普及と森林の減少は、地下水の保護や土壌保全の上で、深刻な問題を引き起こしています。オマハの西方ではゆるやかな起伏はあるものの、山は全くありません。オマハは西経100度線の少し東に位置しており、年間降水量500ミリ以上の天水農業地帯の西端付近に当たります。そしてオマハの西方には、地下水灌漑農業地帯が広がっています。地域によっては地下水の汲み過ぎによる地下水位の低下が著しく、10メートル以上に達している所もあります。この地域の地下水は非常に長い時間をかけて涵養されたもので、短期間に補充することはできません。従って地下水汲み揚げのコストは年々高くなり、遠からずそれは農家にとって耐えられない水準に達すると思われます。灌漑などの設備に多額の投資をした農家は、早期

に借金を返済すべく、短期的利益を追求し、無理で浪費的な生産を続けがちです。センターピボットは半乾燥地域における農業の振興に重要な役割を果たしましたが、同時に地下水の略奪と浪費をもたらしています。

　この地域の作物で最も目につくのはとうもろこしです。大豆畑には枯れたとうもろこしの葉茎がびっしりと敷いてありますが、これは土壌保全のためです。しかし、深層までレス（黄土）が堆積していてやわらかく、侵食を受けやすいため、土壌侵食は現在も深刻な問題です。土壌保全上有効だということで、大豆2年、コーン2年、アルファルファ4年、という輪作体系が推奨されています。

2-8. テキサス州

　アメリカ合衆国南部にあるメキシコ湾に面した州で、北緯26～37度、西経93～107度に位置します。面積69万平方キロ、人口1,838万人（1994）、州都はオースティン、最大都市はヒューストンです。人口の75％が白人、12％が黒人で、黒人の割合が比較的高くなっています。州の中央部から北西部にかけてはグレートプレーンズ南端に当たる牧畜地帯が広がり、東南部には湿潤で肥沃な低地が広がっています。年間降水量は西部の乾燥地域では200ミリ程度ですが、東部の湿潤地域では1300ミリに達します。同州西部から南部にかけてはいわゆるサンベルトの一部をなしており、人口流入や先端産業の進出が見られます。

　同州の経済は永く綿花栽培と牧畜を主体とする農業と石油産業に依存してきました。綿花生産は今も全国生産量の30％程度を占め、全国1位です。また肉牛の飼育や酪農も盛んで、農業生産額は125億ドル（1994）にのぼります。石油産業については、全米1位の生産をあげてはいるものの生産量は年々減少しており、加えて近年は石油価格が低迷しているため、往時の活気は見られません。しかし石油関連製品をはじめとする製造品出荷額は2,116億ドル（1992）で、ニューヨーク州を抜き、全国第2位です。メキシコ湾沿いの港湾の周辺には工業地域が発達し、なかでもヒューストンとガルベストンは石油化学工業で知られています。

　同州は1821年から15年間メキシコ領でしたが、有名なアラモ砦の攻防をはじめとする熾烈な戦いの結果、1836年にアメリカからの入植者たちがテキサス共和国を樹立し、1845年に連邦に加入しました。このような歴史的背景もあり、ヒスパニック人口が20％以上と多く、今なお増える傾向にあります。特にメキシコとの

国境付近は、景観的にも文化的にもメキシコ色が強く感じられます。

2-9. カリフォルニア州

　カリフォルニア州は北緯32～42度に位置し、太平洋岸地域の南半を占めています。緯度的には日本の九州南部から北海道南部までに相当する広い範囲を占めています。面積は日本よりも少し広い41.4万平方キロ、人口は3,143万人（1994）で50州中第1位です。人口のうち白人の占める割合は低く、69％です。州都はサクラメント、最大都市はロサンゼルスです。この州はあらゆる産業が発達しており、大西洋岸地域とともに、経済活動の二大中心の一極をなしています。製造品出荷額の3,058億ドル（1992）は全国第1位で、ニューヨーク州の2倍にもなります。同州にはサンフランシスコ湾岸とロサンゼルスを中心とする地域に大都市圏が形成されており、特に後者はニューヨークを中心とする大西洋岸メトロポリタンベルトに次ぐ規模です。カリフォルニア州は1848年にメキシコとの戦争の結果合衆国領になったという歴史的背景と、その後のメキシコからの大量移民により、ヒスパニック人口が900万人に達し、州内にはメキシコ文化の影響が色濃く漂っています。ロサンゼルス、サンフランシスコといった都市名はスペイン語に由来し、建造物の色やデザインにもそれを見ることができます。同州の開発は、1848年に始まったゴールドラッシュ、1869年の大陸横断鉄道の開通、今世紀に入ってからのオイルブーム、それに第二次世界大戦中の特需などが牽引車となり、急速に進展しました。日系企業の進出も顕著です。日本とは、明治期以降の日本人移民を通じても、深い関わりをもっています。

　カリフォルニア州は自然環境が大変変化に富んでいます。海岸沿いにはコーストレンジズ山脈、内陸にはシエラネバダ山脈が、共に南北に伸び、両山脈の間には長さ700キロメートル余り、幅100-200キロメートルにおよぶ広大なセントラルバレーがあります。またシエラネバダ山脈の東方には北アメリカ大陸の最低点（海抜－86メートル）をなすデスバレーがあります。沿岸を寒流である北太平洋海流が流れており、その影響で海岸部は夏の気温が大西洋岸の同緯度地域ほど高くはなりません。平地部は夏乾燥し冬多少の降水がある地中海性気候の地域が多いですが、シエラネバダ山脈以東と州南部の内陸部には砂漠気候地域が広がっています。いずれにせよ降水量が少なく、天水農業が困難な地域が少なくありませ

ん。そこで、山岳地帯に水源をもつ河川や地下水を利用した、潅漑農業が広く行なわれています。同州は都市化や農業開発が進んでいる一方で、シエラネバダ山脈をはじめとして、国立公園その他の景勝地に恵まれています。シエラネバダ山脈や州北部では、豊かな針葉樹林が見られます。カリフォルニア州内の農地面積は133,000平方キロで50州中第5位ですが、農業収入は47.56億ドル（1992）で第1位です。特に州の中央に広がるセントラルバレーは合衆国有数の大農業地帯で、ぶどう、柑橘類などの果樹、小麦、肉類、綿花、稲などが生産されています。オレンジ、綿花はセントラルバレー南部、稲は北部に生産が集中しているのに対し、小麦は生産地域が拡散しています。稲は収益性が必ずしも高くないため、土壌のアルカリ度が高い地域や低湿な地域など、土地条件に劣る所で多く生産されています。主要な果実類のうち作付が最も多いのはぶどうですが、1970年代の末から減少傾向にあります。それに対し、アーモンドの作付は増加が顕著です。メキシコと国境を接するインペリアルバレーでは、コロラド川の水を利用した潅漑農地が広く見られます。主な作物は牧草のアルファルファと小麦、綿花です。かつて盛んだったメロンの生産は、1990年代初期の害虫の大発生により、深刻な影響を受けました。同州の農業の大きな特徴の1つは、3万平方キロ以上にも及ぶ大潅漑農地を擁していることです。従って、潅漑施設と農地の整備と管理、農業用水の確保が大きな問題です。

　カリフォルニアは大農業州ですが、同時に都市化の進んだ州でもあり、都市人口率は全国第2位の92.6％（1990）と高率です。今後、都市と農村との土地利用や水利用をめぐる競合が、次第に深刻な問題になると思われます。カリフォルニア農業は今後我国の農業に一層大きな影響を及ぼす可能性があり、その動向には細心の注意を払う必要があります。

　ロサンゼルスはカリフォルニア州南西部、太平洋岸に位置するアメリカ第2の大都市で、市域人口349万人（1992）、都市圏人口905万人（1992）、リバーサイド市まで含む大都市圏人口は1505万人（1992）です。様々な産業が盛んですが、特に航空機産業と映画産業が有名です。温暖少雨で陽光豊かな所で、日本企業の活動拠点としても知られていますが、一方で自動車が多くスモッグがひどいまちというマイナスのイメージもあります。都心にあるリトル・トーキョー地区は、戦前から南カリフォルニアの日系人社会の中心でしたが、近年は新たな日本企業の

参入が目立ち、地区の様子も大きく変わってきています。

推薦図書

［1］　氷見山幸夫『私のアメリカ紀行』（古今書院，1990年）．
［2］　J. H. Paterson, *North America,* Oxford, 1994.

3. アメリカの歴史

3-1. アメリカ史研究の歴史とヒント

3-1-1. はじめに――アメリカ史は短い？

　高校の世界史でアメリカ合衆国（以下、アメリカと略記）の独立宣言が1776年であると記憶した人は、「たった二百数十年の歴史か」と思うかもしれません。しかし北アメリカにはアメリカの独立に先立つ長い歴史があります。失敗に終わりますが、1492年のコロンブスの到達より古いヨーロッパ人の植民の試みがあります。11世紀にグリーンランドから現在のカナダのニューファウンドランドにやってきたヴァイキングたちです。アメリカ先住民の歴史は3万年以上も遡れます。彼らの祖先は大型動物を追いながら氷河期に陸続きになったときにアジアからアメリカ大陸へと渡ってきました。イギリス人の植民活動が始まるのは江戸時代の始まりと同時期の17世紀初頭です。アメリカ合衆国で最も歴史の古い町の一つのボストンとその周辺には、ハーヴァード大学（1636年創立）のように非常に古い伝統を誇る学校もあります。

3-1-2. まず歴史家を研究せよ

　個別テーマの考察に入る前に、重要な前提を知っておく必要があります。それは歴史を作るのは歴史家であるという事実です。「歴史とは何か」という質問に、イギリスの歴史家E・H・カーは「先ず歴史家を研究せよ」と答えます。書物に記録される「歴史上の事実」は純粋な形では存在しえず、歴史家が取捨選択し、しかも判断を加えたものだからです[1]。

　第二次世界大戦後のアメリカ史研究の歴史を概観しましょう。まず1950年代の冷戦状況を背景に隆盛をみるのが、「生まれながらに封建制を経験しなかった」

---

1) E・H・カー（清水幾太郎訳）『歴史とは何か』（岩波新書 青D-1、1962年）27-30頁。

アメリカの自由主義的伝統を強調する、新保守主義史学の立場です[2]。次に1960年代の市民権（公民権とも言う）運動やヴェトナム反戦運動といった反体制運動の高揚を背景に、おもに外交史の分野でアメリカの膨張主義を批判する、ニューレフト史学が登場します[3]。その後、歴史を下から、つまり普通の働く人々の視点から見る新労働史や少数民族・人種集団や女性たちの主体的立場から歴史を見直す動きが活発になります[4]。最近注目されるのは、ヨーロッパ中心主義的な見方を批判し、多文化的なアメリカ史像を、包括的に提示する動きです[5]。

3-1-3. アメリカ史のサイクル

アメリカ史に法則はあるでしょうか。政治潮流はよく保守と革新に二分されます。合衆国の政治史に一世代、つまり約30年（大統領選挙は4年ごとなので、正確には32年）周期で保守と革新の交代が見られることに気づいた学者がいます。ケネディ大統領の補佐官も務めた歴史学者アーサー・M・シュレジンガー，Jr.（正確には彼の父親）です[6]。

1992年の選挙戦でクリントン大統領は社会改革の気運の高まった1960年代のケネディ時代の再来を印象づけ、保守化した80年代からの方向転換を訴えました。ケネディと彼を継いだジョンソンは1930年代のニューディール的諸改革の完成を訴えました。20世紀初頭は革新主義の時代であり、その30年前は南北戦争後の南部再建期でした。さらにその30年前の1830年代は庶民派の大統領ジャクソンのジャクソニアン・デモクラシー、1800年代は独立宣言起草者の第3代大統領ジェファソンによるジェファソニアン・デモクラシーの時代で、革新主義的伝統の原点

---

2) たとえば、ルイス・ハーツ（有賀　貞他訳）『アメリカ自由主義の伝統』（講談社学術文庫 1158、1994年）。
3) 代表的著作として、ウィリアム・A・ウィリアムズ（高橋　章他訳）『アメリカ外交の悲劇』（お茶の水書房、1986年）。
4) おもな例として、本田創造『アメリカ黒人の歴史〔新版〕』（岩波新書 新赤165、1991年）、富田虎男『アメリカ・インディアンの歴史〔第3版〕』（雄山閣、1997年）、野村達朗『「民族」で読むアメリカ』（講談社現代新書 1099、1992年）、有賀夏紀『アメリカフェミニズムの社会史』（勁草書房、1988年）。
5) ロナルド・タカキ（富田虎男監訳）『多文化社会アメリカの歴史 ——別の鏡に映して』（明石書店、1995年）。
6) アーサー・M・シュレジンガー，Jr.（猿谷　要訳）『アメリカ史のサイクルⅠ』（パーソナルメディア、1988年）第2章。

が1770年代の独立革命の時代というわけです。出発点の重要性や親が子供たちに伝える意識の大切さをお分かりいただけたでしょうか。

3-2. アメリカ史の重要テーマから

これからいよいよ個別の歴史テーマを概観します。各項目ごとに問題提起がなされています。それを手がかりにアメリカ史のアウトラインと重要な論点を把握しましょう。

3-2-1. 異文化との遭遇

コロンブスに始まるヨーロッパ人とアメリカ先住民との接触は、相互のさまざまな物質的交流の事実と、今日も問題となる異文化理解を考える手がかりを与えてくれます。また、「アメリカ的普遍主義」といわれる民主主義や平等主義的価値観が生まれる背景についても、植民地社会の出発点からの多様性との関連から考察してみましょう。

3-2-1-1. 物の交流と文化摩擦

ヨーロッパ人と先住民の接触で交換されたものに病原体も含まれました。ヨーロッパ人がもたらした天然痘や水疱瘡（ほうそう）は免疫のない先住民をしばしば絶滅にまで追いやった一方、コロンブスが持ち帰った梅毒はヨーロッパからやがてアジアにまで広がります。

コロンブス以来の接触でヨーロッパにもたらされた重要なものとしてトウモロコシ、ジャガイモ、トマト、キャッサバなどの食用作物をはじめ、タバコなどの農作物があげられます。他方、大型の家畜用動物のいなかった「新大陸」にはヨーロッパ人が家畜をもたらしました。とくにスペイン人が連れてきた馬は「インディアン」と呼称された先住民の生活を一変することになりました。

物の交流以上に重要なのは文化接触の問題です。イギリス人によるヴァージニア植民地の建設は1607年に始まります。最初の接触に関してはディズニーのアニメ『ポカホンタス』でなじみ深いものですが、植民地の存続はひとえに先住民であるポーハタン連合（アルゴンキン語族）の援助のおかげでした。しかしそれが彼らの全くの好意によるものではなかったのも事実で、互いに相争っていた戦国

時代の日本の諸大名が「南蛮人」と接触したときと似た面があります。指導者ポーハタンは、近隣の部族を従わせるのに有効な鋼鉄製のナイフなどを提供するイギリス人たちを同盟者として扱い、余剰トウモロコシなどの食料を供給しました。どちらの社会とも類似点と相違点がありましたが、両者ともお互いの相違点に注目が集まったのは当然かもしれません。ヴァージニアの植民者は当時の封建的なイギリス社会を反映した世襲的身分制度を当然視していましたが、アルゴンキン語族にあっては指導者の地位は必ずしも世襲的ではありませんでした。また、先住民には土地の個人所有という概念はなく、土地は部族共同体の共有財産で、売り買いの対象でもありませんでした。植民者と同様に先住民にも性別による分業が確立されていましたが、家族ぐるみで入植する例が多かった北部のニューイングランドに入植したピューリタンたちにとって農耕作業は男の仕事で、女性は家事をになりました。先住民にとって農耕は女性の仕事で、狩猟や魚とりが男性の仕事でした。家畜がいなかったために獲物は不可欠の動物性タンパク源でした。先住民の男たちは男性植民者を「女の仕事」をする「女々しい男」と見た一方、イギリス人の男たちはヨーロッパではすでに貴族の趣味、いわば遊びとなっていた狩猟から戻ってくつろぐ先住民男性と対照的に、先住民女性がせっせと働く光景を見て、先住民社会の「抑圧」を感じました。また、定住して農耕するイギリス人に対して、先住民は小グループに別れて自然の恩恵を最大限に受けるべく季節ごとに定期的に住む場所を移動しました。「労働に基づく所有」という考え方で土地の個人所有の正当化を行ったジョン・ロックの思想にも、先住民文化への偏見は否定できません[7]。

　イギリス人植民者が自らの文化に確固たる自信を抱いていただけでなく、先住民を異なった人種として彼らの文化を蔑視していたのは確かです。ヴァージニアへの入植活動が本格化するまでに、イギリスはすでに1603年のアルスター反乱の鎮圧によってアイルランド征服をほぼ完了し、アイルランド人を異なった「人種」として考えることで自らの行為を正当化するようにもなっていました。そのような見方が北米植民地をはじめ各地の英領植民地での異文化への対処やそこに構築された社会関係に反映された点は否定できません。

---

7) ジョン・ロック（鵜飼信成訳）『市民政府論』（岩波文庫 白7-7、1968年）46-47頁。

3-2-1-2． 多様性と普遍性

「自治」と「個人主義」や「機会の均等」などのアメリカの民主主義と平等主義的伝統は、しばしば「アメリカ的普遍主義」と称されます。これらはピューリタニズムに源を発し、ヨーロッパの啓蒙主義の影響を受け、独立革命で明文化され、南北戦争の危機を乗り越えて鍛えられ、フロンティアと呼ばれた開拓地で常に再生されつづけ、今日に至った伝統とされることがふつうです。しかし人種差別の撤廃や男女平等などの価値観が人種少数派や女性たちの抗議を受けて1960年代以降ようやく実現への機会を与えられた事実や、第二次世界大戦や冷戦といった外圧の影響も無視できません。

「政教分離」や「信教の自由」といった原則でさえ、最初のイギリス人の入植時から確立されていたわけではありません。初期の北部のニューイングランド地方では厳格な政教一致に基づくピューリタンによる支配が確立され、公定教会制の否定と信教の自由を求めてマサチューセッツを追われたロジャー・ウィリアムズが建設したロードアイランドなどを除けば、信仰の自由も認められませんでした。マサチューセッツが変わるのは、皮肉にも本国で1688年に起こった名誉革命を契機に同植民地が王領として再編される1691年以降です。他方、オランダ領のニューアムステルダムが英蘭戦争によって1660年代に英領となったニューヨークではイギリス人が少数派で、種々雑多な宗教・文化的背景を持った人々が混住していたがゆえに、公定教会制はより脆弱で、当初から実質的に信仰の自由が認められていました。ペンシルヴェニア（「ペンの森」という意味）は、迫害を受けることが多かったクエーカー教徒のウィリアム・ペンが国王チャールズ２世との関係から1681年に下付されましたが、当初から信仰の自由が認められ、多くの多様なヨーロッパからの移民をひきつけ、繁栄します。カトリック教徒のカルバート家が領地として1632年に国王チャールズ１世から与えられながら、移住者にはプロテスタントが多く、結果的に宗教的に寛容にならざるをえなかったメリーランドのような例もあります。一般的に植民地は労働力を必要とし、多くの移民をひきつけるためにも多文化的状況を認めざるをえなくなっていきます。

西欧の哲学的理念というよりも植民地の必要が生んだ生活実態としての人々の多様性が普遍的権利の確立を促し、それと並行して社会の繁栄がえられた側面は

無視できないのです。それは後にヨーロッパの啓蒙主義と結びつき、基本的人権として建国期に明文化されてゆき、人々の努力によってやがて人種やジェンダーにかかわりなく拡大されてゆくのです。

3-2-2. 独立革命とは何だったのか？

イギリスからの独立は革命と称されます。後の「第三世界」の独立がそうであるように、宗主国による搾取を断ち切り、民主主義に基づく自治を確立したという意味で、植民地アメリカの独立は「第三世界」の独立の先駆であったとも言えます。しかし同時に、先住民の征服やアフリカ人奴隷制によって繁栄の礎をえたことは、後の「第三世界」の独立とは違った意味を示唆しています。まず、独立革命後も残る奴隷制と革命前後の女性の地位に焦点を当てながら、この点を考察することにします。

3-2-2-1. 奴隷制はなぜ存続したのか？

アメリカ合衆国は移民の国だと言われますが、先住民や対メキシコ戦争（1846～48年）後に併合されたカリフォルニアなどのメキシコ人は例外です。奴隷として強制的に移住させられたアフリカ系アメリカ人も例外です。最初に彼らがオランダ人商人によってヴァージニアに連れてこられたのは1619年で、それは北部への最初の入植者ピルグリム・ファーザーズを乗せたメイフラワー2世号がマサチューセッツに到達する1年前です。

イギリス本国になかった奴隷制は新世界でどのように確立されるのでしょうか。ヴァージニアで奴隷制が確立するのは17世紀の末です。カリブ海にある同じイギリス領のバルバドス島では17世紀の半ばにはオランダ人商人の助けを借りながらアフリカ人奴隷制が確立されます。その背景にあったのがサトウキビ栽培の導入による、イギリスをはじめヨーロッパ諸国の富の源泉となった砂糖という「世界商品」の生産でした[8]。「世界商品」を生産するプランテーションの発展が、それまで主要だった白人版の奴隷制とも言うべき白人年季奉公人制度からアフリカ人奴隷制への転換をうながしました。白人年季奉公人は16世紀後半から17世紀に

---

8) 川北　稔『砂糖の世界史』（岩波ジュニア新書 276、1996年）第6章。

かけての人口の急増によって故国イギリスで「余剰人口」と呼ばれた人々でしたが、17世紀末までに供給不足になりましたし、王立アフリカ会社による独占的奴隷貿易の発展でアフリカ人奴隷の供給条件が整うようにもなりました。

　タバコという商品作物を生産していてもヴァージニアでは奴隷制の確立が遅れますが、1676年の「ベーコンの反乱」をきっかけに急速に労働力のアフリカ人奴隷化が進行します。白人年季奉公人の減少やアフリカ人奴隷貿易の発展といった原因とともに、反乱で見られた人種を越えた下層階級の連帯の可能性に危機感を抱いた支配階級が、意識的に人種間の分断を図り、「人種的に従属する労働」としての奴隷制の確立に努める一方、白人内部で「民主化」という名の階級的融和が図られた事実も見逃せません。ヴァージニアの黒人人口は1660年の300人（人口の2％）から1675年の1600人（人口の5％）、1715年には人口の25％、さらには1740年には40％へと急増します。

　奴隷制の下で南部植民地は繁栄を極めますが、奴隷制への依存という点では北

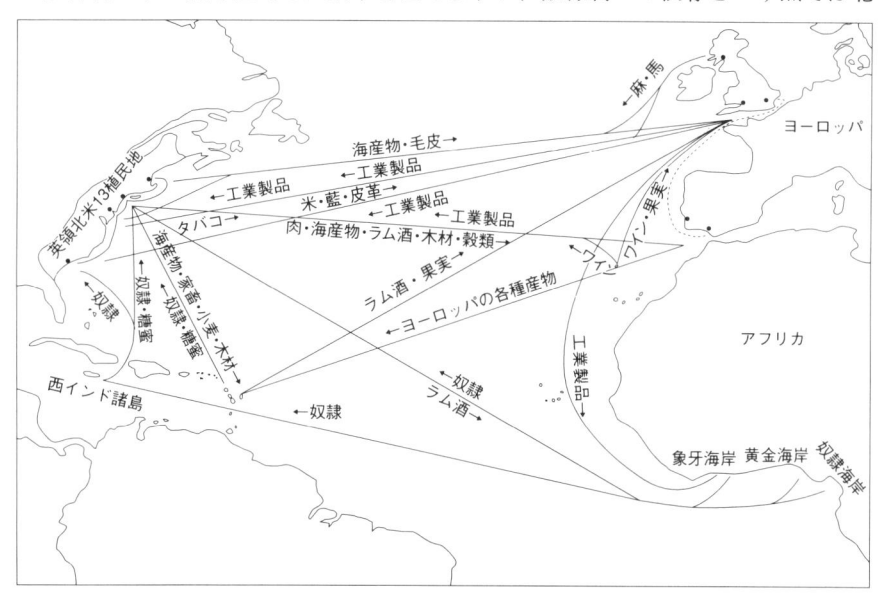

図1　大西洋交易ルート：18世紀後半までに環大西洋諸国・植民地は複雑な貿易ネットワークにリンクされるようになった。最も価値ある「商品」は奴隷と奴隷が生み出す産物だった。

出典：Mary Beth Norton, et al, *A People and a Nation: A History of the United States*, brief ed., fourth ed. (Boston: Houghton and Mifflin, 1996), p. 58.

地　　域	英　　国(%)	南ヨーロッパ(%)	西インド諸島(%)	合　　計(%)
ニューイングランド	76,900(18.3)	65,600(15.6)	278,000(66.1)	420,500(100)
中 部 植 民 地	66,500(14.1)	182,800(38.7)	223,600(47.3)	472,900(100)
チェサピーク	827,000(81.2)	99,100(9.7)	91,800(9.0)	1,017,900(100)
低　南　部	386,700(71.2)	54,200(10.0)	102,500(18.9)	543,400(100)
合　　計	1,357,100(55.3)	401,700(16.4)	695,900(28.3)	2,454,700(100)

表　独立革命直前期（1768-1772年）における各地域の相手国／地域別の年平均輸出額（単位は英ポンド）

出典：Mary Beth Norton, et al., *A People and A Nation : A History of the United States*, brief ed., fourth ed. (Boston: Houghton and Mifflin, 1996), pp. 70, 72-74.

部の植民地も同じでした。ニューイングランドの繁栄も、自給自足的努力の結果というより、ボストンなどを拠点とする通商で支えられます。独立直前期の通商相手の筆頭は奴隷制プランテーションによる砂糖生産で繁栄する西インド諸島で、実に輸出額の7割近くを占め、奴隷貿易に直接携（たずさ）わる商人も少なくありませんでした。また、北米植民地からのトウモロコシ輸出のほとんどすべてと家畜・乳製品の輸出の9割が西インド諸島向けでした。ニューヨークやペンシルヴェニアなど中部植民地は「パン植民地」と言われました。このように南部以外の植民地の繁栄も奴隷貿易や奴隷関連貿易で支えられたのです。

　イギリスからの独立の動きは、英仏戦争の影響もあって英本国が前述のような自由な貿易を規制し、関税などの規制を強化するようになったことへの反発が発端でした。独立によって本国の搾取から自由になるとともに、奴隷制の下での新たな商品作物としての綿花栽培の導入によって、アメリカ合衆国は今日の経済的発展への離陸を果たします。1788年に成立する、現在も使用される世界最古の近代的成文憲法である合衆国憲法のなかで、確かに当時国際的に問題化された奴隷貿易に関しては20年後の禁止が合意されますが、「奴隷」や「奴隷制」に一切言及されることのないままに南部の奴隷制は存続します。経済的に奴隷制に直接的に依存する度合いが低かった北部でも、奴隷制は極めて徐々に廃止されたにすぎませんし、猶予期間の20年間に奴隷商人は最後の稼（かせ）ぎに専念し、奴隷制反対運動が高揚するのは1830年代以降です。植民地時代のアメリカ経済の発展は自給自足的努力の果てにもたらされたというよりも、奴隷制を根幹とする国際的な経済シ

ステムの中でこそ可能であったがゆえに、また後に述べるように、独立後もアメリカ経済全体を支えるがゆえに、奴隷制はしばらく存続するのです。

3-2-2-2. 女性の地位は向上したか？

独立革命がすべての奴隷に自由を与えなかったように、女性にも男性と平等な地位をもたらしませんでした。確かに当時世界最強の英本国軍とのゲリラ戦を伴った独立革命は、女性の銃後だけでなく戦場での貢献を必要としました。しかし革命後も、女性は結婚前には父親の支配下に置かれ、結婚後にも財産は夫の管理下に置かれるとする英国的慣習法が存続し、一部上流階級の寡婦に例外的に認められていた選挙権も剥奪されます。

19世紀にフェミニスト（女性の権利拡大を求める運動家）は、先ず財産権、次に選挙権の獲得を目指します。フェミニズム運動をになった女性たちのなかには奴隷制反対運動などの諸改革運動に積極的に参加する人も現れます。1848年にニューヨーク州のセネカフォールズで近代フェミニズム運動の出発点とも言うべき「宣言」が発せられます。財産権は比較的早期に獲得されますが、参政権の獲得は第一次世界大戦後の憲法修正第19条の成立（1920年）まで待たねばなりません。そして真の男女平等に向けた第二次フェミニズム運動が高揚するのは1960年代以降です。

3-2-3. 奴隷制の発展と南北戦争

南北戦争の戦死者は約62万人でした。第二次世界大戦の戦死者40万5000人と比べて多いだけでなく、当時の総人口が現在の約8分の1である3144万人だったことや同国人同士の戦いという事実を考えれば、米国史上最大の悲劇だったことが理解できます。南北戦争はなぜ起こったのでしょうか。奴隷制の廃止は人種平等をもたらしたのでしょうか。

3-2-3-1. なぜ戦争は起こるのか？——アメリカ史上最大の悲劇の原因

互いに異なった正当化の論理に基づく二つの膨張主義勢力がぶつかるとき、戦争が起きます。南北戦争もその例です。この場合の二つの異なった論理は、奴隷制の是非をめぐる論争に関係します。アメリカ合衆国の発展は西方への膨張を伴

いますが、南北はそれぞれの膨張主義を掲げます。南部が奴隷制擁護論で北部が奴隷制廃止論ないし奴隷制拡大反対論だったのですが、予想に反して事情はずっと複雑です。

すでに少しふれたように、南部の奴隷制はアメリカ経済の発展にとって阻害要因であったよりは、むしろ逆にアメリカ全体の発展を支えました。18世紀に入るとタバコに代わって奴隷が生み出す綿花が主要な外貨獲得産品でした。産業革命の真っ只中にあるイギリスにおもに輸出されたからです。また、北部ニューイングランドで1810年代以降に起こる綿工業にも、原料を供給します。そもそもアメリカの産業革命の幕開けとなる綿織物の一貫生産工場をボストン郊外で開設するフランシス・カボット・ローウェルらは奴隷貿易やラム酒製造などの奴隷関連産業に従事していた人々でした。南部は北部の工業製品や農産物の消費者でもあり、食糧生産地としての西部の開拓を刺激しました。

アメリカ全体の経済を支える南部の奴隷制ですが、その発展が戦争の原因とも

図 2 南北に分裂した国家（1861年）：奴隷制を導入していた地域と「自由な」地域（黒人人口％）。

出典：Mary Beth Norton, et al, *A People and a Nation: A History of the United States*, brief ed., fourth ed. (Boston: Houghton and Mifflin, 1996), p. 280.

なりました。化学肥料のない時代ですから奴隷制の維持と発展は西方への拡大を不可避とし、先住民領土の征服やメキシコとの戦争に結びつきました。他方、北部にとって西部の重要性は単に食糧増産と市場の拡大に留まりませんでした。合衆国の発展はヨーロッパからの移民を呼び、彼らは産業革命の担い手となりました。彼らは奴隷制との競合を嫌い、その北部への浸透を恐れました。そのような彼らが過酷な労働の果てに夢見るのは西部で独立自営農民となることでした。奴隷制の西部への拡大は彼らの夢をせばめました。西部での「自由な土地」の確保を訴える政治家が北部で台頭し、道徳的な奴隷制廃止運動と結びつきます。リンカーンが率（ひき）いる共和党はその代表ですが、1860年の大統領選挙で民主党の南北分裂によってもっぱら北部の支持のみでリンカーンが当選すると、南部11州は分離独立を決意し、それを許さない北部との間に戦争が起こりました。

3-2-3-2. 未完の革命としての南部再建の試み

　南北戦争は何をもたらしたのでしょうか。奴隷解放宣言で奴隷制は廃止されたのでしょうか。連邦の維持が北部の戦争目的だったことは、奴隷解放宣言が開戦（1861年4月12日）から2年近くたってから（1863年1月1日）出されたことでもわかります。しかも北軍に味方した奴隷州や一部の占領地の奴隷は除外されました。しかし解放宣言の威力は甚大で、13万4000人以上の逃亡奴隷と5万2000人の自由黒人からなる黒人部隊の参戦は、膠着（こうちゃく）状態に陥っていた戦争を北軍の勝利のうちに終結させるのに貢献しました。何よりも戦争目的に道徳性が付与されました。勝利の直後にリンカーンは暗殺されますが、1865年末に奴隷制の無償の全廃をうたった憲法修正第13条が成立します[9]。

　しかしリンカーンを継いだアンドリュー・ジョンソン大統領は南部再建に融和的態度で臨み、プランターの利害を守ったので、急進的な連邦議会と鋭く対立し、弾劾成立の一歩手前まで追いこまれます。議会主導の下で1867年の再建法によって軍政下で急進的再建政策が実行され、解放黒人に市民権を保証した憲法修正第14条（1868年成立）と特に参政権を保証した憲法修正第15条（1870年成立）に基づいた大胆な改革が実行され、黒人の連邦議員も生まれます。しかし、解放黒人

---

9)　『リンカーン演説集』（岩波文庫　白12-1、1957年）。

が望んだ土地の分配はついに行われず、彼らはシェアクロッパー（分益小作人）として再びプランターの搾取にさらされます。

やがて1877年には最後の連邦軍が引き上げ、南部再建は未完のままに終わります。南部諸州は19世紀末から20世紀初頭にかけて、「投票税」や「識字テスト」を課し、それを差別的に実行したり祖父に参政権があった白人に参政権を保証する「祖父条項」を設けたりして、黒人から実質的に参政権を剥奪します。教育や交通機関等の公共施設における人種隔離体制も再生し、連邦最高裁でも1896年の「プレッシー対ファーグソン」判決において是認されます。少し前の南アフリカのアパルトヘイト体制とあまり変わらない徹底した人種隔離体制が連邦最高裁の是認をえてアメリカの南部に確立するのです。それは市民権運動が高揚する1960年代半ばまで続きます。

3-2-4. 革新主義からニューディールへ

南北戦争後のアメリカでは急速な工業化が進み、鉄道建設とともに西部農業も発展し、19世紀末にアメリカは世界最大の農業・工業国に成長します。鉄道王ヴァンダーヴィルドや、鉄鋼王カーネギー、石油王ロックフェラーといった独占企業家が誕生します。他方「新移民」と呼ばれるカトリック教徒のイタリア系やユダヤ教徒を多く含む東欧系移民が急増し、20世紀初頭にピークに達し、北部大都市住民の過半数が外国生まれや移民第二世代となります。急激な発展は軋轢を生むと同時に、抵抗運動や改革運動を生みました。この時代のアメリカの改革運動にはどのような特質があるでしょうか。国内の未開拓地の消滅はアメリカの膨張主義にどのような変化をもたらすでしょうか。早くも1920年代に登場する大衆消費社会はどのように危機を迎え、それにアメリカ人はどう対応したのでしょうか。

3-2-4-1. 改革運動と帝国主義

19世紀末の改革運動の一つが西部や南部の農民を中心に高揚したポピュリスト運動でした。彼らは南部で人種の壁を越えて黒人農民との連帯さえ模索し、ノースカロライナのように一時的にであれ州政治を支配するところまでいった例もあります。北部の労働運動との連帯も求め、1892年には独自の大統領候補を立てますが、1896年の大統領選挙を境に衰退します。

もう一つは20世紀に入ってから都市を中心に高揚する革新主義運動です。1890年代には深刻な不況が人々を襲い、労働争議が頻発しました。大企業家が利益を最大化するために市場を操作し、巨大化する都市の政治は私腹を肥やす政治ボスに牛耳られ腐敗しました。1910年代に都市の人口が農村人口を上回るほどの都市化が急速に進みますが、移民の急増への対応が不十分だったこともあって、都市生活は快適さからほど遠いものとなりました。政治ボスに牛耳られる既存の民主党と共和党の二大政党は対応能力を欠いていました。そこで、不公平の是正、権力の乱用反対、社会制度の改革といった、都市政治の改革を目標に掲げて各地で「市民連合」や「市政同盟」が結成されます。都市の運動が合流してミシガン州のピングリーやウィスコンシン州のラフォレットのような知事を輩出するようにもなり、さらにセオドア・ローズヴェルトやウィルソンといった革新主義的な大統領も誕生し、女性参政権の獲得を含む重要な政治改革が達成されます。

ところで、革新主義運動には前向きな改革姿勢とともに、産業資本主義の急激な発展で崩壊した、独立革命以来の民主主義の基盤としてのコミュニティの回復と社会的同質性の復元を強く願う、原点回帰の郷愁も感じられます。この時代には「新移民」と呼ばれる異質な人々の排除を目指す移民制限の要求など、矛盾する動きも見られるのです。

19世紀末から20世紀初頭に、アメリカでは帝国主義が興隆します。1890年の国勢調査で国内のフロンティアの消滅が宣言されると、膨張主義は海外に拡大します。1898年に白人居住者に王政が打倒されたハワイは5年後に合衆国に併合されます。同じ年、キューバ独立問題をきっかけにスペインと開戦し勝利したアメリカは、フィリピンを植民地化し、グアム島やカリブ海のプエルトリコを領有し、独立したキューバを保護国化します。他方、ヨーロッパ諸列強の侵略によって実質的に植民地化された中国には「門戸解放」を唱え、中国の領土保全を訴えます。しかし、これも遅れて中国に進出したアメリカが他の諸列強に伍して経済的利益にあずかるための口実だった側面は否定できません。ともかく、この「門戸開放」は20世紀前半の対中国外交の基本となり、やがて中国大陸へ侵略を開始する日本と真っ向から対決し、日米開戦へとつながります。

3-2-4-2． 大衆消費社会の出現からニューディールへ

　ヨーロッパで勃発した第一次世界大戦に連合国側についてアメリカが参戦するのは、開戦の2年8カ月後の1917年4月でした。戦禍を免れたアメリカはイギリスに代わって世界経済を主導する立場に立つ一方、アメリカ国民はウィルソン大統領がヴェルサイユ会議で提案した国際連盟への加盟を拒否します。世界経済の王座についたアメリカでは大量生産と大量消費による「大衆消費社会」が出現します。1929年に自動車所有世帯は78.1％となります[10]。ちなみに同時期の日本の自動車所有率は1500人に1台です。

　しかしながら、間もなくアメリカは大恐慌の試練にさらされます。それは1929年10月にニューヨーク証券取引所で起こった株価の大暴落から始まります。大恐慌の原因は何だったのでしょうか。1920年代の好景気の陰で実は消費の主要な担い手である労働者や農民の所得はあまり増えず、もっぱら金持ちの所得が増え、貧富の差は拡大しました。金持ちの所得の多くは贅沢品や投機にまわされ、株価の上昇は実体のないものとなっていました。また、アメリカは巨大な貿易黒字と資本輸出で世界経済の主役となりながら国際連盟に加盟しないなど、国際金融システムは秩序を欠き、ヨーロッパ復興に投資されたアメリカ資本は手っ取り早く儲かるアメリカの株市場に還流してしまいました。資本が引き揚げられたヨーロッパ経済は困難に陥りました。大恐慌は即座に世界中に波及して世界大恐慌とも呼ばれるようになり、第二次世界大戦の遠因ともなります。

　1932年の大統領選挙で当選したフランクリン・D・ローズヴェルトは国民の期待を一身にになって「ニューディール」と呼ばれる諸改革を実行します。共和党のフーヴァー前大統領が不況による税収減に対して増税と歳出削減による予算の均衡を最優先したのと対照的に、ローズヴェルトは大胆な赤字予算で公共事業を起こし、大量に生じた失業者に職を創出する一方、農民に生産調整金を支給しました。また労働者の団結権と団体交渉権を保障するとともに、失業保険や老齢年金を含む社会保障制度を確立しました。このように未曾有の経済的危機は連邦政府の役割を増大させ、「大きな政府」を出現させました。また、拡大する大量生産

---

10)　常松　洋『大衆消費社会の登場（世界史ブックレット48）』（山川出版社、1997年）12頁。

方式の下で組織された労働者を背景に台頭したCIO（産業別組合会議）はアメリカ生まれ、外国生まれ、黒人、男性、女性にかかわらず数百万の労働者の利害を束ね、民主党のローズヴェルト政権を支えました。こうして都市大衆、農民、老齢者らを広範に含む民主党支持の「ニューディール連合」が形成されました。

しかし有効需要の創出は十分に確信を持って実行されたわけではなく、同時期に日本の蔵相を務めた高橋是清の政策の方がより深いケインズ理解に基づいていたと言われています[11]。満州事変以降の日本は軍国主義化で不況を脱出しますが、アメリカ経済を再生させるのも戦争でした。1937年にアメリカ経済が上向きかけるとローズヴェルトは赤字縮小のために歳出削減を行い、翌年から再び恐慌に陥ります。1939年9月にヨーロッパで第二次世界大戦が勃発し、参戦に備えて軍需生産が本格化するとアメリカ経済は潜在能力を開花させ、本格的な回復を達成します。アメリカを第二次世界大戦に参加させるのが現地時間1941年12月7日（日曜日）早朝の日本軍による真珠湾攻撃でした。

3-2-5. パクス・アメリカーナの時代

アメリカにとって第二次世界大戦は歴史の画期となります。世界経済の主役になりながら世界政治を主導するのを躊躇していたアメリカ国民は、大戦を契機に国際連合の創設やIMF・GATT（国際通貨基金・関税と貿易に関する一般協定）体制による世界自由貿易体制の確立を支持するようになります。「アメリカによる平和（パクス・アメリカーナ）」の時代はどのように始まるのでしょうか。また、ソ連との冷戦はどうして起こり、なぜ急速に深刻化したのでしょうか。さらに、第二次世界大戦でファシズムと戦い、冷戦で「自由」と「民主主義」を掲げたアメリカは、人種差別などの国内問題にどのように対処したでしょうか。

3-2-5-1. 「孤立主義」から世界主義（グローバリズム）へ――画期点としての第二次世界大戦

まず、どうして日米は戦うことになったのでしょうか。日本にGNP（国民総生産）で11.8倍のアメリカとの開戦を決意させたのはアメリカによる石油の禁輸

---

[11] 中村正則『昭和の歴史②　昭和の恐慌』（小学館ライブラリー　SL1022、1994年）373-383頁。また大恐慌期全般については、林　敏彦『大恐慌のアメリカ』（岩波新書　新赤38、1988年）を参照して下さい。

措置でしたが、それは満州事変以来の日本の中国大陸での侵略戦争のゆえに発動されたのでした。二つの戦争は連続的で、「15年戦争」とも称される所以（ゆえん）です。ともかくも、真珠湾攻撃によって遅ればせながらアメリカは連合国側に立って参戦し、連合国の勝利を導きます。

　戦後のアメリカの指導者が身勝手な「孤立主義」から多大な負担を覚悟して世界主義（グローバリズム）への方針転換を決意する背景には次のような認識がありました。まず第二次世界大戦の原因となった大恐慌を二度と繰り返してはならないことです。またアメリカの国益がもはや一国や一地域に留まらず、世界的に密接に拡大し、戦禍を免れて今まで以上に世界経済の頂点に立ったアメリカの繁栄と世界経済の安定的発展は不可分とみなされました。そのためにアメリカは自由貿易体制を率先して確立し、政治的な指導力も発揮しなければなりませんでした。イギリスやフランスなどの弱体化から、植民地には動揺も起こっていましたし、戦勝国と敗戦国を問わず、ヨーロッパや日本は政治・経済的に混乱したままでした。広島と長崎に投下された原爆は、途方もない戦略的優位をアメリカに与えるとともに、空軍力の発展とともに、経済面での安定的発展を保障する戦略は世界大に拡大されねばなりませんでした。

3-2-5-2. 冷戦と国内の諸改革

　「孤立主義」から世界主義（グローバリズム）への転換を決意したアメリカの指導者の前に立ちはだかったのがソ連でした。大戦中の協力関係は国際連合にも生かされるなど、戦後の協調主義への可能性もありましたが、アメリカ人の妄想に近い「反共」意識を背景とした長年のロシアへの不信感を助長させるように、東欧でソ連は傀儡（かいらい）政権を樹立する動きをみせました。ただし、米国の戦死者40万5000人に対してソ連は2000万もの戦死者を出し、多大な物質的損害もこうむっており、「世界革命」を主導する余裕はありませんでした。戦争で疲弊（ひへい）し、国益を最優先するソ連の東欧での強引な現実主義的政策を、アメリカが過度に危険視した側面は否定できません。ともかく、アメリカはマーシャル・プラン（アメリカによる西ヨーロッパ復興援助計画）とNATO（北大西洋条約機構、ソ連に対抗した西欧の軍事組織）の結成によってソ連との対決姿勢を強化します。1949年にソ連が原爆実験に成功すると、翌年にトルーマン大統領は水素爆弾の開発を命じ、1952年に完成させま

す。1954年に南太平洋のビキニ環礁で行われた水爆実験では、日本のマグロ漁船の第五福竜丸が「死の灰」を浴び、船員が被爆する惨事も起きます。一方、ソ連は1953年に水爆を開発した後、大陸間弾道ミサイルの開発に成功し、1957年に初の人工衛星スプートニクを打ち上げ、その精度を誇示し、アメリカに「スプートニク・ショック」を与えました。このように米ソ両国は果てしない核軍拡競争に突入します。

　ヨーロッパでは直接の戦闘を伴わない冷戦が進行しますが、アジアでは実際の戦争が頻発し、多大な犠牲を出しました。まず、中国では毛沢東の指導する中国共産党が蔣介石率いる国民党との内戦に勝利し、1949年に中華人民共和国が成立します。翌1950年6月には南北に分断されていた朝鮮半島で北側からの南進とアメリカ軍を中心とする国連軍の応戦によって朝鮮戦争が起こります。それは1953年に休戦に至りますが、アメリカははじめて勝利なき終戦を迎えます。1954年のディエンビエンフーの戦いに敗北して撤退したフランスの後を継いだアメリカは、南ヴェトナムへの援助を通じてヴェトナム戦争への介入を開始し、1964年のトンキン湾事件をきっかけに北ヴェトナムへの爆撃（北爆）と大規模な地上軍部隊の投入によって介入を深め、朝鮮戦争時を上回る最大時（1969年）54万6000人の部隊を投入します。しかし1973年までに撤退を余儀なくされ、最終的には1975年4月に北ヴェトナムの勝利のうちに戦争は終結し、アメリカに辛い教訓を残す結果となります。他方、日本はアジアの二つの戦争による「特需」で戦後復興と高度成長経済へのきっかけをつかんだ事実を私たちは忘れてはならないでしょう。

　第二次世界大戦と冷戦はアメリカ国内の民主主義の内実を問うことになりました。1954年に最高裁で「ブラウン」判決が下され、人種隔離教育が違憲とされたことをきっかけに、人種差別の撤廃を求める市民権運動がマーティン・ルーサー・キング, Jr. 牧師の指導下で高揚しました。1964年の市民権法と65年の投票権法の成立によって、建国後2世紀を経てアメリカ合衆国はようやく「法の下での平等」の原則を実現しました。市民権運動はその他のマイノリティーの運動や男女平等を求める第二期フェミニズム、ヴェトナム反戦運動などを刺激しました。1968年のキングの暗殺や70年代以降の保守化の動きはありましたが、60年代の成果が確実に定着しつつあることは明らかです。

3-3. おわりに――21世紀への展望

　アメリカ史のアウトラインを駆け足で概観して印象に残るのは、一貫した膨張主義と、その副産物ともいえる豊かな多様性です。今後ますますアメリカの人種・民族的多様化は進むでしょう。確かに多様性は過去において深刻な問題の原因となってきたのは事実ですし、新たな問題も起こりつつあります。1965年の移民法の改正に伴ってヨーロッパ人以外の移民が急増し、1992年のロサンゼルス暴動のように韓国系と黒人の確執(かくしつ)も生まれています。しかし同時に、多様性はこの国の活力の源泉であり、魅力ともなってきました。もしアメリカ人が誇るように彼らの歴史が普遍的価値の追求に方向づけられているとしたら、それは多様性のゆえかもしれません。そこに21世紀のアメリカ社会の展望があるように思われますし、アメリカ史を学ぶ意義もあると確信します。

推薦図書

[1] 大下尚一他編『史料が語るアメリカ』(有斐閣、1989年).
[2] 安武秀岳『大陸国家の夢』(講談社現代新書 929、1988年).
[3] 野村達朗『フロンティアと摩天楼』(講談社現代新書 933、1989年).
[4] 上杉 忍『パクス・アメリカーナの光と陰』(講談社現代新書 938、1989年).
[5] 有賀 貞他編『概説アメリカ史〔新版〕』(有斐閣、1990年).
[6] 歴史学研究会編『南北アメリカの500年（全5巻）』(山川出版社、1992-93年).
[7] 秋元英一『アメリカ経済の歴史 1492-1993』(東京大学出版会、1995年).
[8] メアリー・ベス・ノートン他（本田創造監修、上杉 忍他訳）『アメリカの歴史（全6巻）』(三省堂、1996年).
[9] 野村達朗編著『アメリカ合衆国の歴史』(ミネルヴァ書房、1998年).
[10] 富田虎男他編著『アメリカの歴史を知るための60章』(明石書店、2000年).

── 〈ボストンでの移民体験〉──

　1995年8月から9ヶ月間、フルブライト若手研究員としてボストン・カレッジで研究生活を送りました。ピューリタンが開拓したマサチューセッツですが、同校は1863年創立のカトリック系の大学です。訪れるのは2度目でしたが、今回は家族連れでした。

　3人の息子と妻と私の5人家族が居を定めたのは、ハーヴァード大学やマサチューセッツ工科大学のあるケンブリッジ市の西隣りの、ボストン市とはチャールズ川を挟んだウォータータウンという人口2万数千人の町でした。近隣の街路はこの地方が生んだ有名な文学者の名前をとっており、私たちが住んだ家はエマーソン・ロードにありました。近所の人々には恵まれました。海外赴任のマニュアル本にあったとおりに引越し後間もなくウォームアップ・パーティーを開いたら、みんな色々と持ちよってくれて楽しいポトラック・パーティーになりました。とくにターナーご夫妻は、不安な子供や妻をなごませるために私が計画したケープコッドへの旅の相談にのってくれただけでなく、フロリダへの引越しを前にしながら、実際に旅行にも付き合ってくれました。

　子供たちは9月の新学期から、それぞれ8年生、6年生、3年生と、日本でよりも1学年上で、2人はウォータータウン・ミドル・スクールへ、1人はカニフ・エレメンタリー・スクールへ通い始めました。東海岸ではニューヨークに次いで日本人が多いといわれるボストンですが、各校で日本人は彼らだけでした。言葉の不自由な息子たちには大変な試練だったでしょうが、ESLクラス（外国人用の英語クラス）の先生をはじめ、先生方にもチャレンジングな日々だったと思います。外国人の、それも一時滞在者のために多大な出費や努力を払っていただき、感謝しています。

　苦労もありましたが、豊かな自然の残るニューイングランドの生活を満喫しながら、家族でアメリカの多様性を実感できた経験は、何物にも代え難い思い出となっています。

(川島正樹)

法の女神テミス像

　ギリシャ神話に出てくるテミスの像には、左手に秤(はかり)を高々と揚げた像と、剣(つるぎ)を右手にしこれを高々と揚げた像の2つがあります。第一東京弁護士会館の講堂のテミス像は後者ですが、剣に主体を置くテミス像と、秤に主体を置くテミス像のどちらが正しいかは、議論のあるところです。

4. アメリカの法律

4-1. はじめに

　アメリカ法というと我々日本人には関係ないといった感じを抱かれる方が多いでしょうが、我々が送っている日常生活の中にはアメリカ法の影響が強く入り込んでいるのです。例えば「それは人権上問題である」とか「それは民主主義に反するのではないか」とか「それは平和的な解決方法ではない」といった表現を日常会話の中で我々はよく耳にしますが、人権、民主主義、平和といった言葉は日本国憲法の三つの大きな柱である基本的人権の尊重、国民主権、そして平和主義という観念に結び付いているのです。

　後でお話しすることになりますが、第二次世界大戦以降に、言い換えますと日本の敗戦後に、日本国憲法のかなり多くの部分がアメリカ軍の指導の下に作成されたのです。その当時の連合軍総司令部の総司令官であったマッカーサー元帥（Douglas MacArthur）は、侵略戦争を行ってしまった日本を根本的に変えるためには、憲法そのものを変える必要があると考えたわけです。現在の日本国憲法は、このような経緯によってアメリカ法の影響を強く受けて作成されたわけです。

　憲法とは主権国家にとって根幹をなすものです。憲法そのものがどのようなものであるかによって、国家もまたその国民も決まっていくわけなのです。民主主義的な憲法の下では、民主主義的な国家体制が形成されそして国民の考え方も民主主義的になっていきます。反対に独裁主義的な憲法の下では、非民主主義的な国家体制が形成されそして国民の考え方も非民主主義的になっていきます。このことは戦前の日本を考えれば明白なことです。

　この章ではいつも憲法を座標軸の中心に据えながら、アメリカ法とはどのような法であるのか、またアメリカ法は日本法にどのような影響を与えてきているのかを考えていくことにします。

4-2. アメリカ法の特色とは何か

　アメリカ法をこれから研究していくわけですが、アメリカ法とは世界の法の中でどのような位置にあるのかをまず考えていくことにします。現在世界には主権国家の数と同じ数だけ法が存在しているわけです。しかしこの膨大(ぼうだい)な数の法も大きく分けると、二つの法体系から成り立っています。その第一は大陸法（Continental Law）であり、その第二は英米法（Anglo-American Law）です。

　大陸法とは、イギリスから見た場合のヨーロッパ大陸の国々の法体系を意味し、近代化されたローマ法を意味することもあり、civil law と呼ばれることもあります。一方英米法とは、イギリス法に淵源を求め common law と呼ばれることもあります。

　アメリカ法は先ほど述べた Anglo-American Law という表現からもわかりますように、英米法に基本的には属しています。あえてここで基本的にといいましたのは、アメリカ法はイギリス法とかなりの部分が似ているのですが、一部は全く異なっているからなのです。このことは歴史を振り返ってみればわかりやすいでしょう。アメリカは1776年に独立宣言をし、イギリスから独立をしました。当然アメリカはイギリスと戦争をして独立を勝ち取ったわけですから、イギリスとは違った要素さらには全く反対の要素を、アメリカ法の中に取り入れたわけです。

　ではこれから英米法の文脈を踏まえながら、アメリカ法の特色について考えていくことにしましょう。

　第一の特色は、「法の支配」（rule of law）の精神が貫徹していることです。「法の支配」とは「人の支配」の反対の概念ですが、具体的には人権の不可侵性や違憲立法審査権に反映しているのですが、アメリカ法の根幹をなす特色です。

　法の支配という概念は、歴史的に見ればイギリスのマグナ・カルタや権利請願に求めることができるのですが、現代の英米法では徹底しているのです。人の支配とは、かつてイギリスの国王が貴族や人民を支配していた政治形態を意味しました。イギリスでは早い時期に法の支配が確立しましたが、アメリカでは建国当初から法の支配の概念をアメリカ合衆国憲法の中に取り込んでいったのです。

　このように述べてきますと、人の支配は昔のことのように思われがちですがそうでもありません。例えば、戦前の日本やドイツ、旧ソ連また現在でも第三世界

の一部の国々のことを考えてみればわかりやすいと思います。法の支配がいかに大切な政治形態であるかはおわかりいただけると思います。

　アメリカ法は憲法のレベルで法の支配を徹底しているため、憲法以下の法律レベルでも法の支配は守られているわけなのです。例えば、議会の権力をもってしても侵害することのできない個人の権利といった考え方は、アメリカ独自の憲法原理であるのです。

　第二の特色は、アメリカ法の二元性です。アメリカは言うまでもなく連邦国家という形態をとっています。すなわち50州とWashington D.C.からアメリカ合衆国は成り立っているわけですが、50州が独自の法域になっており、各州がそれぞれの憲法と法律を有しているわけなのです。つまり憲法といえども、アメリカ合衆国憲法と各州の憲法が存在しているという二重構造になっているわけなのです。それゆえ当然、憲法以下の法律となると各州によって異なっているのです。

　例えばある州ごとによって、信号が赤の場合右折できる場合とできない場合があります。また変な話になりますが、各州ごとによって死刑執行の仕方が異なっており、絞首刑、電気椅子、毒殺といった処刑方法が違っていますし、死刑を廃止している州もあります。ちなみに日本の場合は、北海道から沖縄まで絞首刑で統一されています。また司法試験も各州ごとによって施行され、弁護士資格も各州ごとによってのみ有効なのです。医師の資格も州ごとによって有効性を持ち、ある医師が自己の資格以外の州で治療行為を行うときは、許可を申請しなくてはなりません。まったく日本では考えられないことです。

　以上のことから考えますと、アメリカ合衆国ではいかに州の自治権が発達しているかが、わかるというものです。かつて作家の本多勝一氏が、『アメリカ合州国』というかなりシニカルな本を書かれましたが、なかなか地方自治の弱点を鋭く指摘する著作でした。

　このようなわけで裁判所も連邦裁判所と州裁判所が存在していて、連邦法が優先したり州法が優先したりして、きわめて法の適用が複雑になっています。アメリカの法律家が、一つの法体系にだけかかわっていれば済む日本の法律家を羨ましく思うことがあると聞いたことがありますが、なるほどと思います。

　第三の特色は、アメリカ法に見られる法曹一元というシステムです。現在アメリカには65万人を越える法律家が存在しています。ちなみに日本は1万5千人で

す。この数字の差については後程説明することにいたしますが、アメリカには法律家が多いのだということを念頭に置いていただければ、理解しやすいと思います。アメリカは法律家大国そして法律先進国であるのです。なぜこのようにアメリカには法律家が多いのかということを理解するために、法曹一元というシステムを知っておく必要があるのです。法曹一元とは、法律家という集団が一つのまとまった概念として理解され、集団内部で比較的柔軟性をもって相互に移行できるシステムを言います。

法律家という集団は、裁判官、検察官、弁護士そして法学教授をアメリカでは普通意味します。そして裁判官、検察官、そして法学教授は弁護士資格をほとんど例外なく持っているのです。すなわちアメリカの法律家は law school を卒業して各州の司法試験に合格すると、とりあえず弁護士になるのが普通です。なぜ最初に弁護士を経験させるのかと言いますと、実際の弁護士実務による社会での法現象を何年か経験し、その後弁護士のまま残る者、裁判官及び検察官の法律実務家に転身する者、大学の法学教授というアカデミックな世界に入っていく者、そして政治家になる者と分かれていくことが、幅の広い法律家を育成することにつながると考えられているからです。日本の読者の方は意外に思われるかも知れませんが、歴代のアメリカの大統領の4分の3は法律家なのです。ちなみに現在のアメリカの大統領のクリントン氏も law school を卒業して弁護士資格を持っています。

アメリカの人気番組のひとつに、「弁護士ペリー・メイスン」というドラマが1960年代にありました。敏腕な若手弁護士ペリー・メイスンが、様々な難しい事件を解決していくという内容で、大変人気がありました。さて1990年代に入りましてリバイバル番組が流行るなか、「帰ってきたペリー・メイスン」が作製され放映されました。日本では BS 及び NHK で放送されました。その第1回の内容は、以下のようなものでした。

ペリー・メイスンの有能な秘書であったデラ・ストリートが殺人事件に巻き込まれ、犯人として起訴されてしまい（むろん彼女は無実なのですが）、拘置所に収容されているデラのところにペリーが会いに来るところから、番組はスタートします。ペリーは黒の法服を着て登場するのです。つまり彼は現在は裁判官になっているわけなのです。彼女のために弁護士の選任の相談に応じて面会にきている

のです。2人の会話は以下のように交わされます。

　　ペリー「…それで弁護士の件なのだが、自分がやるのが一番いいという結論
　　　　　に達したよ。」
　　デ　ラ「それは無理というものです。あなたは裁判官ではありませんか…」
　　ペリー「先ほど、裁判官の辞職願いを出してきたところだよ。」[1]

　ここで映画評論をするつもりは全くありませんが、アメリカの法曹一元のシステムを読者の方々に理解していただきたかったのです。アメリカではこのように、弁護士から裁判官へまた裁判官から弁護士へと変わることができるわけなのですが、このような柔軟性は法曹一元によって支えられているのです。
　またアメリカの法学担当の教授の多くは、弁護士資格を持っていて実際に弁護士の経験を何年か積んでいて、大学の教授になっているのです。この傾向は特にlaw schoolにおいては顕著です。
　一方日本では、法律家になるためには大学の学部在学中か卒業後に、合格率わずか2ないし3％の司法試験に合格し、その後司法研修所で2年間の訓練を経た後、最初から裁判官は裁判官、検察官は検察官、弁護士は弁護士としてスタートして、ほとんど生涯そのままというのが普通のケースです。すなわち、司法の中のそれぞれの領域の壁が厚く柔軟性がないのです。ですから裁判官及び検察官は国家公務員であり、弁護士は在野であるのです。日本では日弁連という組織がありますが、構成員は弁護士のみであり裁判官や検察官は入ることができません。ところがアメリカでは、アメリカ法曹協会（American Bar Association）という法律家全体を統括する組織が存在しているのです。
　アメリカのシステムが必ずしも良いとはいえませんが、日米の法曹の違いがお解りいただければ良いのです。もっとも最近は日本でも、裁判官、検察官は定年後弁護士に転向するか大学の教授になる人が多くなってきました。また弁護士は国家公務員でないために大学の教授と兼職できるため、大学教授をやりながら弁護士業もやるという人が増えています。日本も徐々にではありますが変化してい

---

[1]　内田雅俊『弁護士』（講談社、1989年）84-86頁。

るようです。

　第四の特色は、アメリカ法の判例法主義です。この判例法主義は英米法に共通の特色で、大陸法と顕著なコントラストをなしています。

　大陸法の場合は法源となる制定法がしっかりと存在していて、法律家はまず制定法の条文に集中してその後に判例を参考にするといったやり方が、一般的になっています。日本の場合もこの点では、ほぼ大陸法に近い法システムです。一方英米法の場合は法源となる制定法が存在はしているのですが、数も少なくそれほどがっしりとしたものではありません。そして何よりも先例拘束の原理が強いために、判例が大変重視されているのです。言い換えれば演繹的な法発展をするのではなく、新しいケースに直面した場合には、条文の文言よりも前にあった判例を参考にすることによって、新しいケースを法解釈していくことが多いのです。すなわち帰納的な法発展をしていくともいえるのです。よく英米法が行き当たりばったりで体系性や論理的一貫性がないと、ヨーロッパの法律家たちが非難するようですが、わからないこともありません。

　これまで英米法をまとめて大陸法との対照でお話ししましたが、イギリスとアメリカではやはり差があるのです。すなわちアメリカの方がイギリスほどは、判例に拘束されないのです。アメリカでは裁判所が、前の判例は間違っているもしくは時代に合わないと判断したときには、判例を変更した判決ができるという立場が一貫してとられているのです[2]。アメリカでは違憲立法審査権が厳格に守られているため、法解釈また法解釈の変更における司法部の役割が強くなっているわけなのです。アメリカの大統領制においては三権分立が明確であるということが、この点からもお解りいただけると思います。

　第五の特色は、陪審制度のアメリカ法における存在と重要性です。陪審制度こそは英米法の最大の特色であり、母国イギリスよりもアメリカにおいてこの制度は根付いているのです。ではなぜこの陪審制度がアメリカ法の中で、重要な役割を果たしているかを考えていくことにします。

　まず第一に、アメリカ合衆国憲法において陪審審理を受けることが、国民の基本的人権のひとつとして保証されているからです。すなわち「法の適正な手続

---

[2] 本間長世・有賀　貞編『アメリカ研究入門［第2版］』（東京大学出版会、1980年）82頁。

き」(due process of law) を経なければ、いかなる小さな事件でも人は裁かれないという考え方が貫徹しているのです。'due process of law' という考え方は英米法の根幹を成すものですので、是非とも忘れないでください。

　第二に、アメリカ法は市民の常識を大切にしているからです。裁判の際は12人の市民から成る陪審員に判断は任せ、裁判長は裁判の運営を指示し管理する立場をとります。12人の陪審員は無作為に市民の中から選ばれ、法廷の中に入るわけです。

　アメリカの映画に『十二人の怒れる男』という作品があります。主演はヘンリー・フォンダでなかなかの力作です。この映画はある殺人事件で少年が起訴され最初はほとんど全員がこの少年に偏見を持ち有罪とするのですが、主人公のヘンリー・フォンダが他の11人を説得し最後には無罪の評決を出すというものです。この映画の中で、陪審員の中にはいやいや裁判に引き出され少しでも早くに評決を出して、家に帰ってナイターをテレビで見たいという者もいることを、描き出しています。この映画は、陪審制度の欠陥性そしてまた最後にアメリカの正義をも描き出しているのです。

　市民の常識という考え方はいかにもアングロ・サクソン的ですが、一長一短を持っています。この考え方が良いにせよ悪いにせよ、アメリカ法の中に深く浸透

『十二人の怒れる男』(1957)

していることは否定できない法現象なのです。

　以上のように、アメリカ法の特色を5つあげながら、また大陸法と比較しつつ英米法におけるアメリカ法の歴史と位置をみてきました。アメリカ法がアメリカ合衆国の独立以来、イギリス法を母体としながらも独自の法形成を遂げてきたことが、お解りいただけたと思います。

4-3. アメリカにおける法学教育

　これまでアメリカ法の特色について述べてきましたが、アメリカでは法律家を養成する前提になる法学教育がどのように行われているのかを、これからみていくことにします。アメリカでの法学教育は、大学の学部レベルではなくて大学院レベルで行われるのです。すなわち、日本のように法学部は存在せず law school という専門家養成大学院（professional school）が存在しているのです。具体的に説明しますと、ある人が法律家になりたいと思った場合、まずその人はとにかく学部の4年間を卒業し学士号（bachelor）を取得することが必要です。次に、大学院レベルにあたる professional school の law school に入学します。ここで3年間の勉強をして、J. D.（Juris Doctor; Doctor of Jurisprudence）を取得し、その後各州で行われる司法試験（bar examination）を受験し弁護士資格を取得します。この試験の合格率は州にもよりますが60％以上です。その後どこかの法律事務所（law firm）に就職し、何年か弁護士としての経験を積み、後は弁護士としてそのままやっていくか、裁判官、検察官、大学の法学教授または政治の世界に進むかに、別れていくのが一般的な進路です。この間の事情はこの章の前の部分で少し触れていますので、ページをめくってみてください。

　このようにアメリカの法学教育が学部段階ではなく大学院段階から出発するのは、まず学部段階で幅広く一般教養（liberal arts）と良きアメリカ市民としての常識を習得し、しかる後に大学院段階で専門性の高い法律学を修めさせようという意図が存在しているからなのです。この考え方は実にアメリカ的とも言えます。

　ここで law school での教育について少し触れておくことにします。大学よって多少の差はあるでしょうが、ひとことで言って law school の授業は死ぬほど忙しいのです。また映画の話になって恐縮ですが、アメリカ映画に『ペーパーチ

『ペーパーチェイス』(1973)

ェイス』という作品があります。ハーヴァード大学のlaw schoolが舞台になっていますが、paperとは提出しなければならない論文やレポートのことを意味し、chaseとはlaw schoolの学生がこれらの提出物に追いまくられている状態を意味します。

さて具体的教育内容として特筆すべき点は、law schoolではケース・メソッド（case method）が採用されていることです。ケース・メソッドとはソクラテス的問答教育ともいわれ、ハーヴァード大学のlaw schoolの学長であったラングデル（Langdell）という人が始めたやり方です。もう少し詳しく説明しますと、具体的な判例を教材として、教授は学生に対して討論を挑みます。教授はある時は被告原告の立場を変えながら、具体的なケースについての法的討論を行うのです。日本で行われている演繹的講義形式の教授法とは対照的に、帰納的討論形式の教授法であるのです。ですから教室は教授と学生の論戦の場であるのです[3]。

受信型の大学教育に慣れている日本の学生は、発信型のアメリカ式の大学教育に少しずつ移行しつつあるというのが、現代の傾向であるとも言えます。

---

3) 伊藤正巳・木下　毅『新版アメリカ法入門』（日本評論社、1984年）195頁。

4-4. 訴訟社会アメリカにおけるアメリカ法

アメリカは世界で最も訴訟の多い国であると言われています。"suit society"という表現が、アメリカの新聞雑誌で毎日のように見られますが、アメリカはとにかく訴えることがごく日常となっている社会です。

筆者がアメリカにいたときのことですが、ある日雪が多く降ったことがありました。窓から外を見ますと、どの家も一家総出で自宅に面している道の雪かきをしているのです。アメリカ人は雪かきの好きな国民なのだとのんびりと考えていましたが、とんでもないことでした。後で聞いたことなのですが、この地区では通行人が雪で滑って転び怪我をした場合には、転んだ道に面している家の人が雪かきを怠ったとして、告訴されるのが多いとのことでした。

自分の権利を守る手段として法律に訴えるという行動様式が、アメリカ人の意識には深く浸透しています。legal mindが高じすぎてアメリカ人は訴訟国民になってしまったと、よく皮肉が言われます。"ambulance chaser"（弁護士が救急車の後を追いかけて、何とか訴訟に持ち込み自分の仕事を取る状態を言います。）という表現なども訴訟社会アメリカならでは、生まれてきたものです。訴訟の件数が多いからこそ65万人以上という法律家が食べていくことができるというのも、皮肉な現象なのです。

訴訟社会が抱えている問題はいくつかありますが、ここでは三つの問題を指摘したいと思います。

第一の問題は、訴訟は社会コストを高め循環的に財政赤字を引き起こすということです。経済学的に言えば、訴訟は国内の富の獲得に結び付かず消費を意味します。現在アメリカは双子の赤字、すなわち貿易赤字と財政赤字を抱えていますが、多くの経済学者は訴訟の件数を減らすことがある程度赤字を減らすことにつながると指摘しています。

第二の問題は、訴訟を恐れるあまり法律解釈に硬直化が生じていることです。例えば家の賃貸借のような不動産契約をした場合に、その契約書の厚さは日本のそれに比べると、10倍以上になるのが一般的です。なぜならばあまりにも契約内容が個別的にかつ詳細に規定されているからです。すなわち法律の制定法の解釈における拡大解釈や類推解釈が演繹的に機能しないわけなのです。究極的な表現

をとるならば、法の柔軟性が喪失してしまっているとも言い得るわけです。

　第三の問題は、訴訟の新しい形態が生ずるということです。例えば集団代表訴訟（class action）などが考えられます。集団代表訴訟とは製造物責任法ＰＬ法（product liability law）に裏付けられているもので、一人で訴訟を起こすよりも、共通の利害を有する数人の集団で訴訟を起こした場合に、より効果的に相手方に対して勝訴しやすくなる訴訟形態を言います。具体的に申しますと、ある会社の自動車を買ったところその特定の車種が欠陥車であった場合、その欠陥車を買ってしまった消費者がその自動車会社を相手に、損害賠償請求をするケースが考えられます。このような時には、消費者側は会社側に情報公開を求めることができ、また会社側も決められた情報を公開する義務を負うことになります。そして消費者側に欠陥車であることを証明する立証責任があるよりはむしろ、企業側に欠陥車でないことを証明する立証責任が生じてくるのです。このように消費者保護という観点から考えると、アメリカのＰＬ法は実に進んでいるのです。ＰＬ法の日本のレベルは、アメリカのそれよりも数段遅れているのが現実です。

　以上見てきましたように、アメリカは確かに訴訟社会です。訴訟社会には欠点も利点も存在しています。アメリカは訴訟社会だから苦悩する社会であると短絡的に結びつけるのは、間違っていると思います。もう少し深く考えてみますと、アメリカは移民の国で異文化から成り立つ国です。このような人工国家で民主主義をかろうじて保っていくためには、最終的な判断の拠り所を法律に求めるしかないというメカニズムが、アメリカ社会の根底で作用していることを見逃してはいけないと思うのです。

4-5. アメリカ法の日本法への影響

　アメリカ法の日本法への影響は、今述べましたＰＬ法を初めとする各種の法律にもみられますが、この章の初めの部分で少し触れましたように最も大切なのは日本国憲法自体への影響です。憲法がそれ以下の法律と最も違う点は、憲法が国家権力を制限して人権を保証している最高法規であるということです。このことは憲法98条及び99条からわかります。すなわち98条では、憲法の最高法規制を明記することによって、違憲立法審査権の具体性を記述している81条を裏から支えています。99条には「天皇又は摂政及び国務大臣、国会議員、裁判官その他の公

務員は、この憲法を尊重し擁護する義務を負ふ。」とありますが、この条文では国の権力者に憲法遵守の義務があることを厳しく規定し、また敢えて国民に憲法遵守の義務があることを明文化していないのは、明治憲法のもとではとかく権力者によって基本的人権が踏みにじられてきた歴史的反省によるものと考えられます。また36条にある拷問・残虐刑の禁止は、戦前の日本に見られた特別高等警察などによる基本的人権を無視した取り調べ方法を、厳しく禁止しているものです。例えば戦前には、小林多喜二という作家は午前中に連行され夕方には拷問によって殺されてしまいましたし、三木　清という哲学者は獄中で見つかった時には、体じゅうが皮膚病にかかり糞便にまみれて死んでいました。そのようなわけでGHQは日本を占領すると同時に特別高等警察を廃止させました。

　このように基本的人権の尊重のほか残りの二大主柱である国民主権及び平和主義も、アメリカ法の考え方をベースにして、GHQの法律顧問によって憲法に織り込まれていきました。実際のところ、日本側の案であった松本案は拒否され、ハーヴァード大学のlaw　school出身の法律家たちによって憲法の多くの部分が起草されたといわれています。このような事情から、現憲法は押しつけ憲法であるという議論が生じてくるのです。

　また第8章以下に規定されている地方自治に関する各条文は、アメリカ法の影響そのもののあらわれです。明治憲法にはこの章の規定は存在していませんでした。

　以上見てきましたように、国の最高法規である憲法はかなりの部分がアメリカ合衆国憲法の影響を受けて作成されたと言っても、差し支えないと思います。押しつけ憲法論を唱える一部の人達もいますが、松本案では現在日本が享受しているような平和や自由は存在していないはずです。日本は外圧によってしか大きな変更は行わないという議論がアメリカ側にありますが、それなりに正当性のある発言であると考えられます。アメリカがクシャミをすると日本が風邪をひくと言われますが、これからの日本は国際社会に適合する法感覚を身につける義務を負っていくことになると考えられます。

推薦図書

［1］ 田中和夫『英米法概説』（有斐閣，1981年）．
［2］ 田中英夫『アメリカの社会と法』（東京大学出版会，1972年）．
［3］ 伊藤正巳・木下　毅『新版アメリカ法入門』（日本評論社，1984年）．
［4］ 伊藤　真『伊藤　真の憲法入門』（日本評論社，1997年）．
［5］ 内田雅俊『弁護士』（講談社，1989年）．

〈丘の上の町〉

　丘の上の町（A City on a Hill）という言葉は、アメリカ合衆国で建国当時アメリカ人たちによって使われた言葉でした。すなわち、下界であるヨーロッパ社会とは切り離された理想的な社会が、丘の上の町であるアメリカ合衆国であったわけです。当時のアメリカ人たちは理想に燃えて、新しい移民から成る人工国家アメリカを作っていこうと試みたのでした。

　昨年久しぶりに、California 州を訪れる機会がありました。最初 Los Angeles 国際空港に行き、その後国内線で San Diego 空港へと向かいました。飛行機が着陸態勢に入るために旋回しながら高度を下げた時に、窓から下をふと見ました。すると、殆どどこの家にも青い水を満々とたたえたプールがついていまして、アメリカの豊かさを瞬間的に再度認識しました。数日後これらの家の一軒を訪ねる機会がありましたが、アメリカの住宅のスペースの広さに感じ入るものがありました。San Diego の丘の上にあるアメリカ人の住宅は多少の差こそあれ、実に豊かなものでした。翌日、同じ San Diego のメキシコ国境に近い downtown を訪ねる機会があったのですが、この地域は町全体が汚く、家も汚くて狭く、そして夕方以降はとても怖くて歩けない場所でした。アメリカにおける貧富の差をまざまざと見せつけられた体験でした。

　現在のアメリカでは、多かれ少なかれ貧富の差による住み分け現象が定着しています。丘の上に住む豊かな成功者としてのアメリカ人、また downtown 地区に住む貧しいアメリカ人が、それぞれの地区に別々に暮らしている訳なのです。犯罪大国にアメリカが陥ってしまった原因の一つに貧富の差があるといわれます。丘の上の町という理想を掲げて建国したアメリカ合衆国が、このような国家になってしまったことを建国当時のアメリカ人たちは、天上からどのような気持ちで見ているのであろうかと、ふと考えることがあります。

（植村泰三）

『博士の異常な愛情』(1964)

5. アメリカの政治

5-1. 新政府の成立

5-1-1. 革命戦争の勃発と独立宣言

1763年フランスとの7年戦争に勝利を収め、北アメリカに新たに広大な土地を得たイギリスは、広大な領土の防衛に必要な費用の一部を、植民地に分担させようと考えた。その結果、砂糖税法や印紙税法が制定され、植民地側は「代表なければ課税なし」のスローガンを掲げて抵抗した。

1773年に茶法が制定されると、植民地と本国との関係はさらに悪化した。茶の陸上げに反対する植民地の急進派が、ボストン港に停泊中の船に侵入し、積み荷の茶を海に投げ込む事件（ボストン茶会事件）が起こった。このボストン茶会事件が両者の対決姿勢をさらに強め武力衝突にまで発展した。

植民地側は第二回大陸会議を開催、総司令官にジョージ・ワシントンを任命して武力抗争の続行を決議した。そして、1776年7月4日、独立宣言を採択した。

5-1-2. 連合規約と憲法制定会議

大陸会議は13の植民地の連帯を維持するために連合規約を1777年に採択した。この連合規約は、連合会議に外交、諸州共通の防衛、州間の関係等にわたる大幅な権限などを認める一方、各州の主権、自由、独立を明記し、各州が「本規約によって明白に連合会議に委任されていない一切の権限」を保有することも定めていた。

連合会議はゆるやかな連邦であって、中央政府ならば当然持っているはずの課税権や通商規制権も与えられていなかったため、財政が困難に陥り、強力な中央政府が必要であるという主張が強まっていった。

1787年5月、ロードアイランドを除く12州からの代表55人がフィラデルフィアに連合規約の改正を目的として集まった。会議では小州対大州、北部対南部など

の利害の衝突があり、立方部の構成の問題をめぐって会議が約1ヵ月空転したが、連邦議会を二院制とし、下院では議席は人口に比例して配分されるが上院は人口に関係なく各州二人とすることによって同意し、最終的に1787年9月17日合衆国憲法案が成立した。

この憲法制定会議で「合衆国大統領」という国家の最高指導者のポストを置くということと、その初代大統領にジョージ・ワシントンを選ぶということが決まった。

この憲法制定会議に集まった55人のなかには、ワシントン、フランクリン、マディソン、ハミルトン、メイソン、ディッキンソンなどのアメリカのブレインたちが含まれていた。この最初の合衆国憲法制定に貢献した人々のことを「建国の父」（Founding Fathers）と呼ぶ習慣がある。

5-2. 合衆国憲法

合衆国憲法は一国家全体に適用される成分憲法としては、世界最古のものである。前文および7つの編（Article）から成り、前文に、「われわれ合衆国の人民は……」と述べ、連合規約が各ステート間の契約であったのに対し、この憲法が人民相互間の契約であることを示している。第5条の憲法改正の規定に基づいて、現在まで26ヶ条の修正条項（amendment）が新しく付け加えられている。その第1回目は、1791年に付け加えられた「修正第1条」から「修正第10条」までで、これは、一般に「権利章典」（the Bill of Rights）と呼ばれている。最も新しい修正条項は、1971年に確定した「修正第26条」で、連邦、州を問わず、すべての選挙における選挙年齢を18歳以上とするとしたものである。

合衆国憲法の特色として、連邦制と権力の分立があげられる。

5-2-1. 連邦制

合衆国憲法修正第10条が「本憲法によって合衆国に委任されず、また各州に対して禁止されていない権限は、各州それぞれにあるいは人民に留保される」と定めている。アメリカは歴史的に州政府は本来独立した政府であるとの意識が強く、合衆国政府はしばしば「制限された政府」（limited government）とか、「列挙された権限しかもたない政府」（government of enumerated powers）と呼ばれ

る。具体的には、連邦政府には外交、軍事、あるいは貨幣の鋳造、度量衡の標準の設定、郵便局の建設など、すべての州に共通の関心事に関する権限が与えられている。

　州政府は、自州の主要道路の管理、教育、銀行、租税、離婚、アルコールに関する法、独自の民法、刑法などについての権利を保持している。

　各州に対して禁止されている権限の中には、条約・同盟の締結、議会の同意を得ないで輸入税、輸出税を課することなどが含まれる。

5-2-2. 権力の分立

　合衆国憲法は三権分立制をとっている。国家権力が一ヶ所に集中すると人々の自由がおかされ、また権力の腐敗にもつながるので、権力は分散されるべきであるという考えに基づいてとられた制度で、政府の統治機能を立方、行政、司法の3部門に分離し、各部門がお互いに抑制しあうことで、権力の均衡が図られる制度、すなわち「抑制と均衡」(checks and balances) の制度になっている。

　「抑制と均衡」の主要な例をあげれば、行政部の長である大統領は、議会が可決した法律案に対し拒否権 (veto) を発動することができる。この場合、議会の両院がそれぞれの3分の2以上の多数を持って再可決して、大統領の拒否権を覆すことができるが、再可決の率は非常に低いので、大統領は議会に対して強い抑止力を持っているということができる。

　一方議会は大統領の経費の支出を拒否する権限を与えられている。また上院は大統領が締結した条約、大使・公使その他の政府高官や連邦裁判官などの任命を拒否する権限を与えられている。議会は大統領の行動をこのような効果的な手段でけん制できる。

　最高裁判所は議会の制定した法律、大統領の行政措置について審査を行い、憲法に違反している場合はそれらを無効にすることができる。大統領は、上院の助言と承認により、最高裁判所長官およびその他の連邦裁判所裁判官を任命する権限を与えられている。

5-2-3. 権利章典 (the Bill of Rights)

　合衆国憲法修正条項のうち修正1条から修正10条までの条文を、一般に「権利

章典」と呼んでいる。1787年に起草された合衆国憲法は、政府の権限に関する条項のみで、いわゆる人権保障に関する規定はもっていなかった。憲法批准の過程で、連邦政府の権限に制限を加える必要があるという声が強まり、権利章典を制定することが約束された。

権利章典のなかで特に有名なのは、言論や出版の自由などを保証した修正第1条で、次のように書かれている。

修正第1条「(連邦)議会は、法律により、国教の樹立を規定し、もしくは信教上の行為の自由を禁止することはできない。また言論および出版の自由(the freedom of speech, or of the press)を制限し、あるいは人民の平穏に集会する権利、また苦痛事の是正(ぜせい)に関し政府に対して請願をする権利を侵すことはできない。」

第2条は、民兵が武器を持ち武装する権利について、次のように述べている。

修正第2条「規律ある民兵は、自由な国家の安全にとって必要であるから、人民が武器を保有し、またはそれを携行(けいこう)する権利は、これを損うことはできない。」

修正第1条、第2条を含めて、権利章典の最初の8ヶ条は、米国市民の基本的権利を定めている。すなわち、無断で軍隊が家宅に宿泊しないという保証(修正第3条)、不合理な捜索および逮捕を受けないという保証(修正第4条)、正当な法の手続きによらずに、生命、自由または財産を奪われないという保証(修正第5条)、公平な陪審による迅速な公開の裁判を受ける権利(修正第6条)、過大な額の保釈金、罰金、残酷で異常な刑罰を受けないという保証(修正第8条)である。

修正第9条と第10条は州と連邦政府の関係を解釈する上での一般的な法則である。これらの条項では、合衆国憲法によってはっきりと連邦に委任されず、また各州に対して禁止されていない権利はすべて、州まは人民に保留されるものとしている。

5-3. 合衆国議会

合衆国議会は、憲法の第1条の規定により、上院(Senate)および下院(House of Representatives)の二院をもって構成され、いっさいの立方権が与えられている。すなわち、法案提出権は日本と違って議員にしか与えられていな

合衆国議会——合衆国の法律は、ここで制定される。

(写真提供：在日米国大使館)

い。上院は人口の多少に関係なく各州より選出された2名の議員からなり、現在の定数は100名である。下院は現在435人の議員で構成されている。各州の議員数は人口に応じて決定され、10年ごとに行われる国勢調査に基づいて調整される。1960年代以降、かっての北東部に対し、南西部諸州の人口が増大し、この地域からの選出議員数が現在増大しつつある。

　提出された法案は、上下両院を通過すると、大統領に送付され、大統領の署名が得られれば法律となる。

　上院議員の任期は6年であり、2年ごとに3分の1ずつ改選される。下院議員の任期は2年で、全員が改選される。

　上院は、今日多くの国で、第二院の地位におかれているが、アメリカの上院は文字通り下院に優位する地位を与えられ、ステータスも下院より上であると一般に見なされている。その結果、有力な大統領候補が上院議員の中から指名されることが多い。

　上院は下院が特定の選挙地域の利益を代表するのに対して、州全体の代表的性格をもち、下院より強い権限を与えられている。すなわち、上院には、大統領の

条約締結や、大使、最高裁判所裁判官、その他の高級官吏の任命に関して、助言と承認の権限が与えられている。大統領や副大統領などの弾劾裁判の権限も、上院に与えられている。

下院には、歳入法案の先議権が与えられている。

上院の議長は合衆国副大統領がつとめる。下院の議長は議員のなかから選ばれる。

5-4. 行政部

5-4-1. 大統領の任命と役割

大統領は副大統領とともに、直接国民の投票によって選出されるのではなく、国民が選んだ大統領選挙人によって選ばれる仕組みになっている。各州の選挙民の数は、それぞれの州の上・下院議員の総数にコロンビア特別地区選出の3人を加えて、合計538人である。この大統領選挙人の投票で過半数を占めた者が大統領となる。

大統領の任期は4年で、再選は認められるが、三選以上は現行憲法で禁止されている。この規定は、1951年憲法の修正条項として追加されたもので、それ以前はこのような禁止規定はなかったが、初代大統領のワシントンが2期つとめて3期目を辞退して以来、それが慣行となっていた。しかし、例外として、第二次世界大戦中の非常事態ということもあって、フランクリン・ローズヴェルト大統領は、1940年に三選され、4期目の途中に病死した。

大統領は憲法上次の三つの重要な役割をになっている。第一に大統領は行政部の首長である。大統領は行政各機関の長官ならびに上級公務員を指名し、上院の助言と承認を得て任命する。行政部の権限と責任は、原則として、大統領一身に集中している。

第二に大統領は合衆国の陸海空軍および合衆国の軍務に服している各州民兵の最高司令官である。

第三に大統領は、上院の同意を得て条約を締結する権限をもち、国を代表してあらゆる外交交渉を行う。大統領はそのほかにも、憲法上「ときどき連邦の状況につき情報を議会に与え、また自ら必要かつ良策であると考える施策について議会に対し審議を勧告する」権限を与えられている。

5-4-2. 副大統領の役割

　副大統領は、選挙によって選ばれたアメリカの公務員の中の第2の地位の者を言うが、大統領に比べると影が薄い存在である。しかし、大統領が任期半ばで死亡したり、あるいは職務を執行しえない事態が生じた場合、大統領職継承第1位にあり、事実第二次世界大戦以降トルーマン、ジョンソン、フォード各大統領は副大統領から昇格している。憲法上では、副大統領は上院議長をつとめるが、可否同数の時をのぞき、表決には加わらない。副大統領の行政部における権限は明確ではないが、近年外交などにおいて、多忙な大統領の代役としての役割が増加している。

5-4-3. 大統領府

　大統領府は大統領に助言を与える顧問官、補佐官、特別補佐官などで構成される。20世紀初頭まで大統領のスタッフはごく少数であったが、大統領の指導力を

ホワイトハウス──大統領の官邸
（写真提供：在日米国大使館）

強化するため、1939年、フランクリン・ローズヴェルト大統領によって設置された。ホワイトハウス事務局はじめ国家安全保障会議、経済諮問委員会、米通商代表部、行政管理予算庁、環境問題会議、科学技術政策局などの機関が各省とは別に大統領に直属している。ホワイトハウスの補佐官は、大統領の政策決定に大きな影響力を持っている。

5-4-4. 内閣

アメリカの内閣は、英国や日本の議員内閣制の場合と異なり閣僚（各省長官）は大統領の助言者にすぎないといってよいだろう。その英語名も Minister ではなく、Secretary と呼ばれる。閣僚は憲法の規定により、議員との兼任は禁止され証人として喚問される場合を除けば、議会に出席することはできない。閣僚は大統領に対してのみ責任を負い、内閣の連帯責任は存在しない。

大統領は、政権を執行するにあたって、かならずしも閣僚の同意を得る必要はない。かって、リンカーンが南北戦争の際、ある重要な問題について、閣僚の意見をきいたとき、7人の閣僚は全員反対であったが、リンカーンは、この問題は「1対7で可決されました」といって、自分の主張をそのまま実行に移したという話がある。

現在の内閣は次の14の各省の長官によって構成されている。すなわち、国務長官、財務長官、国防長官、司法長官、内務長官、農務長官、商務長官、労働長官、保険・福祉長官、住宅・都市開発長官、運輸長官、エネルギー長官、教育長官、退役軍人管理長官である。

5-5. 連邦最高裁判所

連邦の司法組織の頂点に立っているのが連邦最高裁判所である。建国当初6名の判事でスタートしたが、その後増減を経て、現在9名の裁判官で構成されている。

最高裁判所の裁判官は大統領が指名し、上院の同意を得て任命される。終身の身分保証があり、定年はない。終身官である判事の任命は政治的に大きな影響力をもっていることから、大統領はその人選にあたって、自分と共通の価値観をもった人物を選ぶのが普通である。

連邦最高裁判所は、連邦の控訴裁判所からの上訴を受理するほか、各州の最高裁判所からの上訴も受理する。

連邦最高裁判所は、議会の制定した法律を審査し、違憲か合憲かを判断する権限、つまり違憲立法審査権をもっている。三権分立、抑制と均衡の原理によって行政、立方、司法の3部門は対等であるとされながらも、この違憲立法審査制のゆえに、アメリカは司法権優位の国だといわれている。

アメリカの憲法史において、連邦最高裁判所は、この違憲立法審査権をとおして、時の政治や社会を大きく変えるような重要判決を下してきた。一例を挙げれば、連邦最高裁判所は1954年のブラウン判決において、施設が分離していても内容が同じ（"separate but equal" facilities）であれば、憲法の平等保護に反していないという考え方を退け、南部の公立学校における人種統合を「可及的速やか

連邦最高裁判所——合衆国司法組織の頂点に立つ。
（写真提供：在日米国大使館）

に」行うよう命ずる判決を下した。この判決を契機に公民権運動が高まっていった。

5-6. 州政府

　建国当時、背景の違う州がより集まって連邦政府をつくったという由来もあって現在でも州はかなりの程度の自治権を持っている。合衆国憲法の規定により、連邦政府には限られた権限のみを与えられ、その他の権限は州または人民に属すると考えられている。しかし、このような考え方も、社会の複雑化に伴って連邦政府の権限に関する憲法のわくは次第に拡大解釈され、州権は狭められてきている。

　各州は、その基本法として独自の憲法を有し、すべての州で連邦と同じように行政、立方、司法部門の三権分立制を採用している。州議会はネブラスカ州を除き、連邦議会と同じように上院と下院に分かれている。議員の任期は、大多数の州では上院が4年、下院が2年である。

　弁護士や医師として開業する場合、州の認可が必要である。自動車の免許も全国一律でなく州ごとに取得しなければならない。

　州はさらに小さい行政単位の郡（county）や市（city）、町（town）に分かれ、教育などは、往々にしてこのような小さな行政単位の責任とされる。

5-7. 政党

　米国建国当時には政党はなかった。そして合衆国憲法も政党には触れていないが、現在は、民主党と共和党の二大政党がある。米国の二大政党制はイギリスとは違い、同じ見解・所信を持つ人々の強固な連合といったものではない。議員の投票行動も必ずしも党派的ではなく、議員は自分の選挙区の利害関係や自分の信念にもとづいて自由に発言し、行動することができる。

　伝統的には、民主党は「進歩的」、共和党は「保守的」で、民主党は労組や都市の中下層階級の人々の支持を得、共和党は中上層階級の利益の代表として、実業界や農業界に強い支持基盤をもつとされてきたが、近年の選挙では、両党ともあらゆる階層・集団の選挙民からより多くの支持を得ようとしているため、このような従来の区別ができにくくなってきている。

民主党、共和党のほかにも、共産党などいくつかの政党があり、大統領選挙のときには新しい党をつくって立候補する政治家もいる。民主党はロバ、共和党は象をシンボル・マークにしている。各政党の勢力は地方レベルを基盤としており全国組織として活動するのは選挙の年のみである。

5-8. 圧力団体

　アメリカ政治の特徴の一つは、ロビイスト（lobbyist）に代表される様々な利益団体の活動であるといえよう。ロビイストという呼び名は、法案を成立もしくは不成立させるために、利益団体の代理人が、その昔、議会のロビーで議員、委員会スタッフに直接はたらきかけたことに由来している。ロビイストは、企業、民間団体、外国政府などの利益を代表し、報酬を受け取って議会工作を行う。ロビイストには、弁護士や元政府閣僚や大統領補佐官、上下議員経験者なども多く、その影響力は無視できない。

　「韓国ロビー」、「台湾ロビー」、「アラブ・ロビー」など、外国政府のために働いているロビイストも少なくはない。日本政府機関や企業もロビイストを雇っている。

　現在ロビイングは広義に解釈され、利益団体による議会、行政府等への陳情活動と理解されている。経済界、労働界の利益を代表する団体、宗教、人種、環境問題に関心を持つ団体など、様々な利益団体がある。

　近年台頭した団体に、政治行動委員会（Political Action Committee、通称PAC）がある。これは1974年に成立した政治資金規制法等で、企業献金が禁止され、個人の政治献金が制限されたため、企業、労働組合、市民団体などが資金を集めて、大統領や連邦上下両議員などに政治献金するために設立された団体で、近年急激に増加した。

参考文献

[１] 阿部　齊編『アメリカの政治　―内政のしくみと外交政策』(弘文堂，1992年).
[２] 阿部　齊『アメリカ現代政治』[第２版] (東京大学出版会，1995年).
[３] 斎藤　真他監修『アメリカを知る事典』(平凡社，1986年).
[４] 有賀　貞『アメリカ政治史』(福村出版，1985年).
[５] 陣先克博編『アメリカ　―その特質と諸相』(英潮社新社，1982年).
[６] 片岡寛光・奥島孝康編『アメリカの政治　―ガリバー国家のジレンマ』(早稲田大学出版部，1994年).
[７] 松尾弌之・丹野　真『アメリカ研究』(大修館書店，1984年).

推薦図書

[１] 阿部　齊編『アメリカの政治　―内政のしくみと外交政策』(弘文堂，1992年).
　　アメリカの政治に関する情報を、的確に処理するのに必要な基礎知識を提供することによって、アメリカの内政と外交政策を正しく理解できるように配慮されているガイドブック。
[２] 有賀　貞『アメリカ政治史』(福村出版，1985年).
　　本書はアメリカ政治史の重要な事件・事項とされている事柄すべてについてふれていて、アメリカ合衆国の政治史、外交史を学ぶ者にとって、簡便でしかもかなり詳しい概説書として役立つ。
[３] 本間長世『アメリカ大統領のリーダーシップ』(筑間書房，1992年).
　　「アメリカの主要な大統領の人間像を、日本の読者に親しみやすいものにするための物語」で、ワシントンからケネディに至る６人の大統領の各章を読むことにより、アメリカ政治のインテレクチュアル・ヒストリーを学べる。
[４] 片岡寛光・奥島孝康編『アメリカの政治　―ガリバー国家のジレンマ』(早稲田大学出版部，1994年).
　　合衆国憲法における統治機構（立法部、行政部、司法部）、連邦主義、大統領制、政党などアメリカの政治全般について理解を得るのに役立つ。
[５] 大下尚一他編『アメリカハンディー事典』(有斐閣，1989年).
　　アメリカの政治、歴史、法律などの授業で、用語、制度、人名、地名などを確かめたいときに役立つアメリカ情報辞典。

───〈アメリカの政治こぼればなし〉────────────────
　日本では、与党の議員が党議に反してまで野党の法案に賛成票を投ずるなどということは通常考えられないことであるが、アメリカの議会では（とくに下院では）よく見受けられる現象である。下院議員は2年ごとに選挙民の審判を受けなければならないということもあって、高い次元の国家的な利益よりも、自分の選挙区の利益を優先させて投票するのが一般的である。
　合衆国憲法が成分憲法としては、世界で一番古い憲法であることはあまり知られていない。イギリスには、「マグナ・カルタ」や「権利章典」などの法があるが、単一の憲法典ではない。
　アメリカ歴代大統領の人気投票で、常に上位5人の中に入っているのは、ワシントン、リンカーン、フランクリン・ローズヴェルトの3人である。このほかに独立宣言の起草者だったジェファソンや日露戦争終結に貢献したセオドア・ローズヴェルト、国際連盟の生みの親のウイルソンなどが常連である。万延元（1860）年、新見正興らの遣米使節をホワイトハウスで大歓迎したのは、第15代ブキャナン大統領で、岩倉使節団を迎えたのは、南北戦争の英雄だった第18代グラント大統領だった。グラントは大統領退任後ではあったが、日本を初めて訪れたアメリカ大統領となった。

（重乃　皓）

『カサブランカ』(1942)

6. アメリカの外交

6-1. はじめに

「お家柄」ということばがありますが、これはある家の構成人員が、先祖代々から伝統的に継承してきた信条、価値観、方針そして文化などの総称的イメージをあらわしているように思われます。そしてこの家柄なるものが最も顕在化するのは、他の家の構成人員や全くの第三者や世間の諸事に対してですので、我々は「あの人は家柄が良いから、あるいは悪いから…」という表現を使うことがあるわけなのです。

このことを国家のレベルに置き換えてみますと、家柄に相当するものが外交になるのではないかと考えられるのです。すなわち一般にある国の外交とは、国際社会においてその国が他の主権国家に対してとる国際関係の処理、またその国の国民が他の国の国民に対して取る支持政策であると、定義することができるのではないかと思われます。もう少し詳しく言いますと、外交の定義を、国家間という主権国家レベルのみならず国民間という草の根のレベルにまで、広く解釈していくことにします。かつては外交とは、交渉による国際関係の処理であり、大使及び公使によってこれらの関係が調整され処理される方法であり、外交官の職務あるいは技術であると、狭く解釈して定義をしていました。しかしながら現在のようにメディアが発達してきますと、外交の担い手が外交官だけではなくなってきているのです。

以上のようなことから本稿では、外交を狭く解釈するのではなく、いわば「お国柄」といった広い意味でとらえていくことにします。例えば、「そんなことをするのはいかにもアメリカらしいですね。」とか「こんなことをするなんて本当にロシアしかありませんよね。」と言う表現をよく聞きますが、このようなニュアンスでとらえていきたく思います。

6-2. アメリカ外交の特色

　アメリカの外交についてこれから検討していくわけですが、アメリカの外交には、ヨーロッパ諸国の外交やアジア諸国の外交とは全く異質な点を、我々は見ることができます。その理由は何よりも、アメリカが建国約二百二十年という若い国であるからですし、またアメリカは移民から成立しているというさまざまな人種による人工国家でもあるためです。このような理由のため、アメリカ外交には以下のような特色があります。

　アメリカ外交の第一の特色は、イデオロギー主義です。ヨーロッパ諸国の外交が国益優先の立場をとってきたのに対して、アメリカの外交はイデオロギーを優先させてきたわけなのです。

　ハンス・モーゲンソー（Hans Morgenthau）という著名な国際政治学者が指摘しておりますように、主権国家は個人と同じように欲望を有しているため、自らの利益を中心にして外交を推し進めていくのが自然の法則であるというのが、ヨーロッパの国際政治の常識でした。すなわちイデオロギーは全く正反対であっても国益さえ一致すれば、条約を結ぶという現象はヨーロッパの歴史においてはごく一般的なことでした。例えば、第二次世界大戦勃発直前に締結された独ソ不可侵条約などは、その典型例です。共産主義を第一の敵とするナチスドイツと共産主義国家の代表であるソ連が、ポーランドを分割してその一部を自国の領土にするという国益の点で利益が一致し、またアメリカ、イギリスそしてフランスなどを牽制するということで国益が一致したために、この条約は締結されたのでした。独ソ不可侵条約が締結されたときに、その当時の政府であった平沼内閣は、「国際政治は複雑怪奇なり」と言って総辞職をしてしまいましたが、いかにその当時の日本人の政治家に国際政治に対する感覚が欠如していたかが、解るというものです。

　このようなヨーロッパ諸国の国益優先の外交に対して、アメリカの外交はイデオロギーを優先して行われることがしばしばありましたし、また現在でもあります。アメリカが信奉するイデオロギーは、自由主義であり民主主義であるのです。前者の自由主義には、資本主義のニュアンスも含まれていると考えてください。アメリカはこれらの主義に対立するイデオロギーを有する国には、徹底的に敵対

する態度を示したことがあります。

　例えば米ソによる冷戦は、国益ももちろん含まれていましたが、イデオロギーによる対立が原因にもなっていました。多くのアメリカ人が最も恐れ忌み嫌うイデオロギーの1つは、共産主義です。アメリカ国内で50年代に吹き荒れた赤狩りの代表であるマッカーシズムなどは、アメリカ人に共通する共産主義アレルギーの典型例です。このマッカーシズムでは多くの知識人が犠牲となり、一時期アメリカの学問の進展が止まってしまうと思われるほど、深刻な社会現象でした。マッカーシズムは国際政治における米ソの対立が、国内にまで及んだものとも考えられます。この当時の国際政治は、北大西洋条約機構とワルシャワ条約機構という両陣営の対立という国際機構組織の対立にまで発展しました。特にアメリカは自由主義国家に対して、その国が問題のある国か否かにかかわらず、CIAなどを駆使して援助を行ったりしました。

　もうひとつ歴史的な例をあげておきますと、ヴェトナム戦争への介入があります。遠いアジアの小国であるヴェトナムに介入することは、アメリカにっとってどれだけの国益特に経済的利益があったのでしょうか。ヴェトナム戦争を正当化した理由のひとつに、「ドミノ理論」があります。ドミノ理論とは、一国が共産化すると近隣諸国も連鎖反応的に共産主義化してしまうという理論です。トランプのドミノゲームに例えたものです。すなわち北ヴェトナムの南ヴェトナムへの侵略を阻止することが、アジア諸国の共産主義化を阻止することにつながると、考えられたわけなのです。実際アメリカは南ヴェトナムを援助しつつ、自らもアメリカ兵を送り込みましたし、一方中国やソ連は北ヴェトナムを援助しつつ、中国は義勇兵を送り込みました。しかしヴェトナム戦争の結果はご存じのように、アメリカの敗退に終わりました。後にお話ししますが、ヴェトナム戦争の敗北の結果、アメリカはかなりイデオロギー外交をキッシンジャー指導のもと、修正していくことになります。そうは申しましても、アメリカ外交におけるイデオロギー主義は今も根底の部分に残っていて、アメリカの外交政策に影響を多かれ少なかれ及ぼしていることは、否めない事実なのであります。

　アメリカ外交の第二の特色は、理想主義です。ウィルソン大統領は、第一次世界大戦の戦後処理を終えてヴェルサイユから帰ってきた時に、「われわれは勢力均衡の時代をもはや後にした。」とアメリカ国民に語りました。この発言が正し

いかどうかは別として、この発言の中にアメリカ外交の特色を見てとることができるのです。

そもそもヨーロッパの国際政治では今まで見てきましたように、各主権国家は国益を中心にして行動し、また同盟や条約を複雑に締結することによって勢力均衡（balance of power）を保ち、自国の生存をはかったのでした。中世以来ヨーロッパ列強の同盟や条約の複雑さは、世界史を繙いてみれば明白なことです。アメリカは、後にお話ししますように、ヨーロッパ列強の勢力均衡による国際政治に強く反感を持ったために孤立主義（isolationism）に走るわけですが、その根底では、アメリカはヨーロッパの腐敗堕落した文化から離れたいという心理作用が、働いていたのでした。歴史的に考えてみれば、アメリカ人は自分がかつて住んでいたヨーロッパの価値体系についていけなかったからこそ新大陸へ移住したわけなのですから、ヨーロッパに対する対抗意識があったのも当然のことといえます。

ウィルソン大統領は、第一次世界大戦後、国際連盟（the League of Nations）の創設に力を注ぎました。ご存じのように、国際連盟は第二次世界大戦後に創設された現在の国際連合（the United Nations）の原型でありましたが、国際連盟という発想そのものは、勢力均衡から集団安全保障（collective security）への転換でありました。この発想は、国際政治における一歩前進した理想主義的考え方でもありました。残念なことに、アメリカ国内には孤立主義の考え方が依然根強かったために、アメリカ自身は国際連盟に不参加でありました。しかし国際連盟の創設は現在の国際連合に繋がっていったわけなのですから、画期的な発想であったと言えます。

第28代大統領ウィルソンは、かなり異色の大統領だったと言えます。長老派教会牧師の息子に生まれ、プリンストン大学を卒業し、さらにジョンズ・ホプキンス大学大学院を修了して博士号を取得し、その後プリンストン大学教授になりさらに8年間学長まで務めた人でした。ちなみに、プリンストン時代の同級生に新渡戸稲造がいました。このようにウィルソン大統領自身が、学者出身の大統領であったということもありますが、アメリカ外交には、プロテスタンティズム（Protestantism）を基礎にしたモラリズム（moralism）が入り込む余地があるのです。この伝統はその後も程度の差こそあれ、続いていくことになります。

理想主義外交はまた、戦争の面でも見ることができます。第二次世界大戦に際してアメリカは、日本やドイツのファシズムと徹底的に戦い、無条件降伏（unconditional surrender）という'all or nothing'な条件を相手に突き付け終戦を迎えました。そもそも無条件降伏とは、南北戦争の際北軍が南軍に対して突き付けたものです。しかしながら戦後は、敗戦国である日本やドイツに対して極めて寛大な処置をとってきたことは、よく知られていることです。具体的に申しますと、アメリカは東京裁判やニュールンベルグ裁判を正義の名の下に開催し、戦争犯罪人を裁き、一方では、日本やドイツの経済復興のために莫大な資金を投資したのでした。このように相手が降伏するまでは徹底的に攻撃し、そして降伏した相手には今度は比較的寛大な措置をとるという両極端なやり方は、理想主義外交の裏返しであるとも考えられます。ちなみに第一次世界大戦後に、フランスはドイツに対して1,320億マルクという天文学的数字の賠償金を押し付けましたが、このやり方にアメリカは猛反対しました。

カーター大統領時代に、人権外交というスローガンがクローズアップされてきました。1976年の大統領選挙の際に、「ジミーって、だれ？」（"Jimmy, Who?"）という言葉が囁かれました。この当時カーターは全く無名の人物で、およそワシントンには縁のない人間でした。しかし前のウォーターゲート事件を引き起こした老獪な政治家ニクソンには、アメリカ国民は嫌気がさしていましたので、南部出身の無名な人物にアメリカ国民の心が傾いていったのも、時代の流れというものでした。またニクソンとキッシンジャーコンビによるヨーロッパ型外交に一部のアメリカ国民は反感を持ち、カーターの唱える人権外交という理想主義外交の匂いのする外交政策に心がひかれていったのもアメリカ的現象であったのかもしれませんでした。

以上見てきましたように、アメリカ外交の特色である理想主義は、ヨーロッパの勢力均衡政策に対する反感を基にしながら、プロテスタンティズムを基礎にしたモラリズムに支えられ、しかし一方ではキッシンジャーによるヨーロッパ的な国益第一主義外交による成功により少しずつ成熟しながら、今日に至っているように思われるのです。

アメリカ外交の第三の特色は、孤立主義と膨脹主義です。この二つの言葉は全く正反対ですが、アメリカ外交にはこの二つの主義が並立しているのです。結論

から先に言いますと、アメリカはヨーロッパに対しては、有名なモンロー宣言 (the Monroe Doctrine) によって示されますように孤立主義を取り、一方アジアやラテン・アメリカに対しては、膨脹主義を取ったのでありました。アメリカの政策を共産主義諸国が帝国主義であると非難しましたが、もっぱら帝国主義的と思われる行動は、アジアやラテン・アメリカにおいて見られたのでした。

　なぜこのような両面的な政策 (ambivalent policy) をアメリカが取ったのかを考えてみたく思います。

　ヨーロッパすなわち旧世界に対しては、新たな価値であるアメリカ的なるものが優越していると考えていたが故に、国益優先の外交や勢力均衡政策を否定し、イデオロギー外交や理想主義外交を唱えたのでした。これらの考え方の総合が、モンロー宣言として現れたと考えられます。またアメリカが地理的に大西洋という自然の防波堤によってヨーロッパから守られていたことは、見落とせない事実です。このようなわけで、アメリカはヨーロッパに対しては、歴史的に、観念的に、また地理的にも孤立主義を取ることが可能であり、さらに孤立主義を取ることがアメリカ国内の発展に寄与したのでありました。究極的な表現をしますと、ヨーロッパに対する孤立主義は、アメリカ的価値や正義に符合していましたし、またアメリカの国にも符合していたのでした。

　一方アジアやランアメリカに対しては、ヨーロッパに対する孤立主義によって自由裁量 (free hand) を得ることができ、それ故膨脹主義を取ることが可能となったのでした。イデオロギー的には、「明白な運命」(Manifest Destiny) によって正当化され、1890年頃にはフロンティア (frontier) は消滅していたために、アジアやアフリカにアメリカの勢力が伸びることは、抵抗のない国策として容易に受け入れられたわけでした。ここでは一種の「イデオロギー的偽装」が作用しています。すなわちアメリカの本当の目的は、アジアやアフリカ諸国にある富の入手であった場合も、上述のイデオロギーによって正当化されてしまうことがありました。

　「経済は政治に優先する」という法則がありますが、このような場合にイデオロギー的偽装は機能し、それ故社会現象をより正確に把握するために「政治経済学」(political economy) 的思考方法が有効になってくるわけです。国際関係論は社会科学の学際研究的学問といわれますが、今日、外交を研究していくために

は、より幅の広い知識が必要とされています。

6-3. アメリカ外交におけるメディアの役割

　アメリカにおいては、司法、立法、行政に次いでメディアは第四の政府と呼ばれるまで強い力を有しています。アメリカの外交政策にメディアが与える影響は、多大なものがあります。特に1950年代中期以降は、テレビというメディアが発達してきたため、テレビによって外交政策がさらには政治全体が左右されるという現象が、頻繁に見られました。

　ヴェトナム戦争当時、アメリカ政府は、北ヴェトナムへの爆撃は軍事目標に対してだけ限定的に行っていると発表してきましたが、ニューヨーク・タイムズのソールズベリー記者が北ヴェトナムを訪問した際に、上述の政府の発表は虚偽であり、北ヴェトナムへの爆撃の目標に一般市民の家や病院までもが含まれている、いわば無差別爆撃であることを新聞に書きました。この記事は大変な反響を起こし、同時に政府側は猛烈に反論しました。しかしその後、アメリカの三大ネットワークであるABC、NBC、CBSは北ヴェトナムに行きその様子をフィルムに収録し、これをテレビで放映したのでした。さらには、北ヴェトナムのゲリラ兵士を広場に連れ出し頭をピストルで撃ち抜く場面、そして民間病院で建物の下敷きになって殺された幼児の映像が、アメリカの茶の間のテレビで放映され、アメリカ国民に計り知れないショックを与えました。

　これ以降、ヴェトナム戦争に対する反戦運動はさらに盛り上がり、この反戦運動はその当時の学生運動や公民権運動とも結び付き、アメリカのヴェトナム政策を揺るがしたのでありました。その当時のジョンソン大統領は「クロムカイトを敵にまわした時ヴェトナム政策は失敗した。」と語っていましたが、テレビというメディアが強力であったかを、証明しています。クロムカイトとは、その当時のアメリカで最も信頼されていたアンカーマン（anchorman）、すなわち今流に言うとnewscasterでした。

　以上のような政府の発表と実際の事実に差がある場合、その差を埋め真実を暴露していくのがメディアの役割でした。換言すれば、'credibility gap'を監視し国民に真実を伝えていくのが、第四の政府としてのメディアの機能であるのです。

　そして国民に信頼されない外交政策は失敗に終わりますし、また国民に信頼さ

『大統領の陰謀』(1976)

れない政治家は辞任に追い込まれるわけなのです。ニクソン大統領を辞任に追い込んだ最大の力は、メディアによって暴かれた真実と国民の不支持でありました。ウォーターゲート事件を何とか揉み消そうとしたニクソン及びその側近たちを打ち負かしたのは、名も無い2人の新聞記者の執拗な追及であったのでした。ウォーターゲート事件を描いたアメリカの映画に、『大統領の陰謀』("All the President's Men")という作品がありますが、アメリカの民主主義を守るための第四の政府としてのメディアの機能と厳しいモラリズムがよくあらわれています。今後もメディアはさらに、アメリカ外交に影響を及ぼしていくものと思われます。

6-4. アメリカ外交の基底をなす文化

戦後50年に当たる1995年には、アメリカで大きなひとつの事件がありました。スミソニアン博物館におけるエノラ・ゲイ (Enola Gay) 及び原爆関係の資料の展示でした。当初同博物館においては、エノラ・ゲイ及び原爆による被害の日本側の写真及び資料を展示する予定でしたが、アメリカ退役軍人協会の猛烈な反発にあって、エノラ・ゲイのみの展示になりました。また原爆のきのこ雲をデザインした切手の発行は、アメリカ側また特に日本側のメディアの強い反発によって、中止となりました。

1995年以前には、アメリカにおいて原爆に関する報道が取り上げられることはそれ程多くなかったのですが、この年が戦後ちょうど50年に当たっていたため、冷戦構造が事実上崩壊していたため、またアメリカにはある一定の年数が経つと情報公開をする伝統があるためなどによって、アメリカの三大ネットワークであるABC、NBC、CBSは特集番組を報道しました。特にABCは90分間の番組の中で、原爆が投下されるまでの経緯が歴史的及び政治的に説明され、また原爆の投下は本当に必要であったのかという議論が、なされていました。クリントン大統領は公式の記者会見において、原爆の投下は正しい決断であったと表明しましたが、上述の番組は報道されたのでした。

　以上のようなことから、アメリカの文化傾向を発見することができるのです。アメリカには、たとえ自国にとって不利な歴史的事実であっても、その事実について報道しまた検証する土壌及び余地が存在しているということです。より広い表現をとれば、文化と言うことになるのかもしれません。この章の最初で述べた「お家柄」という表現に似せて言えば、「お国柄」という表現になるかもしれません。このようなお国柄は、アメリカの外交に大きな影響を与えているのです。反対の例を考えてみますと、より分かりやすくなると思います。例えば、ロシアが、日本人捕虜の抑留問題、カチンの森の大虐殺問題、東欧諸国の自由化運動に対する鎮圧と虐殺問題などに対して、報道しまた検証する土壌及び余地が存在してはいないのです。すなわち文化の幅が狭く貧弱であり、表現の自由の育たないお国柄であるのです。

　1995年には、日本側にも原爆に関する一つの変化が見られました。広島の平岡市長が、8月6日の原爆記念式典において、核廃絶の宣言とともに日本の戦争責任についても謝罪をしたのでした。この平岡市長の行動に対して、各国のメディアは異なった反応をしました。日本では、日本の戦争責任についての謝罪の方は報道されませんでした。アメリカでは、三大ネットワークが両方を伝えました。イギリスでは、BBCが式典の模様を報道しながら、イギリス人と日本人との対話形式で番組を進めました。また韓国では、KBSが日本には全く反省の姿勢が見られず、自らを被害者として正当化していると報道しました。ある一つの出来事についても、これだけ報道の仕方が違ってくるわけです。これは過去の日本との歴史的経緯が多大に影響していますが、やはり各国のお国柄が見え隠れしてい

ます。

　アメリカの外交文化とでも呼んでよいものの中に、勝利と正義という二つの基軸が存在しているように、思われます。この二つが満足されたときに、アメリカは自らに自信を持てるのです。ヴェトナム戦争がアメリカにとっての最大の挫折であったといわれるのは、勝利と正義の両方が満足されなかったためであると考えられます。第二次世界大戦における日本との関係では、勝利は無論得られましたし、パール・ハーバーがあったためにほぼ正義の方も満足されたのですが、原爆投下問題が正義の部分に影を落としていたのでした。この影は、政府レベルというよりはむしろ、国民のレベルとりわけ若い世代の国民に、見られました。

　外交文化を形成していく一番の要因は、その国の教育であると思います。アメリカで原爆問題が、報道されまた検証される土壌及び余地が存在していたのは、アメリカの教育であると考えられるのです。民主主義的教育は、報道の自由と歴史に疑問を持つ余地を与えてくれます。特に歴史教育はその中核を成しています。歴史教科書が大きな問題になるのは、このためであるのです。アメリカの外交文化を検証するときに、アメリカの奥行きの深さを感じることがありますが、アメリカの民主主義的教育の一端を垣間見ることができます。

　日本では最近家永三郎氏の教科書問題が一応の終止符を打ちましたが、日本の民主主義のレベルがまた外交文化のレベルが問い直される出来事でした。従軍慰安婦問題、南京虐殺問題、731部隊問題などに対する記述が現在も問題になっていますが、歴史を改竄(かいざん)しようという一部のグループの動きもあり、日本の民主主義の教育のメルクマールが、あらためて問い直される時期に来ているように思います。

　この章の最初の部分で、外交という言葉を広く解釈していくと述べましたが、外交を司るホワイトハウスの要人、外交官、ジャーナリスト、そして草の根のレベルのアメリカ国民の外交感覚は、小さいころからの教育によって形成されるものです。教育がいかに外交と結び付いているかということを提言しつつ、この章を締めくくりたく思います。

推薦図書

［1］ 斎藤　真『アメリカ政治外交史』（東京大学出版会，1975年）．
［2］ 細谷千博編『アメリカ外交』（日本国際問題研究所，1986年）．
［3］ H・ニコルソン（斎藤　真・深谷満雄訳）『外交』（東京大学出版会，1968年）．
［4］ 斎藤　真『アメリカ現代史』（山川出版社，1976年）．
［5］ 阿部　齊『アメリカの民主政治』（東京大学出版会，1972年）．
［6］ 宮本倫好『アメリカの戦後五十年』（丸善ライブラリー，1995年）．

『トラ トラ トラ！』(1970)

7. 日米関係

7-1. 日米関係の始まり

7-1-1. ペリー来航

　日本とアメリカの公式の接触は、1853年（嘉永6年）のマシュー・ペリーの浦賀来航に始まる。1844年、アメリカはアヘン戦争後の清国と条約を結びイギリスが得たものと同じ貿易上の権利を得ていた。中国貿易の拡大を望んでいたアメリカは、両国の航路途上にある日本にも開港を望むようになったが、徳川幕府の鎖国政策下にあった日本では、アメリカ船の寄港を認めていなかった。また日本に漂流したアメリカの難破船員の多くもひどい扱いを受けたと伝えられていた。

　ペリー来航の意図は、武力を背景として、日本に対し、遭難船員の保護と日本へ寄港するアメリカ船への食糧、水、石炭などの供給を認めさせ、通商のための特定地を開港させることにあった。ペリーは、幕府に浦賀で大統領国書を受領させ、翌年回答受取のため再訪する旨を告げて、日本から去った。

7-1-2. 日米和親条約・日米修好通商条約の締結

　1854年、ペリーは再び浦賀に現れ、幕府は、アメリカの武力的圧力下に、日米和親条約の締結に応じた。この条約は、下田、箱館の開港、漂流アメリカ人の保護、食糧、水、石炭などの供給、領事駐在などを定めた。この条約は、日本が外国と結んだ最初の条約であり、これを機に、日本は鎖国から開国へと転換し、近代化が始まった。

　その後、和親条約に基づいて派遣された総領事タウンゼンド・ハリスは、幕府に、中国におけるイギリス、フランスの武力行使の事実などを指摘し、それに対処するためにも、日米間で修好通商条約を締結することが賢明であることを強調した。この結果、1858年（安政5年）、日米間に、修好通商条約が締結された。

　この条約は、公使、領事の交換、下田、箱館のほか、神奈川・長崎・新潟・兵

庫の開港、江戸・大阪の開市、自由貿易の原則、領事裁判権などを定めた。幕府はその後、オランダ、ロシア、イギリス、フランスとも同様の修好通商条約を結んだ。

日本に派遣されたハリス総領事は、他の西欧諸国が日本に対し一般的に強硬な態度をとったのに比べて、日本のおかれている立場を理解し、平和的な態度を強調したため、幕府の指導者も安心して接することができた。この後、日清戦争終了までは、日米関係は大きな対立要因もなく、安定した関係、蜜月時代だったといえる。

7-1-3. 日米両国民の交流

1860年（安政7年・万延元年）、幕府は、日米修好通商条約の批准書の交換のため、日本最初の訪米使節を派遣した。その警護の目的で咸臨丸(かんりんまる)も太平洋を渡ったが、その咸臨丸の乗組員には、勝麟太郎（海舟）や福沢諭吉らが含まれていた。この遣米使節団一行は、アメリカ側の手厚いもてなしを受け、批准書交換の任務を終えた後、半年余りアメリカ各地を訪問して帰国した。アメリカ文明に触れた一行の多くは、日本を文明開化させる必要を感じていた。

福沢諭吉は幕府遣外使節に随行して欧米を視察した経験をもとに『西洋事情』を書き、西洋の政治・風俗・制度・文明を啓蒙的に述べ、自由の尊さを説いた。勝　海舟は帰国後、アメリカで見聞してきたこと、アメリカ社会のあり方などについて、坂本龍馬や横井小楠らに説いた。

一方、遭難してアメリカを訪れた浜田彦蔵、中浜万次郎や密出国でアメリカに渡った新島　襄なども、アメリカ文化から強い刺激を受け、帰国後、日本の近代化のために尽くした。浜田彦蔵は播磨の船乗りの子で、1850年（嘉永3年）江戸への航海中に漂流し、米国船に救われて渡米、帰化して、ジョセフ・ヒコと称した。日系米人第一号とされる。帰国後、日米外交交渉で活躍し、日本最初の新聞である「海外新聞」を発行した。中浜万次郎（英語名ジョン・マン）は土佐の漁民で、1841年（天保12年）出漁中に遭難し、米国船に救われ、米国で教育を受けた。帰国後、外交文書の翻訳や軍艦操練所教授などを務めた。新島　襄は1864年、アメリカ船で密出国、アーモスト大学に学び、滞米中、岩倉使節団に従がって、各地の教育事情を視察、帰国後、同志社英学校（現同志社大学）を創設し、キリ

スト教に基づく教育を行って、日本のキリスト教界に大きな影響を与えた。

　日本開国後、明治前半期にかけ、アメリカ側からは、多くのアメリカ人が「お雇い外国人」として、日本に招かれ、日本の近代化の基礎作りに貢献した。そのなかで、G・H・F・ヴァーベック（通称フルベッキ）、E・S・モース、E・フェノロサ、W・S・クラークなどが、著名である。ヴァーベックは、長崎で英語を教授、生徒に大隈重信、副島種臣、伊藤博文らがいる。政府顧問として岩倉使節の派遣、ドイツ医学の採用などを進言した。東京大学動物学教授として招かれたモースは大森貝塚を発見し、日本の考古学の発展に寄与した。フェノロサは、岡倉天心とともに、美術学校の設立に加わり、狩野芳崖らとともに新日本画運動を推進、帰国後はボストン美術館東洋部長を務めた。クラークは、1年足らずの在任中に、キリスト教精神に基づく教育を行い、キリスト教界に大きな影響を与えた。帰国の際生徒に残した「少年よ大志を抱け（"Boys, be Ambitious!"）」の名句は、若者への激励の言葉として、今日も生きている。

7-1-4．岩倉使節団

　明治新政府は、幕府がアメリカはじめ西欧諸国と結んだ和親条約が治外法権、協定関税制、最恵国待遇などの特権を、一方的に外国に与えた不平等条約であることを認め、1871年（明治4年）その改正のために、岩倉具視を特命全権大使とし、木戸孝允、大久保利通、伊藤博文、山口尚芳を副使とする使節団を欧米に派遣することとした。この使節団には、津田梅子（のちの津田塾創設者）ら5人の留学生も含まれていた。使節団は最初にアメリカに向かった。アメリカ側は使節団に対して、まず全権委任状の提示を求めたが、日本側はそのような国際習慣を知らなかったので持参していなかった。結局、大久保利通と伊藤博文がその交付を受けるため本国に帰国することになった。委任状提出後の交渉でも、アメリカ側は日本の条約改正要求を拒否し、この交渉は失敗した。しかし使節団一行は条約改正交渉を準備しながら、アメリカに約7ヶ月間滞在しアメリカの政治、産業、教育事情などを視察し、見聞を広めて帰国した。

7-2. 第二次世界大戦までの日米関係

7-2-1. 転換期の日米関係

日清戦争から第一次世界大戦にいたるまでの間、日米関係は一つの転換期を迎えた。日本は日清戦争に勝利し、台湾を割譲されるとそこに軍事的経済的地歩を固めはじめた。アメリカがハワイを併合しようと動きだしたとき、日本は、アメリカのハワイ併合が太平洋の現状を大きく変えるので、好ましくないとしてアメリカに抗議した。一方アメリカは日本の海軍力がハワイ方面に波及することを好んでいなかったので、日本の強硬な抗議にもかかわらず、1898年ハワイを併合した。このようにして太平洋における日米対立の時代が始まった。

1898年、アメリカはスペインとの戦争の結果、フィリピンを獲得した。台湾を領土としたばかりの日本と、フィリピンを領有したアメリカとが、この後、太平洋でお互いの動きを意識し始め、両国の間に、次第に対立要因が増大した。

7-2-2. 日露戦争とローズヴェルト大統領の調停

1904年、日露戦争が起ると、アメリカ政府は中立を宣言した。アメリカ政府が中立の態度をとったのに対して、アメリカの財界は外債を引き受けるなどして、間接的に日本を支援した。日本が戦勝の余勢をかってアジア大陸に進出するのを恐れたセオドア・ローズヴェルト大統領は、ポーツマスにおいて、日露両国の調停の労をとった。ローズヴェルト大統領の意図は、東アジアにおける勢力均衡を維持することにあった。ローズヴェルトはポーツマス会議直前、陸軍長官ウイリアム・タフトを東京に派遣し、桂首相と会談させ、その結果、覚書が取り交わされた。これが桂・タフト覚書で、アメリカは、日本の朝鮮支配を認める代わりに、日本からフィリピンの安全の保証をとりつけた。

7-2-3. ワシントン海軍軍縮会議

アメリカ政府は1921年11月にワシントン海軍軍縮会議を開催した。その直接的な目的は、軍備拡張競争を制限することと、東アジアと太平洋地域をめぐるいくつかの政治問題で日本との利害関係を調整することにあった。このいくつかの問題のなかに、日本軍のシベリア駐留問題や日英同盟の更新問題などが含まれてい

た。この会議で、アメリカ、イギリス、日本、フランス、イタリアの5ヶ国は、建造中の主力艦をすべて廃棄し、主力艦の保有率をそれぞれ5、5、3、1.75、1.75とすることを決めた。またアメリカ、イギリス、フランス、日本は太平洋諸島における現状維持を確認し、日英同盟の廃棄に合意した。

7-2-4. 移民の制限

1920年代の日米関係は、ワシントン会議の成功により全体として安定していたが、日本人の移民問題で、両国間に摩擦が生じ始めた。1924年、日本移民排除を目的にした移民法がアメリカ議会において成立した。この移民法は「合衆国の市民となる資格を有しない外国人は合衆国に入国することを許さない」という条項を含んでいた。この条項は日本人を特に名指しで禁止するものではなかったが、他のアジア移民はすでに禁止されていたので、明らかに日本人を目的とするものであった。カリフォルニアをはじめ西部諸州で、特に排日運動が激しかったのは、日本移民が安い賃金で働き、職を奪われることを恐れた白人労働者の反発を買ったことが主因とされている。

この移民制限法は、ヴェルサイユ条約により世界の一等国の仲間入りをしたと思っていた日本人の自尊心を著しく傷つけるものであった。これに対して日本国内で激しい反対運動が起こり、新聞はこぞって反米熱をあおった。日本国民の興奮もやがて沈静化したが、日本人のなかに反米的気運を、後々まで残すことになった。

7-3. 太平洋戦争

7-3-1. 日米関係——破局への道

ワシントン会議の海軍軍縮条約で日米両国の建艦競争は終止符を打たれ、太平洋、東アジアの平和と安定が保たれていたが、1937年この条約が廃棄されると、日米の軍備競争が再び開始され、両国は太平洋をはさんで対立し、やがて破局への道を歩むことになった。

日本は1940年9月、日・独・伊三国同盟を結び、東南アジアの資源、特に石油を獲得するための南進政策を展開した。一方アメリカは太平洋における海軍力、空軍力を増強し、イギリス、中国、オランダ諸国と提携して、いわゆるABCD

包囲陣を構成して、日本の進出をくいとめようと図った。

7-3-2．真珠湾攻撃

日本は1941年12月8日未明（日本時間）、米国太平洋艦隊の基地であるハワイ真珠湾の奇襲をもって、米・英に宣戦し、太平洋戦争が始まった。日本の奇襲で「真珠湾を忘れるな（Remember Pearl Harbor!!）」がアメリカ国民の合い言葉になり、国民の気持ちを一変させ、団結を生んだ。

7-3-3．ポツダム宣言と日本の降伏

初戦は日本が優勢だったが、1942年、ミッドウエー海戦に大損害を受けて以来その進撃はくいとめられた。日本軍は、マーシャル群島、サイパン島、レイテ島をつぎつぎに失い、1944年に本土空襲が始まった。1945年7月、アメリカ、イギリス、ソ連三国は、ポツダム宣言を発して日本に無条件降伏を迫った。日本がためらう間に、原爆が広島と長崎に投下され、8月8日、ソ連が日本に宣戦布告をした。14日、日本政府はポツダム宣言を受諾し、翌15日の無条件降伏で、第二次世界大戦は終了した。

7-4．第二次世界大戦後の日米関係

7-4-1．占領期（1945-1952）

敗戦の結果、日本は連合国側の占領下に置かれ、この状態は1945年8月から1952年4月まで続いた。連合国の日本占領は、実際にはアメリカがほとんど百パーセント人員を派遣したという意味で、ヨーロッパにおける占領とは性格的に異なるものであった。連合国総司令部では、ダグラス・マッカーサー元帥がただ一人で連合軍最高司令官として指揮をとり、連合国の国別による占領地区もなかった。（広島県に小さな英連邦地区が存在したが、マッカーサー元帥の司令下にあった。）

1945年8月29日発表された「降伏後における合衆国の初期の対日方針」と題する大統領声明で、日本占領目標が公式に表明された。この声明は、日本が再び合衆国または世界の平和と安全の脅威にならないことを確実にすること、国民の自由意思に基づき、民主的、平和的責任をもつ政府を樹立することが、われわれの

目的であると述べたものであった。

1945年から1947年末までの占領初期は、しばしば「ニューディールの段階」と呼ばれる。民主的、平和的な新しい国作りを目標として、合衆国が熱心に日本の非軍事化と政治改革、経済再建を推進した時期であった。総司令部によって新憲法が起草され、1947年5月施行されたが、この国民主権、基本的人権の尊重、平和主義を基調とした新憲法は、この時期の精神を具体化したものといえる。

アメリカの占領政策は途中で何回か変更された。冷戦の東西対立が東アジアに広がり、1950年6月に朝鮮動乱が勃発した時点で、アメリカは一転して、日本に再軍備を要求するようになった。

1951年9月にサンフランシスコで調印された対日講和条約をもって、連合国の日本占領は終了した。同条約は1952年4月28日発効した。この講和条約の調印と同時に日米安全保障条約が、サンフランシスコで調印された。この講和条約によって、アメリカは日本に重い賠償責任を課すこともなく、日本を友邦として、国際社会に復帰させた。日米安全保障条約は、アメリカに対し、その陸海空軍が、日本の安全に寄与し、極東の平和と安全の維持するために、日本の施設を使用する権利を与えたものである。

7-4-2. 平和と繁栄の時代（1952-1969）
7-4-2-1. 日米「パートナーシップ」の形成

1950年代から60年代のアメリカは超大国として絶頂期にあり、その圧倒的な軍事力、経済力をもって、『世界の警察官』、『世界の宣教師』、『世界の審判官』の役割を果たした。日本にとっては、アメリカの庇護のもとに、戦後の国際社会への復帰と経済復興の実現を図った時代であった。

日本は講和条約と日米安保条約に調印したことにより、西側同盟の一員になった。日本は広大なアメリカ市場への参入を許され、国際通貨基金、世界銀行、GATTへの加入を果たすなど、多大の利益を享受し、以後、高度経済成長を経験することになった。

1950年代の後半から60年代を通じて、アメリカは日本をアメリカの「パートナー」と呼ぶようになった。そして「イコール・パートナー」、「シニア・パートナー」などの言葉が日米関係の中でしばしば使用された。1960年代半ばから、アメ

リカは日本が一方的にアメリカに依存した関係から、アジア地域において徐々にアメリカの政策を補完するか、あるいは肩代わりする関係になるよう求めるようになった。

7-4-2-2. 日米の文化交流

超大国として絶頂期にあったアメリカは、アメリカの社会と文化に関する情報を外国人に与え、アメリカに対する理解を深めることを主たる目的として、1953年、米国広報庁（USIA）を設置した。日本には13の都市にその出先の「アメリカ文化センター」（1972年、「アメリカン・センター」に改称）が置かれた。1960年初期には、国務省の文化交流計画に基づいて、各分野の専門家、芸術家、舞台芸術などの来日も活発になり、各アメリカ文化センターのプログラムも、種類、数、両面において増加していった。日本側からは、アメリカ政府の海外指導者招待プログラムにより、各界の指導者が、アメリカを訪れ、アメリカについて見聞を広めた。

1953年から始まった「フルブライト交流計画」では、多くの日本とアメリカの研究者が互いの国に留学する機会を与えられた。

1951年に始まった「京都アメリカ研究夏期セミナー」は、各分野における優れた講師をアメリカから迎えて、その後30数年にわたって開催され、戦後日本におけるアメリカ研究の発展に大きな役割を果たした。

7-4-3. 日米経済摩擦とデタントの時代（1970-1989）

この時期は東西の緊張関係が緩和され、いわゆるデタントの時期であった。ニクソン・キッシンジャー外交により、米中和解、対ソ・デタントが図られ、アメリカの対共産圏政策が大きく変化した。

1972年5月には沖縄の施政権が日本に返還され、同年9月中国との正式な国交回復を実現したことによって、日本は「戦後」を終え、日米関係はより対等的なものとなった。

一方、アメリカはヴェトナム戦争が泥沼化するにつれて、財政赤字は累積し、国際収支・貿易収支ともに毎年大きな赤字を生むにいたり、経済成長が見られる日本との間で経済問題が深刻化した。

経済摩擦は、1970年代においては、繊維、鉄鋼、自動車、テレビなど、日本の対米輸出をめぐるものであったが、1980年代には、牛肉やオレンジ、電気通信機器、半導体、コンピュータなど、アメリカが優位に立っていると信じている生産物について、日本の市場解放を求めるようになった。日本の市場解放をもとめるアメリカ側の要求は、日本の流通制度、系列、土地問題などの日本の制度の問題にまで及んだ。

7-5. 1990年代における日米関係
7-5-1. 戦後50年を迎えた日米関係

戦後50周年を迎えるのを機に、外務省が1995年4月発表した「米国における対日世論調査」結果によると、「日本は米国の信頼できる国」と答えたのは一般市民で54％、有識者で81％、また戦後50周年を迎える日米関係について一般市民の67％、有識者の94％が「米国にとって良かった」と回答した。外務省は「米国民の多数が戦後の両国関係を肯定的にとらえた」と分析した。

今後の日米関係では、8割以上の回答者が現状維持か良くなると予測、「悪化する」と見ているのは一般13％、有識者12％にとどまった。

「アジア地域の米国の最も重要なパートナーは」との問いにも、一般市民55％、有識者79％が「日本」と回答した。ただ有識者の間では、日本が国際的に経済力に見合った「応分の役割を果たしていない」との回答が49％と、依然高い割合を占めた。

日米安保について、有識者のうち87％が「日本と極東の平和と安定に貢献」84％が「米国の安全保障に有益」と答え、冷戦終結後でも意義があるとの認識が多かった。この調査は、外務省がアメリカのギャラップ社に委託し、一般市民1500人と、政治、経済、労働など各界の有識者380人に電話で聞きとりして行ったものである。

しかし、広島、長崎への原爆投下については、TBSと米国のCBSが戦後50年を機に共同で実施した世論調査で、日本人の約7割が米国政府は日本国民に謝罪すべきだと考えているのに対し、米国人の7割以上は謝罪すべきでないとの結果が出るなど、日米両国民のあいだに意識の差があることが明らかになった。クリントン大統領も、日本に原爆を投下したトルーマン元大統領の決定について

「50年たってもまだ苦痛を伴うものではあるが、トルーマン大統領は正しいことをしたと思う」と述べ、第二次世界大戦当時の状況を考慮すれば、原爆投下が正当な行為だったとの見解を表明した。

7-5-2. クリントン政権下の日米関係
7-5-2-1. 「経済最優先外交」
1993年1月「経済最優先外交」を看板にかかげたクリントン民主党政権が発足した。クリントン大統領は貿易をアメリカ安全保障の最優先事項にするときが来ているとして、海外からの投資を歓迎する一方、アメリカの資本家も海外で同様に歓迎されるべきであると言明した。4月の宮沢首相との首脳会談では、「冷戦時代の両国関係は時代遅れ」であると断言し、長期的視野に立ち、相互の敬意と責任感を基本とした新たな関係が必要であると述べた。そして日本の貿易黒字の縮小と米国企業、製品、投資に対して日本市場の解放努力を求めた。

7-5-2-2. 「日米安保共同宣言」
1996年4月橋本首相とクリントン大統領は、米国が冷戦後も、東アジアで引き続き、日米安保体制を軸にした、10万人規模の軍事プレゼンスを維持することをうたった「日米安保共同宣言 ―21世紀に向けての同盟」に署名した。この共同声明は、まず日米の同盟関係が冷戦の期間中、アジア太平洋地域の平和安全の確保に役立ったと評価し、21世紀にも、引き続き極めて重要であると強調した。共同宣言には新たな安保協力として、日本周辺地域での有事を想定した共同対処を研究する「日米防衛協力のための指針（ガイドライン）」の見直しをすることも盛り込まれた。

7-5-2-3. 「日米防衛協力のための指針（ガイドライン）」
日米両政府は1997年9月、ニューヨークでの外務、防衛担当閣僚による日米安全保障協議委員会を開き、新たな「日米防衛協力のための指針（ガイドライン）」を決定した。新ガイドラインは防衛協力の対象を周辺事態（周辺有事）に拡大し、協力の具体例として、日本国内の民間空港・港湾の米軍使用、後方地域での米軍への補給や輸送、自衛隊による機雷掃海、国連安全保障理事会決議に基づく経済

制裁の実効性を確保するための船舶の検査（臨検）など、40項目の日米間の協力策を具体的に明記しているのが特徴である。日米安保はこれによって新時代に入った。

7-5-2-4．日米防衛協力のための新指針（ガイドライン）関連法成立

1999年5月、日米防衛協力のための新指針（ガイドライン）関連法が成立した。この新指針法は日本周辺の武力紛争など「周辺事態」が発生した場合に、自衛隊が後方地域で米軍を支援することを初めて可能にするほか、国が地方自治体や民間にも協力要請できることを明確に規定した。冷戦後の「同盟強化」をうたった1996年4月の日米安保体制は1960年の安保条約改定以降、最も大きな変容を遂げ、両国関係は新たな段階に入った。

参考文献

[1] 有賀　貞・宮里政玄編『概説アメリカ外交史』（有斐閣，1983年）．
[2] 斎藤　真他監修『アメリカを知る事典』（平凡社，1986年）．
[3] 細谷千博『日米関係通史』（東京大学出版会，1996年）．
[4] 細谷千博・本間長世編『日米関係史 ―摩擦と協調の130年』（有斐閣，1982年）．
[5] 松田　武『このままでよいのか日米関係 ―近未来のアメリカ＝東アジア関係史』（東京創元社，1997年）．
[6] ハーバード・パッシン編（国広正雄・長井善見他訳）『日本とアメリカ』（南雲堂，1978年）．
[7] 亀井俊介編『日米文化交流事典』（南雲堂，1988年）．
[8] 斎藤　真『アメリカ政治外交史』（東京大学出版会，1984年）．

推薦図書

[1] 有賀　貞・宮里政玄編『概説アメリカ外交史』（有斐閣，1983年）．
　　独立からレーガン政権まで200年余にわたるアメリカの対外政策について、その歴史的背景と近年の動向を研究し、理解するのに参考になる。
[2] 細谷千博『日米関係通史』（東京大学出版会，1996年）．
　　本書のように、開国から現在にいたる140余年の日米関係の全時期をカバーする「通史」は他に類書を見ないもので、日米関係の歴史の流れの全体像を一冊の本を

通じて把握したいと望む読者にとっては、必読の文献というべきであろう。

［3］　高坂正堯編著『日米・戦後史のドラマ』（PHP研究所，1995年）．

戦後の日米関係に見られる重要な出来事にまつわるエピソードを紹介し、意義について語っているもので、楽しみながら戦後50年間の日米関係の一端を学べる。

［4］　亀井俊介編『日米文化交流事典』（南雲堂，1988年）．

ペリー来航以来130年の日米文化交流の歴史を320の項目に集約。太く奥深い交流の歴史を多面的に把握できるよう意図されたもので、日米文化交流を理解するためには、つねに座右に置くべき便利な事典だといえよう。

［5］　松田　武『このままでよいのか日米関係　―近未来のアメリカ＝東アジア関係史』（東京創元社，1997年）．

本書は戦後50年の日米関係を振り返り、21世紀に日米関係がいかにあるべきかについての提言をしている。今後の日米関係の方向を知る上で多くの示唆に富んでいる。

8. アメリカの経済と経営

8-1. はじめに——アメリカニズムとは何か

　「アメリカは経済の国である。」こう改まっていわれると、反発する人は多いかもしれません。「アメリカは確かにお金持ちの国であり、経済活動も盛んな国である。しかし、アメリカという国家やアメリカの国民たちが、いわゆる金儲けのことしか考えていない国や人々であるかのようなこうしたいわれ方には賛成できない。アメリカは、多くの有能な経営者たちとともに、世界的な業績を挙げる芸術家や学者たちを多数輩出している国であり、こうした他の国にはない素晴らしい独創的な文化を次々と生み出す気風をもった国である以上、決して経済や経営だけの国とはいえないだろう」と。

　しかし、どうでしょうか。世界的な芸術の成果や学問的な業績を次々と生み出す国であるためには、その国にそうした才能のある人々が活躍できる土壌が存在しなければなりません。そこでは、そのような非生産的な活動をする人々の生活を支えるだけの社会的な余裕が必要なのです。どんなに先駆的で個性的な素晴らしい才能のある人物でも、貧困の国にいてはその才能を埋もれさせてしまうことは必定です。日々の生活を営むことに、自分の時間や労力を奪われてしまうからです。彼らが作り出した絵画や音楽、そして画期的な学問業績を評価し、ある時はそれを高価な値段で買い取ることができる企業や収集家たちがいたり、またある時は彼らの活動に補助金を出したりすることができる政府＝国家があってこそ、はじめてそうした高い文化的な風土を維持することが可能となるのです。すなわち、国家が経済的に豊かで、社会に活力があればこそ、学問や芸術もその才能を開花させることができるというわけです。

　こう考えてくると、どんなに崇高な理念や理想も、それが実現可能なものであると同時に、そこに現実的な利益や満足が得られなければ意味がないという考え方が可能となります。これこそが、アメリカという国家やそこに住むアメリカ人

と呼ばれる人々が抱いている、いわば「アメリカ哲学」ともいうべき「プラグマティズム（実践主義）」という考え方の本質です。逆にいえば、アメリカが作り出すものは、それが多くの人々の評価や共感を得られるような一般性をもったものであり、また、そうであるが故に、そこに大衆から吸い上げられた巨大な利益が伴うとともに、より広くアメリカ以外の国々においても真似をするべき普遍性を有するものだという限りにおいて、「それは良いものだ」という社会的な判定を受けることになるわけです。つまり、「それがどんなに立派なものかは知らないが、売れて儲からなければ話にならないよ」ということです。だからこそ、アメリカは、時に他国に対して強圧的にアメリカと同じやり方を採用するように要求して来たりもするし、アメリカの大学教授は、政治家や経営者など、より効率的にお金を稼げる職業の機会があると躊躇なく転職してしまうのです。いかがですか。こうした意味から考えれば、先ほどの「アメリカは経済の国である」という主張も、あながち否定できるものではないということがお分かりでしょう。

　さて、この章では、アメリカの経済と経営について紹介します。皆さんは読み進むうちに、アメリカの経済政策やアメリカ企業の経営管理の特質とともに、アメリカがこうした徹底的なリアリズムの国であり、また、その故に、世界全体の利益とアメリカ自身の利益との間で悩む超大国の姿と、そのアメリカと付き合っていかねばならない他国の苦悩の論理を見ることになるでしょう。そこで、まず次の節では、アメリカの経済と経営の現状とその特徴について解説します。次に、そのような特徴を「正しいもの」として論証する学理的な背景としてのアメリカにおける経済学と経営学の動向について概観していきます。

8-2. アメリカの経済と経営

8-2-1. アメリカの経済

　今日、世界の経済はアメリカを中心に回っています。アメリカは一つの国家として世界で一番大きくて強い経済力をもち、アメリカの企業は鉄鋼、自動車、家電、化学薬品、宇宙・航空機、半導体、コンピュータなどの製造業から、金融、保険、証券などのあらゆる業界分野において最強にして最大の多国籍企業群と巨大資本を擁しています。また同時に、アメリカの経済社会には、古のロックフェ

ラーやカーネギー、フォードから最近のビル・ゲイツに至るまで、いわゆるアメリカン・ドリームというロマンが生きており、相変わらず活力に満ちた様相を呈しています。そして、こうしたアメリカの経済状況は、過去50年にわたってアメリカが世界の覇権国としてヒト・モノ・カネ・情報のすべてを統括してきた結果、不動の体制として確立されたものであり、その意味で、アメリカの対内的および対外的な経済政策の成果であるということができるでしょう。

では、アメリカの経済政策とはどういうものなのでしょうか。政策面にとどまらず、アメリカの経済活動のあり方には、いくつかの大きな原則があります。それは、第一に、「自由主義」という原則です。これは、アメリカをはじめとする各国の経済活動が、基本的にできるだけ障壁のない形で自由に行われることが望ましいという考え方です。また、こうした自由な競争ができるだけ実現されればされるほど、最も強い力を持つアメリカの企業が一番大きな利益を獲得できるというわけです。

第二に、「物量主義」という原則であり、いわば「大は小を兼ねる」という思考法です。これは、できるだけ大きな規模で経済活動を遂行することが、最も強い競争力と最大の利益の確保を実現するという考え方です。また、この論理でいけば、世界で一番物量の豊富なアメリカの企業が、どの国の企業よりも有利になるというわけです（「規模の経済」）。

第三に、「公正主義」という原則であり、いわば「正義の味方」としての使命です。これは、アメリカ自身が作り出した方法こそ、最も強力であるだけでなく一番正しい方法であるという考え方です。また、このような理念を掲げれば、アメリカ自身にとって最も有利な体制を、他の国々にとっても正義で普遍的かつグローバルな体制として強制することが悪ではなくなるというわけです。

第四に、「効率主義」という原則です。これは、旧来の慣習に囚（とら）われることなく、必要な時に必要なものを必要なだけ最も合理的な手法で調達するという考え方であり、いわば利用できるものや方法はいくらでも活用するという考え方です。

重要なことは、こうした自由・物量・公正・効率といったアメリカ経済の特徴を他国にも徹底して真似させる方策を貫徹することを通じて、あくまでもアメリカ自身の利益を確保・拡大することが究極の目的として設定されているということです。近年、アメリカは一方で、構造協議やサミットという形式で他国に対す

る強圧的な通商外交を展開するとともに、他方では、世界最強の自国通貨であるドルの力を使って世界の富を吸い上げ（＝「金融資本主義」）、その利益を使って基幹産業へのテコ入れを遂行しつつ経済の立て直しに成功しました。これは、一面では、それまでの製造業から生み出された商品がもつ強い国際競争力によって獲得される利益を背景とした政策とはまったく逆の順序の方法でしたが、しかし、それはまさしく、上記のような原則の延長線上にある政策を遂行したに過ぎないのです。

すなわち、「できるだけ余計な障壁を取り払い、自由な通商関係を作りなさい。それが一番正しくて利口なやり方ですよ」「アメリカは一番正しいのです。その正しさは、何よりもアメリカの成功という現実が証明しています。だから他の国もアメリカのやり方を見習いなさい」「できるだけ手広く多くの仕事をしなさい。大きな舞台で活動しなさい。そうすればその規模に応じて利益が付いてきますよ」「今までのやり方に囚われてはいけません。もっと安上がりで合理的な方法がありますよ。固定的な価値観や偏狭な倫理観から脱却しなさい」というわけです。そして、こうしたやり方を世界中の国々に徹底させれば、それは他でもないアメリカにとって一番有利な環境が整備されることになるのです。

8-2-2．アメリカの経営

ところで、周知のように、アメリカはもともと移民によって作られた国であり、いわゆる多民族国家です。このアメリカ人を構成する人々の中で、アングロ・サクソン系の国民はプロテスタントである場合が多く、一般的にいって勤労に対する積極的な姿勢を有していましたが、それ以外の多くの人々は、働くことに喜びを見出す意識をもっているとは限りませんでした。このことは、勤労意欲や労働の技量において、人によって大きなバラつきがあったことを意味します。それに、教育訓練を受けさせて熟練工を組織的に育てようにも、言語や習慣が異なるので容易ではありませんでした。したがって、アメリカ企業の経営者たちにとって最大の課題は、こうした人々を労働者として雇用しつつ収益を上げる企業を維持していくために、労働作業をできるだけ「標準化」することにあったのです。

フレデリック・テイラーの「科学的管理法」は、こうした課題へ対処するために考え出された最初にして最強の方法でした。そこでは、工業生産における労働

作業の工程をできるだけ分割し単純化することを通じて、訓練コストと仕損率（欠陥品の発生率）を下げ、同時に、品質の安定をはかることができるようになったのです。そして、労働者の管理においては、労働時間や賃金を規則によって明確化し、いわば「カネとモノによる平等化」を実現したのです。また、ヘンリー・フォードの「大量生産・大量消費の論理＝フォーディズム」は、ベルトコンベアーの導入に基づく単純流れ作業方式のより徹底した完成を見ることを通じて、規格品のより安い価格提供とそこで働く労働者たちの高賃金・短時間労働を実現し、多くの産業分野における商品を「お金持ちの嗜好品」から「大衆の必需品」へと進化させる先駆けとなった方法でした。しかし、このような方法は、一方では、より安価な商品の大量生産と大量消費という動向を通じたアメリカにおける物量的な「豊かな社会」を実現すると同時に、また他方では、労働者たちにとっては、企業の収益拡大の論理から生まれたこのような労働作業を、必然的に「面倒なもの」「嫌なもの」として認識する意識を生み出すことになりました。こうして、アメリカ企業の経営方式は、「できるだけ仕事をしたくない労働者たち」と、「できるだけ仕事をさせようとする経営者たち」との力の拮抗関係を主軸として、一般的には以下のような経営管理の特徴を形成させることになったのです。

　それは、第一に、産業別組合という形態です。アメリカの労働者たちは、日本の労働者のように企業別の組合ではなく、自分が働いている会社と同一の業種における企業横断的な組織としての労働組合に所属し、その組合の施政にしたがってそれぞれの企業で働いています。すなわち、彼らの雇用を確保してくれているのは、会社それ自体ではなく組合なのです。アメリカ人たちにとっては、会社はあくまでも株主のものであり、社員のものではないわけです。

　第二に、業績賃金＝出来高給与です。アメリカにおける会社と労働者の関係は、日本企業のような運命共同体でもなければ心情的な繋がりのある組織でもありません。それは、そこで働く人間が自己の技術や能力を使って稼いだ利益に応じて、契約を通じた一定割合の報酬を彼らに返済するというあくまでも機能的な繋がりの組織にすぎません。したがって、賃金は、日本企業のように勤めた年数に比例する年功賃金ではなく、ブルーカラー（工場労働者）の週給であろうが、ホワイトカラー（事務労働者）の月給であろうが、それは労働者それぞれの成果に応じて支払われるメリトクラシー（業績主義）に基づく支給方法となっているわけで

す。

　第三に、年棒契約雇用です。業績主義を大前提とする以上、雇用契約は日本企業のような終身雇用というわけにはいきません。業績の良い社員は給料が上がり、そうでない社員は給料が据え置かれたり下がったりするシステムだからこそ、労働者たちが仕事に精を出すのです。また、そこには、特に有能な労働者たちにとって、今の企業よりも良い待遇を保障してくれる企業へ転職する機会が与えられているという意味もあるわけです。

　さて、以上に見たようなアメリカの経済政策や経営管理の方法は、一体どのような学理的な背景から「合理的で正しいもの」として論証されてきたのでしょうか。ここでは特に、20世紀、とりわけ第2次世界大戦後のアメリカにおける経済学と経営学の動向を概観することにより、こうした問題へアプローチしてみることにしましょう。

　ところで、19世紀までの近代における世界の覇権地域であったヨーロッパは、近代科学と呼ばれる数多くの学問を生み出したわけですが、いわゆる経済学や経営学といった社会科学もその例外ではありませんでした。しかし、20世紀に入り、2つの世界大戦を経て、世界の覇権がヨーロッパ地域から大西洋を越えてアメリカに移行するのに伴ない、そうした学問の中心地もヨーロッパからアメリカへ移動することになりました。特に、イギリスやドイツで発達した経済学と経営学の成果は、こうしてアメリカへと受け継がれていくことになったのです。

8-3. アメリカの経済学と経営学
8-3-1. アメリカ経済学

　さて、ヨーロッパが世界の覇権地域であった時代、特に第2次世界大戦以前の時代においては、経済学の分野では、ジョン・メーナード・ケインズに代表されるイギリスのケンブリッジ学派の理論が有名でした。この理論は、簡潔にいえば、民間の経済活動に国家が財政政策や金融政策を使って介入し、その国の国民経済の成長や景気の変動に政府が積極的な役割を果たすべきであると考える理論です（積極国家・福祉国家）。経済活動を民間の勝手なやり方に任せておくのではなく、政府がテコ入れをしてそれを最も有効なやり方に主導していくというこの考え方は、アメリカに渡って以後、さらに大きく進化するとともに、いわゆる現代経済

学の主流派として世界の経済学界に君臨(くんりん)していくことになります。

　実のところ、19世紀から20世紀の初頭にかけてのアメリカには、ソースタイン・ヴェブレンという学者に代表されるような制度学派という独自の経済学の風土が存在していました。これは、それ以前の時代においてヨーロッパで発達した経済学のように、精緻な理論的研究に基づく科学的かつ一般的な学問の体系化という作業よりも、むしろ現実の社会における様々な制度的要素の特殊性を分析し、その弊害を政府がおこなう社会政策によって是正していく方策を論ずることに重きを置く立場の学派でした。ちなみに、日本でも有名なジョン・ケネス・ガルブレイスは、こうした制度学派の手法を正統に受け継ぐ現代の経済学者です。そして、もともとこうした土壌があったところへ前述の理論が輸入されれば、それが飛躍的に発達したことは容易に想像できるでしょう。ここに紹介するポール・サミュエルソンの「新古典派的総合」やミルトン・フリードマンの「マネタリズム」は、そうした立場の最たる理論に他なりません。

　前者は、ケインズ流の金融財政政策による経済活動への国家による介入のうちで、主として公共投資や社会保障給付などの財政政策の効用を重んじた経済学者です。景気が悪くなった場合に、政府が赤字国債を発行して公共投資を拡大すれば、そこに今までにはなかった新しい仕事の機会を得て、失業者たちが労働者として賃金を獲得することができます。そうして得た賃金は、企業が生産した生活物資の購入費用として消費されるため（＝「有効需要」の創出）、商品を売ることができた企業の収益を拡大し、結果として、それらの企業の規模は拡大してさらに多くの失業者たちを雇用することができるようになり、ひいては国全体の景気が回復へ向かうという図式です。サミュエルソンは、ケインズが示したこの「乗数効果」という理論をより精緻(せいち)な理論として体系化させるとともに、これを「経済は民間の勝手な活動に任せておけばうまくいく」というケインズ以前のヨーロッパにおける「新古典派」と呼ばれる主流学派の理論と総合し、「景気が悪くなったら国家が経済政策を遂行(すいこう)し、それによって景気が回復したら政策を停止して民間にまかせる」という論理を展開したのです。

　これに対してフリードマンは、金利政策や公開市場操作、そして貨幣供給量の調整などの金融政策を重視しました。人間の身体にたとえれば、財政政策はカンフル注射や栄養剤を服用させ、骨格や筋肉や内蔵機能を強化して健康を回復させ

るような方法ですが、こちらは体力のバロメーターである血液の純度や量を調整することを通じて健康を回復させる方法です。つまり、経済活動のパフォーマンスそれ自体を拡大したり強化したりするのではなく、経済活動の「対価」としての金融面における操作を通じて景気の調整をはかる手法であるといえます。フリードマンは、こうした手法の方が財政政策よりも「微調整」が効く「安上がり」の合理的な方法であり、むしろ国家は貨幣供給量の調整という役割に徹するべきだとの主張を展開したのです（消極国家・夜警国家）。

ところで、その後のアメリカ経済学の発展方向は、この「財政から金融へ」という方向性をより強化し続けることになり、結果として、経済活動そのものの活力を重視するよりも、いわば「マネー」の力を重視する色彩を濃くしていきました。その結果が、現代における金融資本主義の横行という状況でした。景気変動や産業動向の趨勢から特定企業の株価の変動を予測する「ブラック＝ショールズ式」が生まれ、これがノーベル経済学賞を受賞した背景にも、最近のアメリカ経済にこうした傾向があったからに他なりません。

現代のアメリカでは、企業は良い品物をより安く消費者に提供するための努力をするよりも、他社との合併・吸収・乗っ取りなどの戦略に奔走するとともに、自己が購買者から吸い上げた収益をいかに効率良く金融の舞台で運用するかに最も神経を尖らせています。そこでは、自分で生産・販売活動をするよりも、他人にやらせてその収益からマージンを獲得するほうが合理的であるとの認識が存在するのです。また、国家としては、商品の力よりも、むしろ強い「ドルの力」で他国から金利を吸い上げ、空前の「一人勝ち」の好景気を実現しています。いわばアメリカは、国家としても企業としても、ケインズのいう「金利生活者」、ヴェブレンのいう「有閑階級（ゆうかんかいきゅう）」への道を歩み続けているわけです。本来の経済活動のあり方という視点からは疑問視せざるを得ないアメリカ経済のこのような動向は、実際の経済活動の鏡としての以上のようなアメリカ経済学の動向にも反映されているのです。

8-3-2．アメリカ経営学

ところで、19世紀後半の時代に、今日でいうところの経営学の分野においては、いわゆる「サンディカリズム（労働組合主義）」の伝統を引く労使関係論や労働

運動に関する議論がヨーロッパで盛んに行われていました。ここでは、いわゆるマルクス主義的なスタンスに影響を受けたウェッブ夫妻をはじめとする人々によって、資本家階級や経営者を悪役として認識する見方が設定されており、これらの人々の悪行に対して労働者である一般大衆がどのように対抗するかという視点が議論の対象となっていました。しかし、これがアメリカに輸入されるに及んで、その議論の流れに新しいスタンスが登場することになります。それは、むしろそうしたヨーロッパにおける視点とはまったく正反対のスタンスであり、経済活動の主体である企業において、経営者がいかに効率的に労働者を管理しつつ業績を上げていくかという視点であり、それは労働者の側からの論理ではなく企業の側からの論理について科学的なメスを入れるという視点でした。

　もともとアメリカという国は、主としてヨーロッパからの移民によって作られた国です。そうした移民の多くは、他者からの迫害を受けたり、自己の活動を阻害されたりなど、それまで居住していた地域に何らかの不満をもった人々であったはずです。もし、従来の生活環境に満足していたならば、わざわざ危険を侵して遠隔地に渡ることなどしなかったでしょう。それまでの生活では飽き足らず、新しい土地に夢とロマンを求めてこそ、人間は引越しや転職や移民をするものなのです。もちろん、そうした動機の中には、少なからず一攫千金のお金儲けのために新しい環境を望むという気持ちもあったことでしょう。アメリカは、まさにそうしたいわばフロンティア精神が特に旺盛な人々によって作られた国であり、それらの人々の価値観を受け継ぐ子孫たちによって作られている国なのです。そして、こうした一攫千金への旺盛で積極的な意欲を有する国民が数多くいる国へ前述のような議論が輸入されれば、それが必然的に企業活動や商売の利益を拡大していくため学問である経営学へと発展していくことは想像に難くはありません。つまり、ここにアメリカのまさに最もアメリカらしい学問である経営学という新しい学問が、先に見たようなテイラーの「科学的管理法」やフォードの「大量生産方式」の経験などを土台として登場し、数々の素晴らしい研究成果をこの国で開花させることになるのです。

　しかし、アメリカ経営学の潮流には、こうしたより効率的な企業活動の管理というスタンスからの議論ばかりが横行する風潮に疑問を投げかける業績も存在していることは重要です。それは、人間の合理的な判断の能力には限界があり、そ

うした限定的な合理性の下でものごとの決定を下す人間の活動について検討したハーバート・サイモンの「意思決定論」や、また、経済活動の主体である企業は労働者と経営者が対立する場ではなく、むしろ双方が協同して会社全体の利益の増進を実現し、労働者の賃金を向上させると同時に産業全体の興隆をはかるための舞台であり、そのための企業の組織文化をいかに作り上げていくかという問題に取り組んだチェスター・バーナードの「組織論」などです。こうした視点は、その後、いわゆる「日本的経営論」という日本の企業組織に関する研究の影響を受けつつ、アメリカ的な経営形態に対する疑問という形で興隆していきます。そこでは、たとえばウィリアム・オオウチの「セオリーZ」などに代表されるように、テイラー流の「科学的管理法」が想定していた「すべての仕事が嫌い」（X型労働者）か、もしくは「好きな仕事も嫌いな仕事もある」（Y型労働者）のような労働者像ではなく、むしろ仕事が好きで、規則による統制がなくても残業などの不条理な労働にすすんで従事する「社員」（Z型労働者）の存在が指摘され、そうしたヒトの力を活用できる環境を整備した企業こそ、いわゆる「エクセレント・カンパニー」であるという議論が隆盛したのです。すなわち、ここでは会社は株主のものではなく、社員全員のものだという意識が存在しているわけです。

ただし、実際にはこうした経営学の業績は、アメリカの国民経済を支える大企業の経営管理法にはそれほど大きな影響を与えるには至らず、むしろそうした大企業の独占支配体制に対抗して、新しい会社や新しい産業を起こしていく起業家たちの論理として社会に受け入れられていくことになります。国家全体の経済力を現実に支えているのは、結局は巨大資本の基幹産業だからです。そこでは、膨大な物量を擁する巨大資本に対抗して収益を上げていくためには、限定されたモノやカネの力ではなく、ヒトの力を活用していく必要がありました。そして、これらの基幹産業においては、相変わらずそこで働く人間そのものの力に本位を置く志向ではなく、企業全体のシステムをいかに効率良く設定し、労働者をより効率的な生産活動に従事させるためにはどうしたら良いのかという「企業戦略論」の視点が主流を占めていくことになります。近年、アメリカや日本で話題をさらったマイケル・E・ポーターの「競争優位の戦略理論」も、まさにこうしたいわば「システム志向」の視点からの議論であり、それは決してバーナードやオオウチの理論を継承するものではありませんでした。アメリカでは、会社はあくまでも

株主のものなのです。

8-4. 終わりに──アメリカニズムの本質

　さて、これまでの学習において、読者の皆さんは、アメリカが世界で一番強くて大きな経済力を有する国であり、その地位はまた、冷戦体制が終焉(しゅうえん)した現代においても、また、今後の相当な未来においても変わらないだろうという実感を得たことと思います。特に、最近のアメリカは、いわゆる「IT革命（情報通信技術革命）」をみずから進んで遂行しつつあり、こうした国家レベルの情報管理能力の向上を背景とした「サイバー戦略」の時代を迎えるにあたり、各国に先駆けてその最先端をひた走りに進み続けています。このことは、経済や経営の領域のみならず、軍事や政治の領域においても、アメリカが今後も世界で一番強い国であり続けることを意味しています。今やあらゆる国家が自己の重要な情報をすべてコンピュータの力に頼ってコントロールしている以上、アメリカと喧嘩(けんか)をする国は、アメリカだけが退治・管理することができる「ウィルス」を中枢コンピュータに投げ込まれ、瞬時に行政機能を麻痺させられてしまうからです。アメリカの覇権体制は、現在も将来も、依然として確立したままなのです。

　しかし、アメリカが世界で一番強い国であることと、アメリカが世界で一番正義の国であることとは異なります。また、多数の人々が支持することが、必ずしも常に真理や正義であるとは限りません。同時に、分かりやすいとか、扱いやすいとかいう「容易さ」が、常に難解で複雑なものよりも優れているというわけではありません。学校の先生たちは、たとえ学生や生徒たちに恨まれようとも、彼らが立派に成人するために「これだけはどうしても教えておかねばならない」ということを敢えて厳しく教育しなければならないという場合もたくさんありますし、運転しにくいBMWはいつもフォードやクライスラーよりも社会に望ましくない技術的に劣った車であるとはいえないばかりか、実際はむしろその反対なのです。有り余る資金を湯水のように使える環境だけが、良い研究開発の成果を生み出すとは限りません。限定された条件の中にあって苦労を重ねる中から、後の世界を変えるような素晴らしい発想が生まれることは過去の人類の歴史においても多々ありました。そして、こうした活動にこそ、神と等しき主体性を持ち得た人間であるが故のロマンと感動があるとはいえないでしょうか。したがって、

そこには、多数派である一般大衆の支持を政治力の基盤とし、その大衆の巨大な購買力を利用して蓄積した富を経済力の基盤としながら、いわゆる「物量主義」の洪水の力によって他者を屈服させ、みずからの覇権体制を確立してきたアメリカの理念＝アメリカニズムの限界が露呈されているといえます。

一方で、アメリカはまた、そのグローバル・スタンダードという名のアメリカン・スタンダードを他国に強要する外交政策の姿勢を堅持しており、そこでは各国の個性的なローカル・スタンダードとの調整が大きな課題として残ることになります。また他方では、アメリカ以外の国々は、今後も好むと好まざるとにかかわらず、この覇権国としてのアメリカという国とお付き合いをしていかなければならない状況にあります。今や貿易という名の他国との経済関係を醸成していかない限り、各国の国民経済はそれ自体だけでは自律的な営みを完結することはできないのであり、その場合に、世界中の重要なモノ・カネ・ヒト・情報が集積する覇権国であるアメリカとの付き合いを抹殺することは、いわば自国の倒産を意味するからです。

そこで、我々アメリカ以外の国の国民にとって重要なことは、アメリカのいう正義とはあくまでもアメリカ自身にとっての正義であり、それが決して時空を超えた普遍的な正義などではないということをしっかりと認識することです。特に日本は、先の大戦でアメリカに負けて以来、すべての面でアメリカを見習って国家の再建を遂行してきましたし、また日本人は、いわば「小さい黄色いアメリカ人」になろうと努力してきた感があります。しかし、これからは、アメリカの見習うべきところと見習うべきでないところをしっかりと区別し、容易にグローバリズムという名のアメリカン・ナショナリズムに自国のアイデンティティを摩滅化させないようにしていく姿勢が肝要なのです。その意味で、この章で勉強したような、アメリカ流の金融資本主義や科学的管理法に代表されるいわば「システム志向」の経済や経営のあり方に流されることなく、日本の伝統的な「人間志向」の経済や経営のあり方を大切にしていく努力が必要だといえるでしょう。同時に、そのためにも、これまでアメリカからの輸入学問として発達してきた日本の経済学や経営学などの社会科学を、日本独自の思想や論理に根ざした学問として再構築していくことが何よりも急務であるといえるでしょう。

また、これに加えて重要な学問的課題として指摘しておきたいのは、経営学を

経済学に付随する学問領域ではなく、独自のディシプリン（独立科学）として確立していくことの重要性です。というのは、経済学と経営学とはもともとその学問が対象とする課題や目的そのものが異なるからです。特に、企業という視点から見た場合、前者は、いかに巨大な資本や組織を有するいわば大企業を効率良く政策的にサポートして一国の国民経済を主導させていくのかという議論を重視する「公」の色彩が濃い学問であり、後者は、むしろそうした体制の中で、いかに少ない資本や小さな組織でこれに対抗して新しい産業や企業を醸成（じょうせい）していくのかという議論を重視する「私」の色彩が濃い学問だからです。アメリカの凄さとは、まさにこの双方の学問分野において、いずれも世界をリードする成果を上げ続けているところにあるといえるでしょう。アメリカには、大学経済学部の数と同じくらいの数の大学院ビジネス・スクールが存在するのです。

　アメリカでは、才能のある人間は誰でもお金持ちになるために会社を起こし、事業を生み出そうと努力するビジネス・チャンスを得ることができます。つまり、誰でも経営者になれる可能性をもっているのです。しかし、それはそうした意欲をもった人々が飽くなきチャレンジを繰り返すことができるための社会的な余裕をアメリカという国がもっているからこそ可能なことであるのです。そして、その余裕は、アメリカが世界一の覇権国としての強大な経済力をもっていることから生まれてくるものです。強い「経済」の枠組みがしっかりと確立している国家でなければ、活力ある民間の「経営」が行われることはありません。他国と競争しても揺るがない地位を維持できる大企業や大資本の体制が整備されている国家だけが、たとえ成功の可能性が少ない事業計画であったとしても、その小さな可能性に資本を提供する金融機関をもち、失敗を成功へのステップとして許容できる社会風土をもつことができます。だからこそ、「アメリカは経済の国である」ということができるのです。

推薦図書

[1]　原田和明『アメリカ経済入門［新版］』（日本経済新聞社，1998年）．
[2]　鈴木直次『アメリカ産業社会の盛衰』（岩波書店，1995年）．
[3]　吉田和夫『日本型経営システムの功罪』（東洋経済新報社，1993年）．
[4]　佐伯啓思『アメリカニズムの終焉』（TBSブリタニカ，1993年）．

［5］ マイケル・E・ポーター『競争戦略論』（ダイヤモンド社，1999年）．
［6］ ジョン・K・ガルブレイス『豊かな社会［第四版］』（岩波書店，1990年）．

［1］は、90年代の好景気を実現したクリントン政権の経済政策の解説を主軸として、アメリカ経済はなぜ強いのかという問題に取り組んだ格好の入門書です。
［2］は、そうしたアメリカの産業社会の歴史的変遷について論じています。
［3］は、日本とアメリカの経営形態の比較を通じ、その合理性を論じています。
［4］は、いわゆる企業経営におけるフォード主義と経済政策におけるケインズ主義を社会思想としてのアメリカニズムの本質と捉えた上で、その功罪について論じています。
［5］は、近年の話題をさらったベストセラーであり、アメリカの企業活動が人間本位ではなくシステム本位であることを感じさせる経営学書です。
［6］は、先進社会における様々な社会問題に警鐘を鳴らし、現代の社会状況を先取りして洞察した20世紀の名著の一つです。

―― 〈技術革新と企業家精神〉 ――

　アメリカ産業社会の活力の源泉といわれる技術革新による新機軸（イノヴェーション）や企業家精神（エンタープリヌアーシップ）は、工業技術や経営ノウハウなどの分野にとどまらず、社会の発展や進化に不可欠な要素でもあります。新しい産業や政治制度を創成したりするような大きなことから、より合理的な生産工程を実現したりするような細部の領域に至ることまで、人間が社会の構成員としての生活を営む際に必要なすべてのものは、いつの時代も、こうした「進取の気性」をもった人々が従来の固定観念を打ち破るような勇気ある挑戦をし続けてきたが故に獲得できたものに他ならないからです。

　しかし、こうした人々の気性と活動は、それが本来的に従来とは異なる観念に基づくものですから、現状体制側からの非難・中傷・妨害を受けることは必然です。今や現代の政治経済社会における基本的かつ常識的な理念となっている幾多の社会思想――民主主義、自由主義、資本主義などの考え方もまったく例外ではなく、それが登場した当時はいずれもその先駆性と斬新性が故に危険視され、それを唱える論者たちやそれらの思想を実現するべく活躍した人々もまた、社会における錯乱要因や危険分子として迫害されたのです。

　しかしながら、こうした進取の気性に基づく新しい発想や、旧来の陋習や因習に毒されていない若年者の旺盛な意欲や正義感は、その社会におけるかけがえのない財産です。社会の発展や進化とは、そうした要素のみによって実現され得るものだからです。したがって、望ましい社会システムの条件の一つとは、こうした要素に対する寛大さや融通性を持つということであり、その意味でアメリカは、世界で最もこの要件を満たしている国だからこそ、世界の覇権国として君臨し続けているといえます。アメリカン・ドリームは、依然として健在なのです。　　（石井貫太郎）

9. アメリカの労働市場の特質と問題点

9-1. はじめに

　「アメリカ」という国は世界の人々にとって繁栄している国というイメージをいだかせ続けた。アメリカには世界中の人々が望むものすべてのものがある、とかつて世界の人々は思った。アメリカをこの目で見てみたい、アメリカという大地にこの手で触れてみたい、というのが世界の多くの人々の夢であり、願いであった。

　事実、第二次世界大戦後のアメリカは世界中の富を入手し、この世の栄華を極めた国であった。だが、そんなアメリカも、あの悪夢のようなヴェトナム戦争によって国力は無残にも低下し、財政の赤字と、対外収支の赤字による、いわゆる双子の赤字はアメリカを世界の経済の頂点よりひきずり降ろし、もはやアメリカも並の国、とまで言われるほどになってしまった。

　このように激動するアメリカ経済を支えているアメリカの労働市場はどのような特徴を備えているのか。そして、アメリカの労働市場と日本の労働市場はどう違うのか、などアメリカの労働市場の特質と問題点を分析することをこの章の目的としたい。さらにアメリカの労働者と日本の労働者とはその量的・質的両面にわたってどのような違いがあるのかをも考えてみたい。さらに、アメリカの労働者の労働に対する価値観をもあわせて考えてみたい。

9-2. 労働人口の変化

　経済学の理論は、生産活動にとって絶対に必要なものは、資本、労働、土地である、と教えている。この3つを「生産要素」といい、この3つの要素が増大し、さらに首尾よく組合わされてはじめてその国の、その地域の生産活動は活発化する。さらに、この生産の3要素に技術を加えて、生産の基本要素とも考えられている。

万人

図 1 労働力人口数の推移

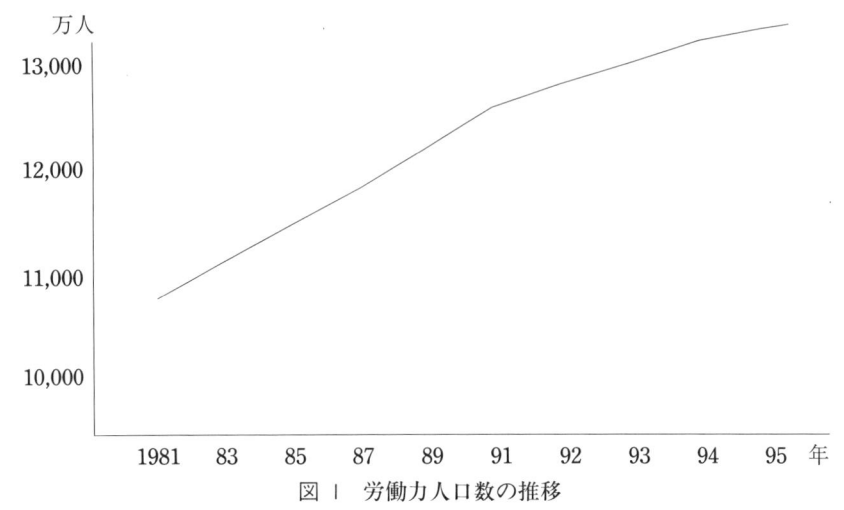

資料出所:『外国経済統計年数』(日本銀行国際局、平成8年12月発行) 62頁。

　これらの生産要素の中で、土地を増大させることは容易ではなく、したがって、生産活動の一層活発化は資本賦存量の増大と労働賦存量の増大、さらに技術水準の向上に依存することになる。このうち、ここでは主として労働の変化と経済の変化の関係に焦点を当てて考えることを目的とする。
　さて、まず、アメリカにおける労働量の変化より見ていこう。図1は1980年代から90年代にかけてのアメリカの16才以上の労働力人口数の推移が示されている。この図によって明らかなように、アメリカの労働力人口は一貫して右上りという姿を示している。1981年には約1億867万人であった労働力人口は1995年には1億3230万人と、実に約15年間で2363万人も増大したのである。さらに、その間の伸び率は21.7％という数字を示している。この数字がどれほど大きいかを知るために、いま日本の数字と比べてみよう。日本における1981年の15才以上の労働力人口は5707万人であり、アメリカと比較するのに便宜上、1995年の労働力人口をとってみると、6711万人であり、その増加数は15年間で1004万人であり、アメリカの42％でしかない。さらに、日本の伸び率は17.6％と、アメリカの伸び率を大きく下まわっている。しかも、労働人口数の値はアメリカでは16才以上を対象にしているのに対して、日本は15才以上を対象にしているのである。
　してみると、アメリカの労働力人口は総数の増加数においても、伸び率におい

	アメリカ	日本
1980	63.8	63.3
1985	64.8	63.0
1990	66.4	63.3
1994	66.6	63.6
1995	—	63.4
1996	—	63.5

表 1　労働力率日米比較

資料出所：*Statistical Abstract of the U. S.*（U. S. Department of Commerce, 1995) p. 399.
『労働白書』(労働省編、平成 9 年版) 433頁。

ても、日本のそれらよりも上回り、その差は拡大の一途をたどると推察される。このような統計的事実が存在する限り、生産活動にとってもっとも必要な要素である労働の賦存量が限りなく増大するアメリカは、日本以上に生産活動の一層の活性化が期待されるとも考えられる。

　さて、次に、労働力人口の内、いったい現実にどれぐらいの割合で労働に従事しているのかを見てみよう。つまり、労働力率について見てみよう。表1は興味ある現実を示している。労働力率の日米比較において、アメリカは1980年以降増加しているにもかかわらず、日本の労働力率はまったく変化していないという事実である。さらに、日米間における労働力率にかなりの差が見られるという事実はいったい何を物語っているのであろうか。このことはアメリカにおいては充分働ける条件をもっている人々は労働に従事している割合が日本よりも高い、ということを意味しているのであろうか。労働力率に関して日米間で大きな格差が発生している要因はもしかしたら日米間の労働というものに対する価値観の違いに基づくものかも知れない。その証拠に次の数字を見てみよう。

　表2は労働力率の日米比較を男女別に見たものである。この表は男子の労働力率に関して、日本の方が一貫して2％高い値を示している。しかし、驚くことに、女子の比較において、アメリカでは上昇傾向にあるにもかかわらず、日本の率は約50％とまったく変化を示していないという事実である。つまり、日本の社会においては男は外で働いて稼ぎをもたらし、女は家にいて家事のみを行う、という一種の暗黙の「社会契約」が確立しているのであろうか。このようなことが日本

	アメリカ		日　本	
	男	女	男	女
1970	79.7	43.3	81.8	49.9
1980	77.4	51.5	79.8	47.6
1990	76.1	57.5	77.2	50.1
1994	75.1	58.8	77.8	50.2
1996			77.7	50.0

表2　労働力率比較―男女別―

資料出所：表1と同じ。

の社会に事実として存在している限り、もしかすると現在以上の経済的発展は望めそうにない。また、アメリカは、たとえ総人口の増大に限りがあるとしても、女性も社会へ出て堂々と経済活動に従事すべし、という価値観がある以上、日米間の経済的格差が日本にマイナスとなって現われ、日本は、もしかしたら"沈みゆく大国"となるかも知れない。勿論、これだけの統計的資料によってそのような大それた結論を述べるのは早計だということは筆者も理解しているつもりではいる。

9-3. 失業率の発生　―貧困指数―

　これまで、労働問題を考えるにあたって、もっとも基本的な労働の賦存量について考えてみた。これまでの分析によれば、労働力人口の点だけから眺めてみると、アメリカは全てがバラ色状態のように見受けられる。しかし、アメリカにおいてアメリカ経済の行く手に大きくのしかかる問題がある。それはアメリカ経済体内にはたえず高い失業率が存在している、ということである。勿論、研究者の中には、日本とアメリカにおいて失業者数の算出方法が異なるから、一概にアメリカ経済は高失業率保有体質だと決めつけるのは早計だと主張する人々もいる。しかし、アメリカの企業形態とか、経営形態など、さらに、アメリカの人々が持っている社会における価値観などを考えてみると、アメリカ社会は日本社会と違って失業者を大量に生みやすいということも事実であろう。その高失業率と高インフレ率を加えた指数はアメリカにおいて、いわゆる「貧困指数（Poverty Index）」といわれ、その指数値が、例えば、10とか15という高い値を示すよう

図 2　失業率の変化

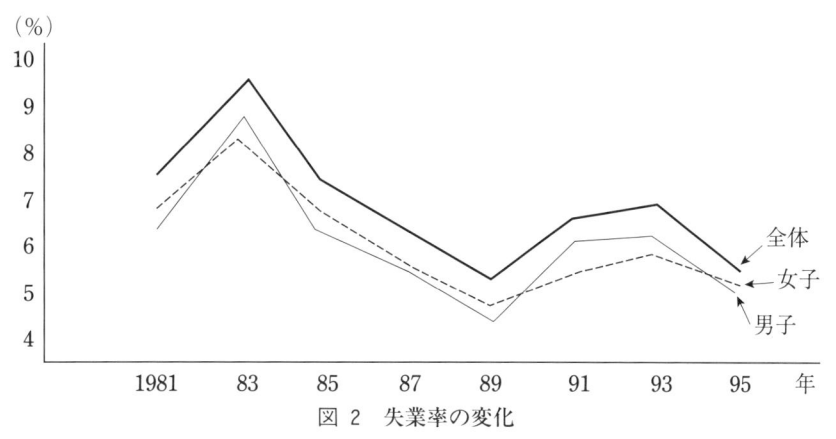

資料出所：図1と同じ。

になると、時の政権が採っている経済政策は、いわば失敗とみなされ、政権の長である大統領は国民によって「ノー」といわれる羽目になる、とまで云われている。それほど重要な指標である失業率の推移を見てみよう。

アメリカの全体の失業率は1980年代からほぼ現在まで平均にして7％前後で推移しており、一番低い率で5.3％（1989年）であり、最も高い率は9.6％（1983年）である。9.6％という率は、働く意志が十分あっても働く場所がないという失業者（これを経済学では「非自発的失業」という）が10人に1人が発生している、ということを意味している。働いて生きていきたい、働いて家族を養っていかなければならない、という人々の内、1割の人々がそれをできないのである。「失業」という言葉ほど人々にとってみじめなものはない。働いて生きていきたいと願う全ての人々に働く場所を提供するのがその国の政府の役目だということを考えてみれば、その国に高い失業率をかかえている政府はその国民にとって大して役に立っていないということを意味しているのだろう。したがって、どこの国でもその政府は、「完全雇用の達成」を実現すべき大きな政策目標にかかげている。

アメリカの全体の失業率と日本の失業率とを比べてみると、日本の失業率はいかに低く、日本の雇用状態は安定状態にあることがわかる。参考までに日本の失業率の推移をみてみると、1981年＝2.2％、1985年＝2.6％、1990年＝2.1％、1995年＝3.2％といずれもアメリカの失業率の3分の1程度である。いわゆる

「平成の大不況」に突入した1990年代に入っても、日本の失業率は2～3％で推移している。それに引きかえ、好景気が続くといわれているアメリカにおいて失業率は日本の2倍以上という高い値を示している。してみると、研究者がいうように失業率を導出する基準が日米間で違っているのであろうか。だが統計資料をよく眺めてみると、1つの極めて興味ある現実が目に入る。それは、アメリカにおいて、16才から20才までの、いわゆるハイティーンの失業率がいかに高いか、ということである。いまその率をみてみると、1981年＝19.6％、1985年＝18.6％、1990年＝15.6％、1995年＝17.3％という高い率を示している。アメリカでは10才代後半の若者の内、10人の内で2人近くが職につけないという悲劇的な事実が存在している。アメリカにおいてなぜハイティーンに失業率がこうも高いのであろうか。アメリカの若者の間での勤労意欲が低下しているのであろうか。また、アメリカの若者たちの努力不足の結果、急激に高度になっていく技術の修得が遅れ失業するという悲しい羽目になっているのであろうか。

現在、アメリカの経済学界でもっとも注目されているジョセフ・スティグリッツ教授は、若年層が仕事を持つということは、技術的能力であれ、責任感や時間厳守といった仕事の基本的な心構えであれ、仕事の能力を開発するということである。若年層の失業は、とりわけ失業期間が長い場合にはその時期の貴重な人的資源が失われるばかりでなく、将来の労働の生産性の低下にもつながることになる。また、長期間失業している若年層は、社会から疎外されたり、麻薬や犯罪などの反社会的行動に走りがちである、とアメリカの若年層間での失業率が高いことに警告を発している[1]。

いずれにしても、アメリカで起こっている多くの社会現象が約10年という時間的差 (time lag) を持って日本にも伝播してくる、という事実があるとすれば、近い将来日本の社会にもハイティーンの異常に高い失業率の発生という社会現象が現われるかも知れない。アメリカのハイティーンの高い失業率を「対岸の火事」という目で見ていなくて、日本の政策当局は今から何らかの方策を講じていくべきではないだろうか。

次にアメリカにおける失業率の中味についてもう少し詳しくみてみよう。周知

---

1) ジョセフ・E・スティグリッツ（藪下史郎他訳）『マクロ経済学』（東洋経済新報社、1995年）49頁。

の如く、アメリカの社会は多数の異民族より成り立っている。このようなアメリカ社会を人々は、かつて「人種のるつぼ（melting pot）」と呼んだり、「モザイク社会」と呼んだりした。しかし、最近では、「多文化主義社会」という新しい表現をする傾向があらわれた[2]。この考えによれば、現在のアメリカ社会は様々な文化的背景を持った環境の中で育った人々の集合体であり、お互いに違った文化の中で生きてきた人々、また生きている人々を認め合う、という考えが基本的にある。

　事実、ロサンゼルスの公立学校では40以上の外国語が使われているという現実に直面するとき、「アメリカ人とはこういうものだ」と定義するのは最早困難である、とも考えられる。してみると、アメリカ社会でこれまで多くの面で主流を占めてきた「ワスプ（WASP〈ホワイト-アングロ・サクソン-プロテスタント〉）」のみがアメリカ人だ、というような考えは急速に変えられるかも知れない。

　アメリカ社会では、異人種間の結婚が1970年代の31万件から1988年は95万6000件と3倍以上に増大し、ますます、人々の文化的背景が多様化する傾向にあると考えられる。

　以上のような考えに基づいて、再び失業率の内容について見てみよう。図3は現在のアメリカ社会で多数を占めていると思われる人種の失業率の推移を示して

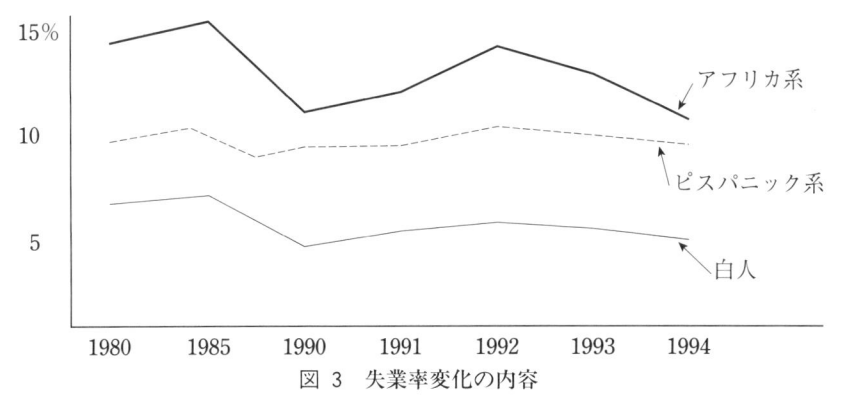

図 3　失業率変化の内容

資料：*Statistical Abstract of the U.S.*（U.S. Department of Commerce, 1995）p. 400.

2）イタバリ・ンジェリ（Itabari Njeri）『アメリカ社会を再定義する ――るつぼ論から多文化主義へ――』トレンズ（*TRENDS*）Vol. 21、No. 4、1991、75-76頁。

いる。この図によると、失業率の一番低いのは白人であり、次に、ヒスパニック系の人々であり、失業率の一番高いのはアフリカ系の人々の間にあらわれている。とりわけ、アフリカ系の人々の失業率はたえず12～13％という高い率を示しており、また、ヒスパニック系の失業率も平均約10％と高い率を示している。これらの統計的事実によって、アメリカの失業率を全体的に高めている原因は、どうやらハイティーンと非白人といった2つのグループの高い失業率がはびこっているからだ、といえるであろう。

9-4. 労働者の質的な側面

これまでアメリカの労働の量的な側面（労働の賦存量）に焦点を当てて考えてきた。しかし、当然のことであるが、労働の量がたとえどんなに多くとも、その質が低水準の状態にあるならば、それは生産活動の活発化に大きく貢献できる道理はない。そこで問題は労働の質的側面について見てみることが重要になってくる。

経済学の理論分野で生産の理論という重要な研究分野があり、そこでは、一国の生産量は資本と労働の最適な組合せによってもっとも生産量が増大するということを主として学ぶものであるが、そのとき、労働の同じ一単位を投入するにしても、投入される労働の質によって生産量は大いに違ってくるということを教えている。これを一般に、「労働の生産性」という言葉で人々に知られている。これは、いまAという人は1日にある財を10ヶ作るとする。一方、Bという人は同じ財を5ヶ作るとすると、AはBよりも2倍も生産性が高い、ということになる。労働の生産性を経済学的に定義をすると、実質国内総生産（GDP）を経済全体の推計労働時間で割った値である、と考えられている。この値が上昇するとその国の人々の平均的な生活水準が向上するとみられている。

表3は世界の主要5ヶ国の労働生産性を比較した一覧表である。この表は1982年を100とした労働生産性を比較したものであるが、この表によって、日本とイギリスの労働生産性がズバ抜けて高く、他の3国の労働生産性はほぼ同一である。しかし、1980年代から90年にかけての労働生産性を詳しく眺めてみると、興味ある事実に出くわす。それは、1992～93年の値を見ると、日本の労働生産性は、0.3％という驚くほど低い値であるのにもかかわらず、イギリスとアメリカの値

1982年＝100

	アメリカ	日　本	ドイツ	フランス	イギリス
1970	7.0	50.3	66.4	58.6	72.1
1980	92.9	91.1	98.5	90.8	91.0
1985	106.7	114.9	113.4	107.9	116.4
1990	122.1	149.1	125.6	127.6	140.1
1992	127.5	156.8	128.0	130.9	152.4
1993	131.6	157.3	130.0	132.3	159.7
平均変化率(%)					
1979-85	2.0	4.6	2.1	3.0	4.1
1985-93	2.7	4.0	1.7	2.6	4.0
1992-93	3.2	0.3	1.6	1.1	4.8

表 3　主要国の労働生産性の比較（製造業）

注：ドイツは旧西ドイツを意味する。
資料出所：表1と同じ、866頁。

は依然として高い。つまり、日本とアメリカにおける労働生産性は1990年に入って逆転したことをこの表は示している。すでに述べたように、一国の人々の生産水準向上は労働生産性の上昇に依存するという事実を考えてみると、日米国の労働生産性の逆転は、日米間のGDPの増大にも格差は拡大し、かつて、「21世紀は日本の世紀」ともてはやされた日本経済の行く手にかげりが見えだした、といえるであろう。そして、「ねむり続ける大国」と揶揄されていたアメリカは、その深いねむりから目を覚まし、いまや猛然と活動を開始したかに見られる。そんな事実を裏付けるように、日本の株は1990年代に入ると下り続け、逆にアメリカは天井知らずの如く昇り続けている。してみると、日本よ、さようなら、アメリカよ、こんにちは、という時代が再び来るのであろうか。そうならないためにも、日本政府は日本の労働生産性向上のために抜本的な対策を講じないと取り返しのつかないことになる、と考えるのは筆者一人であろうか。

　労働生産性が上昇したり下落したりする要因はいくつか考えられる。まず、労働者の質を向上させることによって労働生産性は高められるということを強調しておきたい。さらに、賃金を高めたりして労働者の離職率や転職率を低下させ、勤労意欲を高めること。つまり、同じ職場に長く勤めることは、居ながらにしてその仕事に対する知識と技術を高めることができ（これを経済学では learning by doing effect と呼んでいる)、労働生産性を高めることができると考えられている。また、社会的安定性の確立は労働者の生産性を高める大きな要因とも考えられる。例えば、安定した社会で楽しい家庭を持つ労働者は、仲間のために、また、家族のために今以上勤労に励もうとするであろう。そこで労働生産性は高められることになる。

さらに、考えられる要因として、労働生産性の値を算出する方法を考えてみれば容易にわかる。それは実質 GDP を総労働時間で割ることであった。すると実質 GDP が増大するか、総労働時間数が低下すれば労働生産性は上昇することになる。この考えによれば、1989年から90年にかけてバブルが崩壊し、実質 GDP の伸びがとまってしまった日本において、労働生産性が急速に低下してしまったということも事実として理解されるであろう。一方、日本よりも一足早くバブル崩壊問題を片づけて、その経済に力強さが感じられるアメリカにおいて労働生産性が急激に高まっている事実をも容易に理解される。

次に労働生産性及び就業者数の産業間の値を表4を基にして日米比較してみよう。1985年からほぼ10年間にわたり、全産業の労働生産性は日本の方がかなり高いのであるが、製造業における生産性は日米ともほぼ同じ値である。かつて、アメリカでは人々は物造りの大切さを忘れた。その証拠に、あらゆる財を日本から購入しているではないか、と、一種の批難めいた言葉をアメリカは浴びせられたものであるが、この数字を見る限り、アメリカでは物造りにも優秀な人材を投入

	アメリカ		日本	
	就業者数	生産性	就業者数	生産性
産　業　計	1.46	0.99	0.92	2.18
製　造　業	−0.66	3.02	−0.34	3.17
消費関連製造業	−0.33	1.18	−0.57	0.82
素材関連製造業	0.17	1.90	−0.20	2.44
機械関連製造業	−1.63	4.78	−0.17	5.44
非 製 造 業	2.11	0.40	1.25	2.08
卸売・小売業	1.25	1.48	0.98	3.13
サービス業	3.60	−1.04	2.38	0.57

表 4　就業者数・生産性の比較

注：アメリカ＝1985～1993年　　日本＝1985～1995年
資料出所：『労働白書』(労働省編、平成9年版) 64頁参照。

しだした、といってもよさそうである。一方、日本のサービス産業の労働生産性は低いという声をよく耳にする。その代表的な例として、日本の百貨店ではエレベーターにもエスカレーターにも美しい婦人を配置してお客へのサービスにつとめているものの、売上げには何ら貢献していない、という言葉がある。しかし、この表を見る限り、日本のサービス業での労働生産性はかなり高い値であることがわかる。さらに流通業についても同様のことがいえる。

9-5. 労働生産性の質的分析

労働生産性を上昇させる要因として、労働者の教育水準向上が無視しえないことは容易に理解される。つまり高い教育を受けるにしたがってより高い技術を修得し、それがその国の生産の増大をもたらす、と一般に考えられる。シカゴ大学教授で、1979年にノーベル経済学賞を受けた故セオドア・W・シュルツは、人々の経済水準を高める決定的な要因は、エネルギーとか耕地といった（実物的）ものではなく、人間の質の改善と知識の進歩であると、教育水準の向上が人間の質を高め、それが経済水準を上昇させると説いている[3]。このようにその地域の、国民の教育水準を向上させるのに必要な資金を投入することを、シュルツは「教育投資」とよんでおり、この教育投資の大きさが、経済を改善する大きな要因となる。それは経済を活性化させるのに必要なのは企業が施す設備投資と同じ考え方である。シュルツはいう、学校教育による学識や技能の習得への投資や、健康や医学教育などに対する投資は人間の質を改善するのに極めて大切である、と。私的にしろ公的にしろ、十分に教育に資金を投入し、質的にも人々の教育水準を高めたならば、労働の生産性は高められ、その国の経済水準は向上する、と考えられる。そこでアメリカの労働者の質的な面に焦点を当てて労働生産性を考えてみよう。

表5はアメリカにおける労働者の教育達成度の推移を示したものであるが、この表によれば、アメリカの労働者のほぼ90％が高校以上の学歴を有しており、50％近い労働者が1年以上大学で学んだ経験がある、ということを示している。さらに、26～27％の労働者が大学卒という、アメリカでは高学歴労働者集団が存在

---

3) セオドア・W・シュルツ（伊藤・大坪訳）『人間資本の経済学』（日本経済新聞社、1985年9月）14頁。

| | | 中学校卒 | 高校卒 | 大 学 卒 ||
				1-3年修了	4年制卒業
全体	1970	36.1	38.1	11.8	14.1
	1980	20.6	39.8	17.6	22.0
	1990	13.4	39.5	20.7	26.4
	1991	13.0	39.4	21.1	26.5
男子	1970	37.5	34.5	12.2	15.7
	1980	22.2	35.7	17.7	24.3
	1990	15.1	37.2	19.7	28.0
	1991	14.7	37.5	20.2	27.6
女子	1970	33.5	44.3	10.9	11.2
	1980	18.4	45.4	17.4	18.7
	1990	11.3	42.4	21.9	24.5
	1991	10.9	41.6	22.2	25.2

表 5 労働者の教育達成度推移

資料出所：図3と同じ、401頁。

していることが解る。この高学歴労働集団の出現は1980年代に入ってからであり、1970年の数字を見ると4年制大学卒の集団はわずか14％であり、そう高い学歴集団ではなかった。

これらの数字を男・女別にして見てみるとアメリカの労働者間では女子の労働者が男子並か、むしろ男子よりも高い学歴を有しているという事実がわかる。つまり、アメリカの労働者全体の生産性が高い要因の1つに女子労働者の質が高いという現実が存在している。1970年の女子の4年制大学卒の労働者は11.2％であったのが、1980年代に入るとその率を2倍以上に増大させ、女子労働者の大学卒の比率は恐らく世界でも最も高い率であろうことは容易に理解される。

以上はアメリカ労働者の教育達成度を男女別についてみたのであるが、これを白人とアフリカ系アメリカ人との間での比率を見てみると、白人の労働者の大学卒は1990年代に入って30％近くにも達しているのに対して、アフリカ系アメリカ人労働者のそれは15％前後であり、後者の比率が大巾に低いことがわかる。このことは、労働生産性に白人とアフリカ系アメリカ人との間に格差が発生し、それが経済的格差を拡大していることも容易に理解される。

さらに、労働者の教育達成度と賃金との関連について見てみよう。図4は、賃

(ドル)

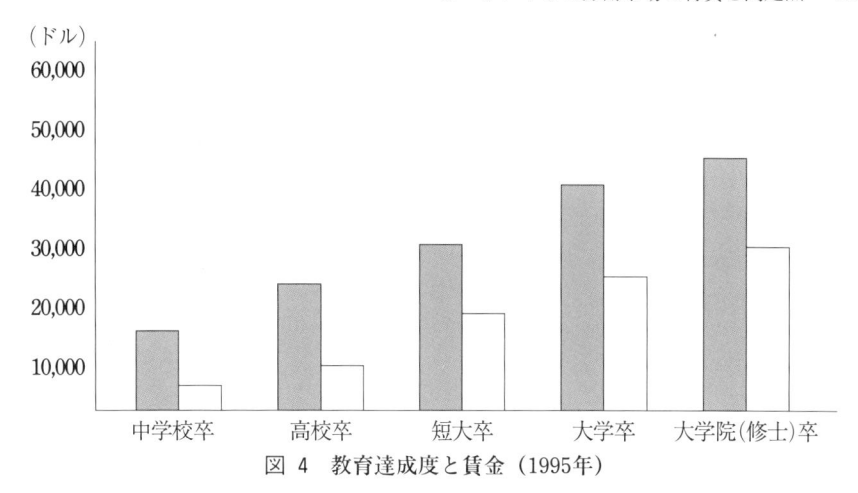

図 4　教育達成度と賃金（1995年）

資料出所：*Digest of Education Statistics, 1996* (U. S. Department of Education) p. 412.

金の上昇は教育達成度によって歴然と差がつくことを示している。大学卒の男子の平均の賃金は、約4万ドルであるのに対して、中学卒のそれは約1万5千ドル、高校卒のそれは約2万3千ドルでしかない。大学院（修士）卒では約4万6千ドルの賃金があり、この大学院卒と中学卒とでは、何と3万1千ドルもの賃金格差がついているのである。アメリカでは中学は日本と同じく9年であり、高校は12年、大学は16年、そして大学院の修士課程まで卒業するのに、17～18年（アメリカでは修士課程はだいたい1年から1年半で卒業できる）の年月を必要とする。つまり、中学を出て大学院まで丁度倍の年月を高等教育機関で勉強することになる。すると賃金は3倍以上をも得ることができる。高賃金はより高い生活水準をもたらすものであり、そこで高学歴＝高生活水準という図式が成り立つかも知れない。もっとも、人生の豊かさは高賃金によってのみもたらされるものではない、という考えもある。それはその通りであろうけれど、世の中の大半の人々はより高い賃金に支えられたより豊かな人生を求めるという事実がある限り、この図式を全面的に否定することは無意味だとも思われる。

　図4をよく眺めてみると、女子の賃金も教育達成度の程度と共に増大していくことが理解されるが、いずれの教育水準においても女子の賃金は男子の賃金の約

60％ほどでしかない。この統計的事実を目にすると、アメリカは性的差別がない社会であり、男女同一賃金が最も進んだ国ではなかったのかとアメリカという国にいささか懐疑的にさえなってくる。このように男女間に大巾な賃金格差が存在しているにもかかわらず、すでに表5を用いて明らかにしたように、アメリカでは女子の大学への進学率のその伸び率は高まり、現在では男女とも同一の進学率だと思われるほど高い。これほどまでにアメリカでは女子をして大学へとかりたてる原因は何であろうか。さらに云えることは、女子が男子並みに、いやそれよりも高い学歴を身につけることによってアメリカの労働市場における雇用形態も変わってくるかも知れない。いや変わらざるをえないであろう。そのような状態が現実のものとなったならば、広大な土地と豊富な資本と、そして量的にも質的にも豊富な労働力とが有効に組合わされたならば、今以上の生産力が増強され、アメリカの経済力は恐るべきものとなるであろう。

9-6. 労働組合とその組織率

賃金の上昇は、その国の生産力が強くなりその国のGDPが増大されれば、自然ともたらされるものであろうか。いやそんなことはない。労働に従事している個人個人が結集し、大きな力となって労働者の生活改善を求めていかなければならない。それをなしえていく手段は労働組合の結成である。つまり、個人の力は弱いけれど、団結すれば強くなる、ということを人々はよく知っている。事実、これまで強い労働組合は強いアメリカをつくってきた。強い労働組合は高い賃金を勝ち取り、労働者の生活を安定させ、それによって労働意欲を増大させ、アメリカの産業活性化に大いに貢献した、とも考えられる。しかし、一方、強い労働組合による賃金の上昇は、企業の生産コストを高めることとなり、それが価格に反映し、結局その産業の国際競争力を低下させる、という強い労働組合のネガティブな面を強調する見解もある。この面を強調する背景には、アメリカの自動車産業と鉄鋼産業に存在する強力な労働組合はそこに働く労働者の賃上げには多大な貢献をしたものの、労働者の高賃金は製品価格をつり上げることとなり、その結果、アメリカの自動車産業と鉄鋼産業の国際競争力は低下し、衰退の一途をたどる羽目になった、という事実も見逃すことはできない。

いずれにしても、近代の産業社会において労働者の権利を守り福祉を向上させ

(%)

	1983	1994
全　　体	20.1	15.5
白　　人	19.3	14.8
アフリカ系アメリカ人	27.2	20.5
ア ラ バ マ	16.9	13.9
ジョージア	11.9	8.0
テ ネ シ ー	15.1	11.9
フ ロ リ ダ	10.2	8.2
テ キ サ ス	9.7	7.0
ミ シ ガ ン	30.4	23.8
ニューヨーク	32.5	28.9
オ ハ イ オ	25.1	19.1

表 6　労働組合の組織率

資料出所：表 3 と同じ、444頁。

るために労働組合は必要な組織であるという共通の認識が世界にある。

　以上のような基本的な考えをもとにアメリカ全体と主な州別との労働組合の組織率の推移を表 6 によってみてみよう。アメリカ全体の労働組合の組織率は1983年の20.1％から1994年の15.5％とわずか10年間で 5 ％近くも減少している。15.5％の組織率では果たして組合としての体をなしているのかとさえ疑問視する傾向もある。かつて強力な組合活動によって労働者は労働者としての生活する権利を守られていた。そしてまた労働者は労働組合の組合員であることを誇りに思ったにちがいない。しかし、このような低い率によって支えられている組合は果たして本来の組合活動ができるかどうか疑問にすら思えてくる。アメリカの組合組織率と日本のそれとを比較してみると日本でも同じような低落傾向を示していることがわかる。1983年の日本の労働組合の組織率は約30％近くあったのが、1994年には約25％、そして1996年には約23％と低下の一途をたどっている。労働組合組織をもう少し遡ってみてみると1970年ではアメリカで約28％、1980年では23％であるのに対して、日本では1970年で35％、そして1980年では30％とまずまずの組織率を示していた。このように日米ともに労働組合組織率が低下してきた要因はいくつか考えられる。とりわけ、人々の間で教育水準が高くなるにつれて、現場で働く、いわゆるブルーカラー労働者より事務職・技術職といったホワイトカラ

一労働者が数の上で増大したことが大きな要因と考えられる。つまり高学歴を有する人々は組織的に行動するよりも個人の意志で行動することをより好む傾向にあり、これが労働組合の組織率を大きく低下させていると考えられる。勿論、もっとも基本的な要因は、それぞれの国の経済水準が上昇するにつれて労働者の生活水準も上昇し、組合に加入して賃上げ交渉をしなくとも経済的に充分満ち足りている、という理由も存在する。組合自体にとってこれほど矛盾したことはない。労働者のために団結し、高賃金を獲得したのに、一旦生活が楽になると、組合費の値上げ、とか、団交へ出席せよ、とか、組合のリーダーになれ、といった組織の規律を嫌って組合を去っていく。そして組合はますます弱体していく。組合にとってこれは自分で自分の首を絞めるようなものであるようだ。

　以上述べたことは表6によって現実の問題として示されている。第一に、白人とアフリカ系アメリカ人との間の組合組織率に歴然と差がある。このことは白人の方がアフリカ系アメリカ人よりも一般的に教育達成度も高く、そして生活水準も高い。したがって白人の労働者はホワイトカラーの職につく率が高く、アフリカ系アメリカ人はブルーカラーの職につく率が高い。そこで白人の労働者の組合への加入率は低く、アフリカ系アメリカ人の労働組合への加入率は高い、と考えられる。

　次に、主な州別の組合組織率の大小を表6によって見てみよう。アラバマ、ジョージア、テネシーはいわゆる深南部（Deep South）と呼ばれる地域内にある州であり、カリフォルニア、ミシガン、ニューヨーク、フロリダ、そしてテキサスはアメリカにおける経済的に発展している州だと思われている。さて、深南部諸州の組合組織率と経済的に進んでいる諸州の組合組織率との間に大きな格差があることがわかる。一方、テキサス、フロリダそして深南部をも含んだ地域をサンベルト（太陽が輝く地帯）とも呼ばれている。テキサスはアラスカに次いで広大な州であるが、石油、医療、精密と多くの産業を抱えている経済的に進んだ地域であるが、労働組合の組織率は極めて低い州である。さて、問題はなぜテキサスとフロリダを含むサンベルトの組合組織率は低いのであろうか。サンベルトは南部ということもあって歴史的にアフリカ系アメリカ人の全人口に占める割合が高い地域であり、したがって生活水準は他地域に比べて低いはずである。本来、このような地域にあっては労働組合の組織率は高くなくてはならない。にもかか

わらず低いのはなぜであろうか。

　この問いに答えてくれる事実は案外なんでもないようなところに見い出せる。それは、深南部を含むサンベルトは別名をバイブルベルト（宗教地帯）とも呼ばれ、そこに住む人々の神に対する信仰は極めて深いものがある。南部に住む人々は今日平和に生きているのは神の思召しであり、神の御加護によって生かされているという考えを心に持っており、組合に入って自分が生きるのに必要以上に要求することは一種の悪である、と考えがちかも知れない。このように深い宗教に根ざした日常生活の哲学によって、南部の人々の考えは保守的であるとも考えられる。したがって南部において労働組合の組織率も低い、とも思われる。

　労働組合の大きな組織力を嫌う企業は、このようなサンベルトへの進出を選択する傾向が強くなった。1980年代の後半より進展した急速な円高によって対米輸出の縮少を余儀なくされた日本企業は、対米貿易摩擦を避けるために日本企業は企業経営の安定化を求めて労働組合の組織率が低いサンベルトへと進出していったのも事実である。

9-7. おわりに

　この章を終わるのにあたってアメリカ人の労働に対する考え方を見てみたい。「日本人は働きバチみたいに働くが、アメリカ人は自己中心的であり、余り勤労意欲がない」という言葉を耳にすることが度々ある。しかし、これほど誤った考え方もない。たしかに、アメリカの労働者は日本の労働者に比べて自己の満足のいく仕事を求める度合いは高い。通産省が行った労働者の意識調査によると、アメリカの労働者が自己の満足のいく仕事を求める度合いは40％以上であり、日本は15％でしかない[4]。つまり、日本の労働者の多くはいまだに自己を犠牲に全体のために働く、という考え方を持っているのかも知れない。これを研究者は、日本の労働者は協調性により富み、これが生産活動に有効に作用し、日本経済水準上昇の大きな要因である、と説くこともある。この協調性は、経営学で論じられる日本経営の大きな特徴である「和」というものの源泉とも考えられる。このような特徴を持つ日本の労働者はチームとして作業するのに得意であり、個人の利

---

[4]　通商産業省産業政策局編『日米企業行動比較』（日本能率協会、1989年1月）40頁。

益を優先するアメリカの労働者はチームとして作業するのにふさわしくない、ということもしばしば耳にする。だとすると、日本の企業がかくも多くアメリカへ進出し、それが円高対策にしろ、日米貿易摩擦を回避する目的にしろ、アメリカでアメリカ人の労働者を雇い、生産活動を活発化させているという事実は何によって説明されるのであろうか。日本企業がこぞってアメリカへ進出していくという現実は、アメリカの労働者は労働者として協調性に富み企業に貢献することを目的として働くことの証明となるであろう。

　アメリカの労働者の労働に対する倫理はいまなお健在である、とアメリカ人がアメリカという大国をつくりあげてきたのは工場や、畑や、事務所で額に汗して懸命に働く労働者達だと説く研究者もいる[5]。アメリカ人は、余暇を求めてますます労働を嫌うようになるとかつて社会学者などによって論じられたこともあった。だがしかし、現在のアメリカの労働者は世界でも、もっとも労働に忠実に従事するようになり、長時間労働にも従事する勤勉な労働者となった、とも見られている。いまこの事実を裏付けるような統計資料がある。1995年における製造業生産労働者の年間総労働時間は、日本が1975時間であるのに対して、アメリカは1985時間で、アメリカの方が10時間も長いのである[6]。この2国に限って労働時間の内訳を見ると、日本の所定内容労働時間は、1823時間で、所定外労働時間は152時間であるのに対してアメリカの所定内労働時間は1752時間であり、所定外労働時間は234時間である。この所定外労働時間とは、いわゆる残業のことであり、アメリカ人は夕方5時になるとさっさと帰ってしまう、という話はこの数字からするととても容易に信じられない。研究者は、アメリカ人の多くが、仕事を減らしてまで余暇時間の拡大を選択しなかったのは、自分の仕事が好きだというのが大きな理由だ、とも述べている。アメリカでは85％以上の労働者がいまの仕事に満足しているという結果もある。さらにアメリカ人労働者の90％近くは勤勉を重視しており、80％近くの人々が仕事に最善を尽くすことが精神的に必要だと信じている、という調査結果もある[7]。

　5）　セイモア・マーティン・リプセット『労働倫理いまなお健在』トレンズ（*TRENDS*）、Vol. 21、No. 4、1991年1月、15-19頁。
　6）　労働省編『労働白書　平成9年版』（日本労働研究機構刊、平成9年6月）58頁。
　7）　セイモア・マーティン・リプセット、前掲書、17頁。

労働に対する勤勉こそ日本人の支柱であるというのが日本人の国民性であった。だが、この国民性はいまでは案外アメリカ人の労働者の中に見い出されるのかも知れない。

　どんなに多量に資本があろうとも、どんなに優秀な機械が設置されていようとも、それらを利用し、使用するのは人間であるという事実を鑑みれば、労働に対する勤勉性こそがその国を繁栄させる大きな要因であるということを本章を終えるにあたっての結論にしたい。

―― 〈留学と英語〉 ――

「英語」は本当に難しい。大学4年生のときアメリカへ勉強に行った当初、よくアメリカの人々からたずねられた、どれぐらい英語を学んだのか、と。私の英語を認めてそういう質問をしたのではない。事実はまったくその逆であった。こんなに英語ができないのによくもアメリカの大学へ勉強に来たものだ、という顔をしてそんな質問を幾度となくされた。私はその都度何と返事したものかととまどった。中学から高校、そして大学にかけて、もう9年も学んでいる。ヨーロッパ人がそんなに長く外国語を学んでいれば母国語ぐらいにペラペラになるはずである。私は9年間などととても恥かしくて云えなかった。

私は大学の学部の4年生のときロータリークラブの交換学生として渡米して以来、大学院へかけてアメリカで学び、アメリカを行ったり来たりしている。しかしいつまでたっても英語をペラペラと話せない。自分自身語学の才のない身を悲しいと思ったり、恥かしいと思ったりしている。

アメリカへ留学し、大学を卒業したり、修士号や博士号を取ったりするのに英語の能力が決め手になることは間違いない。しかし、英語を母国語のように流暢に話すことは必ずしも必要でない。私のささやかな経験をもとにのべれば、英語を使ってアメリカで勉学する場合、もっとも必要なことはまず英語を読んで書く能力である。その次に話す能力を必要とする、とも思われる。この3つのうちで必要性の度合は、読む＝4、書く＝4、話す＝2、という数字のように思われる。つまりアメリカの大学で授業を受け、ターム・ペーパーを提出し、試験を受けて合格していくためにはどうしても英語の書物をすばやく読み、勉強したことを解答用紙に書くという能力が何にもまして必要になってくる。そのためには朝から晩まで図書館にこもるということを余儀なくされる。このような生活をしていると英語を話す機会が少なくなり、ついに話す能力は上達しないことになる。私の日本からの留学仲間で成績はずば抜けているのに、話すのはもう一つという人がいた。それでも学問的に高い評価を受け、アメリカ人からも尊敬されていた。

それにしても英語は難しい。なんとか英語の能力を高めたいと念じつつ英語の書物と取組んでいる。英語の書物を読むのも職業の一部であることを知りながらも。

(岡地勝二)

10. アメリカの科学技術

10-1. はじめに

「現代におけるアメリカの科学技術とは？」と問われて、私たちはどんな答を持っているでしょう。「世界で最初に原子爆弾を開発した科学技術」、「巨大科学そのもの」[1]、「10年後の日本の科学技術を知るときに、10年前にその技術を普及させていた国の科学技術」等、どれも部分的には納得出来る答のように思います。しかし、最初の問にもう少し具体的に答えるためには、現代の科学が地球上のあらゆる国で同様の評価をうけえる普遍的な学問として認知されながら、社会、文化に根ざした固有のscienceとしてもまた存在しているという事実を理解する事が大切です。アメリカを語るとき、民族の多様性、文化の坩堝、といった言葉の中に、「科学技術」という言葉がどう位置付けられ、社会的にどのような認知をうけているのかを紹介し、「現代におけるアメリカの科学技術とは」という問に迫ってみましょう。

10-2. 現代アメリカ科学の特色

まず、アメリカの現代「科学技術」の特徴を考えてみます。

現代のアメリカ科学は、アメリカ資本主義と歩調を共にして発展してきており、そのためscienceという英語が、日本で言う「科学」に直訳できない複雑さが含まれています。特に、「応用科学」、「基礎科学」というはっきりした区別は、医学の分野を含む多くのアメリカの科学分野では不可能です。この意味では、現代のアメリカ科学は、「科学」と「技術」が一体化しているとも言えるのです。

また、アメリカの「科学技術」がアメリカの社会、文化のなかで育まれ、現在までの形を成してきた事実を理解することが必要です。つまり、アメリカ社会、

---

1) D・プライス（島尾永康訳）『リトル・サイエンス、ビッグ・サイエンス』（創元社、1970年）。

アメリカ文化の維持を担う「科学技術」としても、アメリカ科学は存在するということです。

　第二次世界大戦中に、原子爆弾の開発に携わったジェラードの率いるハンガリアン・コネクションの、当時のアメリカ政府に対する働きかけが示している様に、新しい研究提案を理解させ、それを発展、そして継続させるためには、それを支える科学者の確保、研究費の維持、捻出(ねんしゅつ)が大きな問題となります[2]。何れにしても、資金調達がまず求められ、どのようなスポンサーが、ある「科学技術の研究・開発を支援してくれるのか」を見定めることがまず最初です。アメリカ政府、大企業、あるいは大富豪がプロジェクトをサポートし、資金提供を確約してくれるのなら、最も安定したサポート体制を獲得した事になります。巨大な研究資金でサポートされているアメリカ科学は、多くの場合、研究成果が販売可能である商品に結びつく事を最終的には目指しています。そのために、同様の研究をしているグループでは、自然に競争原理が働き、より精度の高い、しかも信頼性のおける結果が期待されるようになります。

　しかし一方では、19世紀に海洋生物学の総本山、Marine Biological Laboratory (MBL、ウッズホール海洋生物学研究所)[3] が、当時のアメリカの良識を代表する科学者たちと民間人の資金提供により、生物学、基礎科学、及び自国の文化発展のためにマサチューセッツ州の南東部ケープコッド岬にある Woods Hole に創設され、現在でもアメリカの「基礎科学」の殿堂として世界的な評価をうけているという部分も同じアメリカにはあるということも事実です。この研究所に隣接したアメリカ商務省 NOAA (National Oceanic and Atmosphere Administration) は、氷山に衝突し、大西洋に沈没したあのタイタニック号の発見と、その海中での映像公開に貢献し、世界中にその存在が知られるようになりました。実はこの巨大な国立研究機関では、ハリケーン発生予測、エルニーニョ現象の研究、また衛星を利用した地球温暖化の見張り役まで、地球規模での研究データを世界中に提供しています[4]。

---

2)　J・ウィルソン編（中村誠太郎・奥地幹雄訳）『われらの時代に起こったこと―原爆開発と12人の科学者』（岩波書店、1979年）。
3)　http://www.mbl.edu/
4)　http://www.noaa.gov/

また、アメリカ科学を語るとき、科学の「巨大化」という言葉がその代名詞のように理解されがちです。豊かな財源を研究開発に投入し続けた冷戦の時代も含め、核物理／原子力関係や宇宙開発といった科学分野を象徴したこの言葉の響きがアメリカ国民の国威発揚を促したのかも知れません。しかし、アメリカの現代科学は、潤沢(じゅんたく)な研究資金と有能な研究者の集団によって結果として成就(じょうじゅ)された「巨大科学」であるということを充分に認識することが、現代アメリカ科学を理解するうえで、とても重要です。

10-3. 現代アメリカ科学を生み出した、アメリカ科学の発展

　現代アメリカ科学をさらに深く理解するために、アメリカ建国より、今日にいたるまでのアメリカの科学の発展を考えて見ましょう。技術（technology）という言葉は、1828年にハーヴァード大学医学部教授のビゲローにより、提唱され、当時の鉄道の発達と普及にともない、一般に定着していきました。このときビゲローは、「科学と人知の融合こそが産業社会を象徴している。」と述べています。さらに、アメリカでの科学と技術の融合の歴史を考えるうえで、アメリカ各地で開催された、世界博覧会（World's Fair）が大いに参考になります。1876年のフィラデルフィア100周年記念で代表される様に、電気が展示の中心になる時代が、1915年ごろまで続きました。特に、夜景を意識した街の照明の凝り様は、五大湖に近い大都市、シカゴ、バッファロー、セントルイスなどを中心に人々の感動を誘った様です。しかし大恐慌のもとで、1939-1940年の2年間にわたり開催されたニューヨーク世界博覧会は、これまでの博覧会のあり方を一新する事になりました。これまで主流だった完成された製品の販売のほかに、その製品の開発意図をはじめ、今後の開発計画等の将来的な展望を含めた、大衆への教育という意図が全面に打ち出されていました。期間中、4500万人の人々がニューヨーク世界博覧会会場に訪れたそうです。その後のアメリカ科学は、原子爆弾の開発、宇宙開発競争へと続きます。また、1970年代にはいり、ニクソン大統領の時代にはじまった国をあげての「ガン制圧への挑戦」（ガン戦争）にはアメリカ国家の威信をかける毅然(きぜん)としたフロンティア・スピリットを感じることが出来ます[5]。そして、

---

5) 米本昌平『先端医療革命』（中公新書、1988年）。

その挑戦は現在も続いています。こうしたアメリカ科学の1960年代までの大きな流れを、ここでは6つの時期に分けて紹介します。

10-3-1. アメリカ建国から19世紀まで

一般には、17世紀を"科学革命"という名のもとに近代科学の成立の世紀とすることができます。しかし、科学が職業化し、科学者が社会でその地位を確立する様になったのは、実際には19世紀です。アメリカでは、科学普及と科学者の社会的地位の向上を目的とする科学教育活動の母体として、AAAS (American Association for the Advancement of Science)[6] が、1848年に創設されています。AAASは現在でも世界をリードする科学者の集団で、Scienceという科学雑誌を発行しています。また19世紀の後半には、ドイツの大学をモデルに、ハーヴァード大学（1872年）[7] で大学院制度の導入が有りました。また、これより少し早く（1865年）マサチューセッツ工科大学（MIT）[8] が設立され、ボストンを中心にアメリカ科学の大きな基盤が出来始めたのです。

10-3-2. 第一次世界大戦まで（-1913年）

19世紀末になると、科学教育、研究とは別に、科学技術に対する社会的な必要性の面からの技術競争が顕著（けんちょ）になってきました。当時のアメリカ科学は、技術競争と産業問題の狭間（はざま）を経験し始めたのです。この時期、アメリカの国政（フロンティア開発）も有り、政府による測量事業や、より実利的な学問分野（気象学、地球物理学など）が登場してきました。また、この時期に、カーネギー（1902年）、ロックフェラー（1913年）などの財団が誕生しており、アメリカ科学が、時のアメリカ連邦政府を介在することなく社会に溶け込んで行った様子をみることができます。

アメリカの自動車産業を代表するフォード社[9] もこの時期に誕生しています。1912-1913年に、H・フォードにより、フォード社に導入された assembly line

---

6) http://www.sciencemag.org/
7) http://www.harvard.edu/
8) http://www.mit.edu/
9) http://www.ford.com/

（組み立てライン）という発想は、現代アメリカ科学を考えるとき、科学的な思考と技術がうまく一体化した典型的な例として取りあげることが出来るでしょう。つまり、科学研究の大部分が、多くの不確定要素を含みながらも試みる、ということから離れ、誰にでも間違いなく同じ品質の生産物を、同じ時間で、同じ量だけ作ることが可能である、という一定のやり方に従った機械的処理の占める部分が大きくなり始めたのです。この頃からはっきりと「科学」と「技術」は、思考の上でも、実際面でも「科学技術」として社会的に認識され始めた様に思います。その頃のフォードの工場の一日の見学者は3000人にもおよび、アメリカの観光地の代名詞であるナイアガラの滝と並び賞せられるほどでした。

10-3-3. 第一次世界大戦から第二次世界大戦まで（-1945年）

南北戦争時代に議会により創設されたアメリカ科学アカデミー（National Academy of Sciences, NAS, 1863年）[10]、第一次大戦中にNASの後ろ盾で創設されたアメリカ研究評議会（National Research Council, NRC, 1916年）のどちらの科学者の集団も、当時のアメリカ連邦政府との間で、ほとんど意志の疎通がありませんでした。科学アカデミーの主旨の中には、科学及び芸術の分野での、政府のいかなる機関の要請にたいしても、調査、試験および実験をしなければならないという項目があったものの、NRCに持ち込まれた訴えはほとんどなかったといいます。個人の軍事サービス機関からの技術的なアドバイスがほんのわずか持ち込まれるほかは、第一次世界大戦での科学の部分的な活用のための質問があったくらいで、科学者からの技術的なアドバイスはなされなかったようです。また、当時のアメリカ連邦政府からもそれを積極的には求められなかったようです。こうした事情の中で、第一次世界大戦修了後に、アメリカの科学を支えていたのは、アメリカ産業界でした。研究開発費の70％ほどを支出しており、「実用研究」は勿論の事、シカゴ郊外にあった民間のベル研究所[11]などでは高度な「基礎研究」もなされていました。この状況がゆっくり変わり始めたのは、大恐慌が始まってからです。

1933年にアメリカ大統領に就任したローズヴェルトは、農務長官のウォレスの

---

10) http://www.pnas.org/
11) http://www.bell-atl.com/

要請で科学諮問委員会（Science Advisory Board、SAB）を設立しました。ウォレスはアメリカ中西部の一大農業州アイオワ出身で、科学が農業の進歩と天気を予測出来るために利用できればというのが着眼点でした。しかしこのSABは半ば私的な団体であり、事実ロックフェラー財団からの資金援助を1935年まで受けており、その時になってニューディール政策の一環として政府の機関としてはじめて認められました。しかしここでも、アメリカ科学は実用に供するための応用を強調するという主旨は一貫していたのです。こうしてアメリカ科学とアメリカ連邦政府の連帯が始まったとはいっても、「基礎研究」と「実学のための科学」との間には考え方の大きな溝がありました。しかし、第二次世界大戦の勃発とヒトラーの出現が、現代アメリカ科学を大きく変えることになります。この時期、アメリカ産業界は科学技術開発に多大な研究投資をしており、そのために多くの科学研究の中枢部分がヨーロッパからアメリカへ移りました[12]。またナチスドイツの台頭も、この動きに拍車をかけました。ビタミンCの生理機能に係わる研究で、1937年にノーベル生理学医学賞を受賞したセントジョルジ【写真1】、原子爆弾の開発に携わったシラード、アインシュタイン【写真2】もその中に含まれています。シラードは、アメリカ連邦政府にたいして、台頭してきたナチスドイツが原子爆弾を開発するまえに、アメリカが世界最初の原子爆弾所有国になるべきだとアメリカ連邦政府の説得につとめ、やがて原爆開発の指導者の一人となります。原子物理学者であったシラードは、ドイツで核融合に関する独自の考えを証明するために、共同研究者と研究資金の提供者を探していました。しかし、ヒトラーがシラード自説の核融合研究にたいして研究資金、環境の提供を認めなかったので、戦局の悪くなったナチスから逃れ、アメリカへ渡ったのです。アメリカへ移住後、かれらの提唱するプロジェクトに対して、アメリカ連邦政府としての積極的な援助を要請する様々なロビー活動を展開しました。科学者の集団が、政府に対してこのようなロビー活動を繰り広げたのは、これまでのアメリカの歴史の中で、科学者も政府も経験するはじめての事でした。原子爆弾の開発製造とはいっても、それを支える理論的な基礎研究が必要であり、原子爆弾の誕生も科学の一産物に過ぎないという考え方がアメリカ連邦政府への科学者たちの軍事兵

---

[12] シラード、ワイナー、フレミング他（広重　徹・渡辺　格・恒藤敏彦訳）『亡命の現代史3　自然科学者』（みすず書房、1972年）。

写真1　セントジョルジ　　　写真2　アインシュタイン

器製造への積極的な関与となって現れ、多くの有能な研究者がこの計画の実現のためにだけ集められました。この間、科学者としてすでに世界的な名声を獲得していたアインシュタインが果たした役割は大きく、アメリカ大統領ローズヴェルトへ、原爆開発の決断を促す手紙を送っています。こうしてマンハッタン計画が動き出したのです。その後、1945年6月、アメリカのロスアラモス研究所[13]で、世界最初の原子爆弾が完成しました。

10-3-4. 第二次世界大戦から核兵器廃絶声明まで（-1957年）

　原子爆弾開発で象徴される様に、第一次世界大戦を通して、科学技術がアメリカ社会の仕組みの中へ一つの制度として確立されていきました。戦後の平和経済への移行に際しての再建計画の中にも、科学技術の貢献度が色濃く反映されています。1945年、日本の広島、長崎への原爆投下、そして第二次世界大戦の終結は、アメリカ連邦政府の科学分野を扱うための委員会、財団の設立などに大きな影響

---

13) http://www.lan1.gov/external/

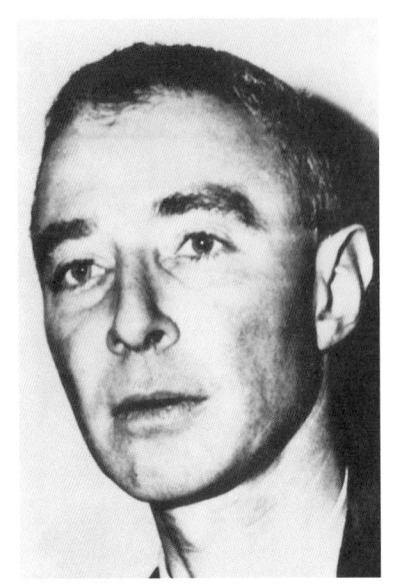

写真3　オッペンハイマー　　　　　　　　写真4　湯川秀樹

を与えました。この巨大なパワーをアメリカ科学でどう位置付け、今後どのように発展させていくのか誰もが注目していました。

　そのような科学者の中に、原爆開発に携わりながら日本の広島への原爆投下にたいしてアメリカ連邦政府に真っ向から反対し、その後の被爆の様子に大きく心を動かされ、科学者としての良心と信念が大きく揺らぎ始めたアインシュタインとオッペンハイマー【写真3】は、現代アメリカ科学の頭脳と良心の両方を代表する科学者で、後に積極的な平和運動へと動き始める事になります。1950年、トルーマン大統領により設立されたアメリカ科学財団（National Science Foundation, NSF)[14] は、1944年にローズヴェルト大統領が戦後のアメリカ科学を集約するために発案されたものです。そこでは、戦時中に得られた科学的な知識を、商品化し、同時に得られた知識の医学研究への応用をめざすものでした。しかし、科学技術を背景に戦後東西の対立は一段とエスカレートしていきました。原爆、水爆の開発競争の激化が進み、世界は一触即発の危機に直面する事になりました。

---

14)　http://www.nsf.gov/

こうした中で、バートランド・ラッセル、アインシュタインが中心となり、一切の核兵器使用禁止を要求する「ストックホルム・アピール」に世界中から5億人を越える署名が寄せられたのは1950年のことでした。その後1955年には、「ラッセル＝アインシュタイン宣言」（核兵器廃絶声明）が出され、世界の科学者が彼らの呼びかけに一つの平和運動組織として動き出しました。さらに、1957年には二人の呼びかけで、カナダのパッグウオッシュというところで世界の物理学者を集めて、会議（Pugwash Conference）[15]が開催され、その後世界各地で同名の会議が開催されています。日本の湯川秀樹【写真4】、朝永振一郎もこの会議のメンバーでした。

10-3-5. 科学振興の時代へ（-1965年）

1951年にトルーマン大統領のもとで設立されたアメリカ大統領科学諮問委員会（President's Science Advisory Committee, PSAC）は、アメリカ軍部とは別の立場から、アメリカの科学技術についての見解を時代に則した立場で求められる事を目的として発足しました。しかし、1957年にソ連のスプートニクが打ち上げられ、アイゼンハワー大統領により、はじめて大統領直属の委員会と認定されるまでは、アメリカ連邦政府はPSACにわずかな興味を示すだけでした。しかし、1957年以降、大統領が変わる度に委員会は人選が行われ、この委員会の議長は、アメリカ科学技術開発、科学教育の動向に強大な影響力を及ぼす事になりました。1960年までのソ連との核弾頭ミサイルの開発競争は、アメリカ連邦政府を疲労の極致に陥れる事になりました。1961年にケネディ大統領が、マサチューセッツ工科大学（MIT）教授のワイズナーをPSACの議長に委嘱し、PSACからは、宇宙開発事業の推進（アポロ計画）、人の健康と環境問題（特に、特殊な農薬にたいする使用の規制）などに取り組む提案が成され、PSACがアメリカ科学に果たす役割と、PSACと政治との関係へ一線を画す試みが成されるようになりました。この頃、ケネディ大統領とワイズナーは、アメリカの永続的な核実験中止を考えていたのですが、軍部の協力を得る事は出来ませんでした。

　ケネディ大統領が暗殺され、その後をうけたジョンソン大統領の科学にたいす

---

15) http://www.pugwash.org/

る認識は、ケネディ大統領とは全く異なるものでした。科学に対して、生来自然な興味を有していたケネディ大統領は、科学者と話す事で自らがリラックスできたことも度々でした。1964年、ジョンソン大統領は、後にハーヴァード大学教授となったホーニングをPSACの議長に任命しました。ところがテキサス州出身のジョンソン大統領は、生涯"ハーヴァード出の専門家たちの知的集団"を鼻もちのならない、信用することが出来ない人間と決めていたのです。こうしたジョンソン大統領の科学認識（"what science could do for grandma"）にたいして、PSACは組織の存続をかけて、より身近なことを科学がどのように実現可能にしうるのかを示すことになりました。核エネルギーを利用した潅漑用水の脱塩、あるいは地震の予測に関する研究のようなものでした。1965年になり、アメリカはヴェトナム戦争に本格的に参戦し、北ヴェトナムへの攻撃を開始したのです。

10-3-6. 変貌するアメリカ科学（-1969年）

　1966年になるとヴェトナム戦争は激化の一途をたどり始めました。多くの科学者は、ジョンソン大統領のヴェトナム戦争継続にたいして、早くから疑問を抱き、警告を発しはじめました。しかし、この時点でもPSACは依然としてヴェトナム戦争を科学技術の面で支援し続けており、軍事面からの航空機開発、対潜水艦戦略、そして生物化学兵器と協議される事になりました。しかし科学者が政府のヴェトナム戦争に積極的に参加することには、特にPSACに加わっていない、ホーニングの研究仲間から大きな非難が起こり初めました。1966年1月、29人のボストンの大学の科学者が、アメリカ連邦政府のヴェトナムでの穀物破壊の化学物質使用に抗議して、署名をしました。その間、アメリカのヴェトナム戦略を積極的に協議の対象としてきたPSACにとっても転機が訪れました。PSACの力によりヴェトナム戦争に勝利を呼び込ことを標榜して何度も会議を重ねてきたのですが、戦争が長期化の様相を呈し初め、ある会議では「科学技術は政治的、経済的な国家の成長に貢献することは出来るが、効率的な政府組織、あるいは政治計画の代りを務めることは出来ない。」と結論することにもなりました。こうした科学者たちのヴェトナム戦争批判をジョンソン大統領は、苦々しく思っていましたが、その声は年々大きくなり、やがてはパリで和平会談が始まることになりました。このころから、その時代の科学技術の応用に対して、科学者側から社

会への問題提起がなされ、それを受容する側の姿勢を問う動きがはっきりと見えてきました。また1969年には、現在のインターネットの最初の実験がアメリカ国防省の研究機関で始まりました。当初は複雑な数値計算のために利用されていたコンピュータでした。その中で、実際にコンピュータを動かすためのプログラムを作成していたコンピュータ科学者たちが、プログラム作業上での横の繋がりをネットワーク上で模索していたのがコンピュータ通信の始まりのようです。

10-4. 科学との共存と調和を模索するアメリカ社会 (1970-)

　アメリカの現代科学技術を考える上で、忘れてはならないことの一つは、この国が世界一豊かな科学研究開発予算を誇っているという事実です。1957年のスプートニック・ショック後、その支出額は毎年大幅に増額の一途を辿っていました。しかし、それ以降は目立って減少の様相を呈しはじめています。これは、前章で触れたヴェトナム戦争に積極的に参戦をはじめたアメリカ連邦政府の科学政策が、大きく変更されたことを意味しています。さらに、これまでアメリカ科学の主流だった実用性を重んじた工学系の科学から、生物・環境への科学重視という方針が打ち出されました。こうして1970年代から現在に至るまでのアメリカ科学は、19世紀に始まった科学的な興味を満足させるための「純粋基礎科学」でもなく、またそれまで主流だった「産業化に直結した科学」としての「巨大科学」の実現だけを目指すものでもありません。アメリカ大衆と先端科学技術を共有できる、「人間を意識した科学」の誕生です。

　この時期のアメリカ科学の意識の変貌は、1962年に出版されたDDT汚染を告発した「沈黙の春」(*Silent Spring*)[16]などからすでに予測されていたように思います。1970年4月、カリフォルニアの市民運動家、デニス・ヘイズの呼びかけでスタートした地球環境保護の市民運動「地球の日」は、アメリカ全土で2500万人の参加者を集め、同じ年にアメリカ環境保護局 (Environmental Protection Agency, EPA) が設立されるきっかけをつくりだしたのです[17]。これらの環境問題を取り上げた市民への問いかけが、多くのアメリカ人の目を、単に技術だけではなく、総合的な理念を持った科学技術のあり方そのものに向けさせることに

---

16) R・カーソン（青樹梁一訳）『沈黙の春―生と死の妙薬』（新潮文庫、1974年）。
17) 岡島成行『アメリカ環境保護運動』（岩波新書、1990年）。

なりました。こうして、現代アメリカ科学は、ヴェトナム戦争で使用された枯れ葉剤を初めとする化学・生物兵器が、子供を含む次の世代に及ぼす影響、あるいは環境汚染による健康への影響など、科学技術の発展と利用によるマイナス面の予測と対処法としての技術開発としても社会的に広く認められ始めました。

また、1930年に設立された国立衛生研究所（National Institute of Health, NIH）[18]は、アメリカ医学研究開発のリーダーとしての役割を果たしています。1975年ごろから活発になったアメリカのバイオテクノロジー、医学研究開発に、NIHは巨大な研究資金提供と将来的な研究参画への指導力を発揮し、遺伝子組み替え実験をはじめとする医学・遺伝子工学の研究開発に深く関わっています。また、現代アメリカ科学技術を考える上で原子力と科学の関わりを忘れてはなりません。大量消費がことさら問題にならなかった時代は終焉し、限られた資源の有効利用を如何に賢く選択するのかが人類の存亡をかけた正しい科学的事実認識であることをアメリカ大衆は感じています。物質的な豊かさを作りあげた20世紀のアメリカ科学は、人間の存在すらも脅かす「環境ホルモン」[19]を生みだすことにもなりました。情報ハイウェィー、生命倫理、脳科学、環境科学など、人間の知的好奇心と「生命」が関わる科学が広く人々の心を捕らえているのもこの時代の大きな特色です。21世紀初頭のアメリカ科学が、より人間サイドの科学技術に発展し、大衆が現状の把握と今後の展望をどのように考えているのか、最後にまとめてみます。

10-4-1. バイオテクノロジーの時代

アメリカのバイオテクノロジーの発展にとって基礎研究を継続するためのアメリカ連邦政府からの研究資金援助は不可欠なものでした。現在では基礎研究に関して、強大でありかつ多様な分野を網羅していますが、その基盤は第二次世界大戦中に設立された科学研究開発局（Office of Scientific Research and Development, OSRD）によって作られました。その後、1930年に国立衛生研究所（NIH）が設立され、OSRDの医学研究委員会を引き継ぎ今日のNIHを築いた

---

18) http://www.nih.gov/
19) D・キャドパリー（古草秀子訳）『メス化する自然―環境ホルモン汚染の恐怖』（集英社、1998年）.

のです。1957年にソ連が世界初の人工衛星スプートニクを打ち上げると、それに刺激されてアメリカは研究開発投資を急速に増加させます。1953年にイギリスで、ワトソン・クリックによるDNAの二重ラセン構造が発表されたころから、1967年までの増加率はおよそ400％以上で、この年の研究開発支出は国全体の62％も占めていました。しかしこの年を境にアメリカ科学への基礎研究支出は減少を続けることになりました。しかしアメリカ連邦政府の研究資金供給の停滞があったとしても、その絶対額は巨大で、これが近年のバイオテクノロジー発展の基盤を作ったことに疑う余地はありません。これまでの長期間におよぶ基礎研究にたいする投資が、医学分野を中心にアメリカ科学を20世紀の覇者に押し上げたのです。

　1971年ニクソン大統領によって、対ガン戦争が布告され、巨大な研究費がガン研究に投入されました。このガン研究の推進が、動物に腫瘍を発生させるガンウイルスの研究を盛んにしました。SV40ウイルスというこのガンウイルスの染色体上での位置（座位）を特定するための研究が盛んになりました。しかし、このウイルスは、遺伝子地図を従来の方法で作るためには、扱いが難しく、そのために細菌の生産する制限酵素（DNAをある特定の場所で切断する酵素）が導入されました。こうして制限酵素を利用したゲノム全体（ある生物の完全な遺伝子群）の遺伝子地図がSV40ウイルスのDNAで最初に完成したのです。制限酵素の導入という画期的な試みは、もともとガン研究を推進するための道具としての選択でした。しかしこの技術は遺伝子工学（クローン技術）研究の中枢へと発展して行きました。バイオテクノロジー分野へのアメリカ連邦政府の財政措置は、技術革新を目指して急速に動いているこの分野での基礎研究（ガン、DNA組換え技術、免疫機能の解明、脳神経生物学など）と、その応用研究で世界をリードするアメリカを意識しています。これらの遺伝子工学は農業へも応用され、遺伝子組み替えで誕生した"フレーバー・セーバ"というトマトは、アメリカ・バイオテクノロジーの生んだ傑作の一つです。日本でも"桃太郎"というトマトがよく知られていますが、これは長い年月をかけて人工的に交配を繰り返し誕生させたものです。農産物に関連した遺伝子工学は、米の遺伝子組み替え技術にも応用され、遺伝子組み替えを受け、その技術製法を特許によって保護されている新種の米がアメリカで生まれています。今後、DNA組み替えの技術は医学を含めた様々な分野で広く利用されることになるでしょう。しかし、一方ではそれらの持

つ潜在的なリスクの監視を科学者、市民が一体となり検証しているという面も同時に存在しています。また研究者の数、総額の予算でも破格の企画として現在進行中のヒトゲノム解読プロジェクトも、最近その概要が紹介され、ヒトゲノムの全貌が紹介されるのも間近でしょう。こうした流れのなかで、人と科学の関わりが、さりげなく、しかも身近に識論されるようになったことも、近年のアメリカ科学と社会が接近したことの特徴的なあらわれでしょう。

10-4-2. 原子力＝巨大科学の落とし穴

　第二次世界大戦後、"原子力の利用"がアメリカ連邦政府の大きなプロジェクトとして動きだしました。エネルギー獲得の手段としての原子力発電の開発が進む中、1950年代にすでに原発建設に反対する運動が始まっていました[20]。この反対運動は、1973年の「オイルショック」以降に推進された原子力発電所の建設に対して、猛然と火の手をあげたのです。1976年、1977年のアメリカ全土での原発建設反対運動は、これまでの環境保護という点からのエコロジー運動と、ヴェトナム戦争にたいする反戦反核兵器運動が一つの平和の輪を形成した結果でした。この運動は、カーター大統領の政策に大きな影響を与えることになりました。それは、巨大な核エネルギーにかわる、人間と自然環境に優しい、自然を利用した「ソフト・エネルギー」への転換を要求していたのです。1979年にペンシルヴァニア州スリーマイル島原発の事故、核廃棄物の処理問題など科学が大衆にその安全性、無害性を説明出来ない問題が次々と表面に出てきたことも事実でした。

　更に、もともとアメリカで行われ、日本が大きな興味を示している二つの原子物理学の例を考えて見ます。1989年に発表された室温核融合研究に関する発表は、世界の常識を一挙に覆すものでした。「重水を電気分解したところ、大量の過剰熱が発生した。これは、核融合に間違いない。」というのが、最初にこの報告をしたイギリスとアメリカの2人の科学者でした。しかし、この論文発表以降、同じ結果を得ることが出来たという報告は、現在に至るまでありません。この研究に、日本政府が巨額の研究費を投入していることはあまり知られていませんが、1997年を最後にこのプロジェクトは日本政府からも研究援助を受けなくなる事に

---

20) 高木仁三郎『科学は変わる－巨大科学への批判－』（教養文庫、1987年）。

なりました。同じ1989年、テキサス州ダラス市近郊に超伝導超大型粒子加速器SSC建設が開始されました。SSCは、その円周が85kmの地下リングで、そのなかの二つのパイプで超伝導磁石によって陽子を二つの方向に加速し、光速に近い速度で衝突させようというものです。その衝突によって放出される莫大(ばくだい)なエネルギーから、物資の基本構造とビックバン直後のできごとをより深く理解できるという期待で始まった研究計画でした。地下60mに設計された加速器トンネルは、15kmが掘られた時点で計画が中止されました。その間、20億ドルが出費され、世界から資金の提供をうけて始まったのですが、日本が最後まで残っただけで他の国は既にこの研究から離れて行きました。この中止の議論のなかで、物理学の意義、ヒッグス粒子の重要性が唱えられましたが、一般には理解してもらえませんでした。このため、ガンの治療に役立つとか、アメリカ経済の再生に役立つなどという宣伝まで出現したのです。また、他の科学分野での研究予算に大きく影響を及ぼすという、科学者たちの反対意見の影響も大きかったようです。しかし、それまで10年以上SSC計画を高エネルギー物理学の最優先項目として推進してきた大目標の消滅は、物質の根源的真理を探究するからとはいっても、素粒子物理学が他の科学に対して優先する時代が終焉(しゅうえん)したことを如実に示したものです。こうした二つの異なる研究計画の中止は、アメリカの現代科学が社会にとってどのような価値があるのかを、大衆が判断する時代に入ったとも言えます。

10-4-3. 先端医療技術と生命倫理

日本で注目をあびている脳死と臓器移植という問題は、アメリカでは「人の死の定義」という概念の中で、早くから議論されてきました。1967年、南アフリカの医師、クリスチャン・バーナードにより世界初の心臓移植が行われましたが、実は、バーナードは、その数年前からアメリカの医師のもとで心臓移植の技術を学んでいたのです。バーナードの移植手術の3日後に、アメリカで最初、世界で第二例目の心臓移植を行ったのはカントロビッツでした。これまでになかった「心臓移植」という移植医療概念の変化にいち早く取り組んでいたハーヴァード大学は、1968年、「脳死」と「人の死」に関して、脳死特別委員会が詳細な報告を発表しました。この報告の中で、人の死を「不可逆的な昏睡（irreversible coma）」と定義づけました。人間の存在を科学、医学、そして法学が、どう不可

逆的に定義づけるかが大きな争点でした。その後この報告は、「ハーヴァード基準」として「脳死判定」を考えるための世界の基準となっています。また、不妊治療にまつわる「代理母」の問題も大衆を巻き込んだ大きな議論の一つです[21]。現在のバイオテクノロジーは、今後さらに医学部門への応用が期待されており、遺伝子操作、クローン技術[22]が、人間の常識をこえた次元で、倫理面の問題を引き起こしはじめています。1977年に出版されたE・W・ローレスの"*Technology and Social Shock*"は、新技術に対する社会的関心の度合いは、その技術が人間の基本的要求を冒すと理解される度合いに比例するというものです。要求が個人または社会にとって重要であるほど、そしてその要求に対する新技術の影響が大きければ大きいほど、一般国民の関心も大きくなるのでしょう。1969年に設立されたヘースティングセンター（Institute of Society, Ethics and the Life Sciences）[23]は、これらの新技術と人間の関わり方（生命倫理、バイオエシックス）を研究しています。出生前胎児の遺伝子診断、エイズ、安楽死、脳死と臓器移植、生殖医療など、現代のアメリカ医療が向き合っている事例について幅広く問題提起をしてきました。現在、脳死が本当に人間の死として大衆に受け入れられような科学的な根拠を示す事は、治療の進歩と相まって、ますます難しくなっています。こうした医学、科学の発達は、延命治療をも可能にし、同時に死の定義を不動のものから時に応じて変わりうる"動的"なものへと変えさせました。限りなく発展する新技術に、どう人間が判断を見つけていくのかが今後の課題でしょう。

10-5. 終わりに

科学がヨーロッパで生まれ、「知的好奇心を満足させる」科学としてその純粋性を追求し続けている分野は現在でも実在しています。その結果、発見した事実を分析し、結果を考察して、その普遍性を今後の基準にする訳です。しかし、これまで述べてきたように、現代は個人がそれぞれの価値判断をし、独自の理論展開と、ユニークな結論が期待される時代です。アメリカでは、科学の果たしうる

---

21) F・チェスラー（佐薩雅彦訳）『代理母―ベビーM事件の教訓』（平凡社、1993年）。
22) G・コラータ（中俣真知子訳）『クローン羊ドリー』（アスキー出版局、1998年）。
23) http://www.thehastingscenter.org/

役割と、その実行の過程を、科学者と大衆が、様々な視点で見はじめたことが20世紀後半のアメリカ科学の大きな特徴です。そこで、現在世界中で問題になっている喫煙による健康への害を考えて見ます。15年前に、アメリカ大手タバコ会社の社長は、「タバコの健康への害は、およそ科学的に考えても根拠が乏しい。もっとも私は、子供と妊婦の前では決して吸わない。」とマスメディアのインタビューに答えていました。ところが、そう話していた同じ人間が、数年前のタバコ訴訟では、「喫煙が健康を蝕んでいるのは紛れもない事実である。」と発表し、被害者に賠償金を支払う義務を負うことになりました。しかし、タバコ会社社長の15年前のコメントの中に、すでに今日の事態を充分予測出来る躊躇はあったのです。

また、近年大きな問題になっている「環境ホルモン」は、20世紀最大の負の遺産として、次の世紀に解決が委ねられています。しかし、解決を急がないと人類の存亡すら危ういほどの危険な化学物質との共存を続けなくてはならない、というのもこの地球上で生活をする人々の現実です。また、情報通信技術の発達も著しく、便利さと、個人の危うさが共存する社会である、ということも特徴です。こうした状況下で、アメリカ大衆の科学への関わりへの意識の向上が、人間を取り巻く様々な問題が、すでに個人の力ではどうしょうもなくなったことを大衆が感じ始めていることを示しています。科学の普遍性は、認めながらも、人間の理性と個性をもった結果を期待出来る、ある意味では自由であり、ときは奔放であり人間臭い学問分野、それが現代のアメリカ科学のように思います。

推薦図書

［1］ G・ミッチェル、R・J・リフトン（大塚 隆訳）『アメリカの中のヒロシマ（上・下2巻）』（岩波書店，1995年）．
［2］ 湯川秀樹・梅棹忠夫『人間にとって科学とはなにか』（中公新書，1967年）．
［3］ 利根川進・立花 隆『精神と物質』（文芸春秋，1990年）．
［4］ 中山 茂『科学技術の戦後史』（岩波新書，1995年）．
［5］ 佐々木力『科学論入門』（岩波新書，1996年）．
［6］ 『21世紀のキーテクノロジー』別冊「日経サイエンス（Scientific American 日本版）」118（日経サイエンス社，1996年）．

[7] T・コルボーン他（長尾　力訳）『奪われし未来』（翔泳社，1997年）．

──〈アメリカでの思い出〉──

　ボストンの春は、マグノリアの芽吹きで始まる。ニューイングランドを代表する都市であり、ハーヴァード大学、MIT、ボストン美術館、それにボストン交響楽団など、いずれも我々にとって身近なアメリカのイメージである。1636年に創設されたハーヴァード大学は、すでに3世紀を経て、4年制の一大学、10の大学院を有してボストン近郊に点在している。ボストン周辺には実に多くの大学があり、ほとんどが名門と呼ばれている私立大学である。そして、ハーヴァード大学、MITを中心とする大学群が、ボストン周辺に一大学術都市を形成している。また、ハーヴァード大学医学部は、ボストン近郊の多くの病院を総括し、まちがいなく世界一の医学部総合大学院である。ハーヴァード・ヤード（キャンパスとは呼ばない）では、学生達が、ノート、本をこわきに抱え、バックパックを背負い、実に早足で歩く。歩きながら、レポートのまとめの議論をしたり、普段は本当によく"勉強"している。

　大学のそばのチャールズ川のほとりでは、伝統のハーヴァード・ローイング・クルーが、豪快にボートを走らせている。このハーヴァード・クルーのコーチであり、US・オリンピック・ローイング・チームのコーチでもあったブットさんとダブル・スカルを漕ぐことが出来たのを、懐かしく思い出す。また、ある冬の日、エバンストンにあるノースウエスタン大学の屋内テニス・コートで、プロテニスプレーヤーのギルバートとプレーしたことがあった。一人でサーブの練習をしていた彼が、「いっしょにプレイしない？」と訊ねてきた。実にスピードのあるボールを打ち、「お前は素晴らしいプレーヤーだ。」と伝えたら、「お前のフォア・ハンドは素晴らしいな。」、そう言われたのを覚えている。彼がギルバートだとわかったのは、それからしばらくして、テレビで彼の試合を目にした時であった。

（竹内　潔）

11. アメリカの社会

11-1. 社会とは

　日本語の「社会」という言葉は、英語 society の訳語です。その意味は、「人間が共同して生活するため、継続的に集まってできる集団。また、その結びつき。自然発生的なものと人為的（じんいてき）なものの別がある。国家・共同体・家族・会社など（が主要な形態）（『日本語大辞典』）」です。「アメリカの社会」という言葉を書名につけた本の内容は、同一のものがないほど多種多様です。これは、取りも直さず、「社会」の範囲の広さを表していると言えるでしょう。

　ここでは、もちろん、アメリカ合衆国という国家を構成する「アメリカ社会」という意味で考えてみます。

11-2. アメリカ社会の歴史的特質[1]

11-2-1. イギリス領北米植民地の特異性

　イギリスの北米植民地は、世界の他の植民地とは、大きく異なっています。普通、植民地というのは、本国の政府がつくったもので、「本国にとって原料供給地・商品市場・資本輸出地をなし、政治上も主権を有しない完全な属領」（『広辞苑［第4版］』）です。ところが、アメリカ初期の東部13植民地の中で、最南部のジョージア以外の12の植民地は、イギリス政府がつくった植民地ではありません。すべて民間の会社がイギリス国王の許可を得て建設したものです。したがって、イギリスの政府も議会も直接的にはアメリカの植民地とは関係がなかったのです。これら民間会社が、会社組織で移住者を植民団としてアメリカへ送り、植民地経営を行ない、経済的に利益を上げるために行なったのでした。

---

[1] 中屋健一編『アメリカ入門12講』（三省堂選書、1982年）37-62頁、斎藤　真他監修『アメリカを知る事典』（平凡社、1986年）、大下尚一他編『資料が語るアメリカ』（有斐閣、1989年）ほか。

エリザベス1世のとき、1585年から1602年にかけて試みられたヴァージニア植民地の建設計画は、政府指導によるものでしたが、失敗しています。ところで、ヴァージニアとは、ヴァージン・クイーンとあだ名されたエリザベス1世にちなんで名づけられたものです。

5年後のジェームズ1世の治世、1607年に初めて、ロンドン会社という民間会社の植民団がジェームズタウンに上陸し、イギリス最初の恒久的北米の植民地ヴァージニアを建設、ついで11の植民地が大西洋岸に順次建設されてゆき、最後の13番目が、1732年の政府指導によるジョージア建設だったのです。実は、これは南部に接しているフロリダが、当時まだスペインの植民地で、スペイン人が北方へ領地を拡張する気配があったので、イギリス政府がサウス・カロライナとフロリダの間に、一種の緩衝地帯として建設したのです。

この間、イギリスでは2つの革命が起こりました。1649年のピューリタン（清教徒）革命と、1688年の名誉革命です。これらの革命の結果、国王の絶対的な権利が議会に移り、イギリスの「国王は君臨するれども統治せず」という存在になりました。

1607年から1732年にかけて、北米大陸の東部大西洋岸に植民地が建設された際、民間会社は国王から特許状を得て、その特許状によって決められた場所に植民地を建設しました。この特許状の中には、植民地へ行く者は、イギリスの臣民であるから、イギリス本国に住む者と同じ権利、イギリス人としての権利を有する旨が明記されていました。

つまり、北米の植民地では、統治する者と統治される者が、いずれもイギリス人でした。このことは、北米のイギリス領植民地が、イギリスのインド、フランスのヴェトナム、オランダのインドネシア、あるいは日本の朝鮮における植民地経営とは異なる形態の植民地だったことを意味します。イギリス本国からは植民地ですが、移住し植民地経営にあたった人たちにとっては、本国とは対等のもう一つ別の国をつくるという感じだったのでしょう。

フランス・スペイン・ポルトガル人が、アメリカ大陸に定着する者が少なかったのに対して、イギリス人の場合は植民地に落ち着いて、本国とは直接的には関係ない統治形態をとるという特色があります。ヴァージニア植民地では、1619年、すでに議会がつくられ、ある程度の自治を行ないました。ヴァージニアに続いて

建設された北米の12のイギリス領植民地では、ヴァージニア同様の植民地議会がつくられました。しかし、同じアメリカ大陸でも、フランス・スペイン・ポルトガル人の植民地では、そのようなことは全く行なわれませんでした。

このような特殊性から、独立革命を通して、アメリカ合衆国という帝国でも王国でもない共和国（主権が国民にあり、選挙された大統領や議会によって政治が行われる国）が誕生したということは容易に想像できます。

ところで、「リパブリック讃歌（*Battle Hymn of the Republic*）」という歌を聞いたことがありますか。メロディは、日本でも「おたまじゃくしは蛙の子」や「ごんべいさんの赤ちゃんが風邪ひいた」の替え歌で、親しまれています。この「リパブリック（the Republic）」が、「共和国」アメリカの意味です。

11-2-2. 東部13植民地とキリスト教

アメリカの国旗星条旗（スターズ・アンド・ストライプス）が、何を表しているか、ご存知ですか。13の紅白の横縞（＝条）（ストライプス）が建国時の13植民地を、星（スターズ）が州の数を表しています。現在50州ですから、横9列が交互に6つと、5つずつの星が合計50並んでいるのです。

では、東部13植民地とキリスト教の関係を取り上げてみましょう。

西ヨーロッパにおいて、15世紀に始まり、16世紀のルターやカルヴァンの改革運動、17世紀の三十年戦争（1618-48年）へと続く、キリスト教の宗教改革が進みました。しかし、イギリスの宗教改革は、他のヨーロッパ諸国とは、著しく異なっていました。1534年に、ヘンリー8世はローマ法王から分離して、独自のカトリック教会をつくって、自らがその首長となります。ついで、1563年に、エリザベス1世がイギリス国教会を設立します。イギリス国教会は、教義はカルヴァン派、形式的にはカトリックという、新旧混合した内容のキリスト教の宗派です。このため、新教のプロテスタント信者からも旧教のカトリック信者からも、不満に思う者が出てきました。

多くのプロテスタントの中には、国教会に拒否反応を示す者（ピューリタン、清教徒）がいました。かれらはイギリス国内では迫害されることになります。そこで、かれらの一部（分離派セパラティスト）は、オランダのライデンへ逃れるものの（1609年）、経済的に行き詰まり、ヴァージニア植民地の建設を知って、

フランス領
ケベック

(5大湖)

① ニュー・ハンプシャー／ピューリタン
（1679年）
② マサチューセッツ／ピューリタン
（1630年）
③ ロードアイランド／ピューリタン
（1636年）
④ コネティカット／ピューリタン
（1636年）
⑤ ニューヨーク／カルヴァン派
（1624年）
⑥ ニュージャージー／カルヴァン派
（1664年）
⑦ ペンシルヴェニア／クェーカー
（1681年）
⑧ デラウェア／クェーカー
（1702年）
⑨ メリーランド／カトリック
（1634年）
⑩ ヴァージニア／イギリス国教
（1607年）
⑪ ノース・カロライナ／イギリス国教
（1663年）
⑫ サウス・カロライナ／イギリス国教
（1670年）
⑬ ジョージア／イギリス国教
（1732年）

東部13植民地とキリスト教の宗派
（　　）内の年は、植民地建設の年

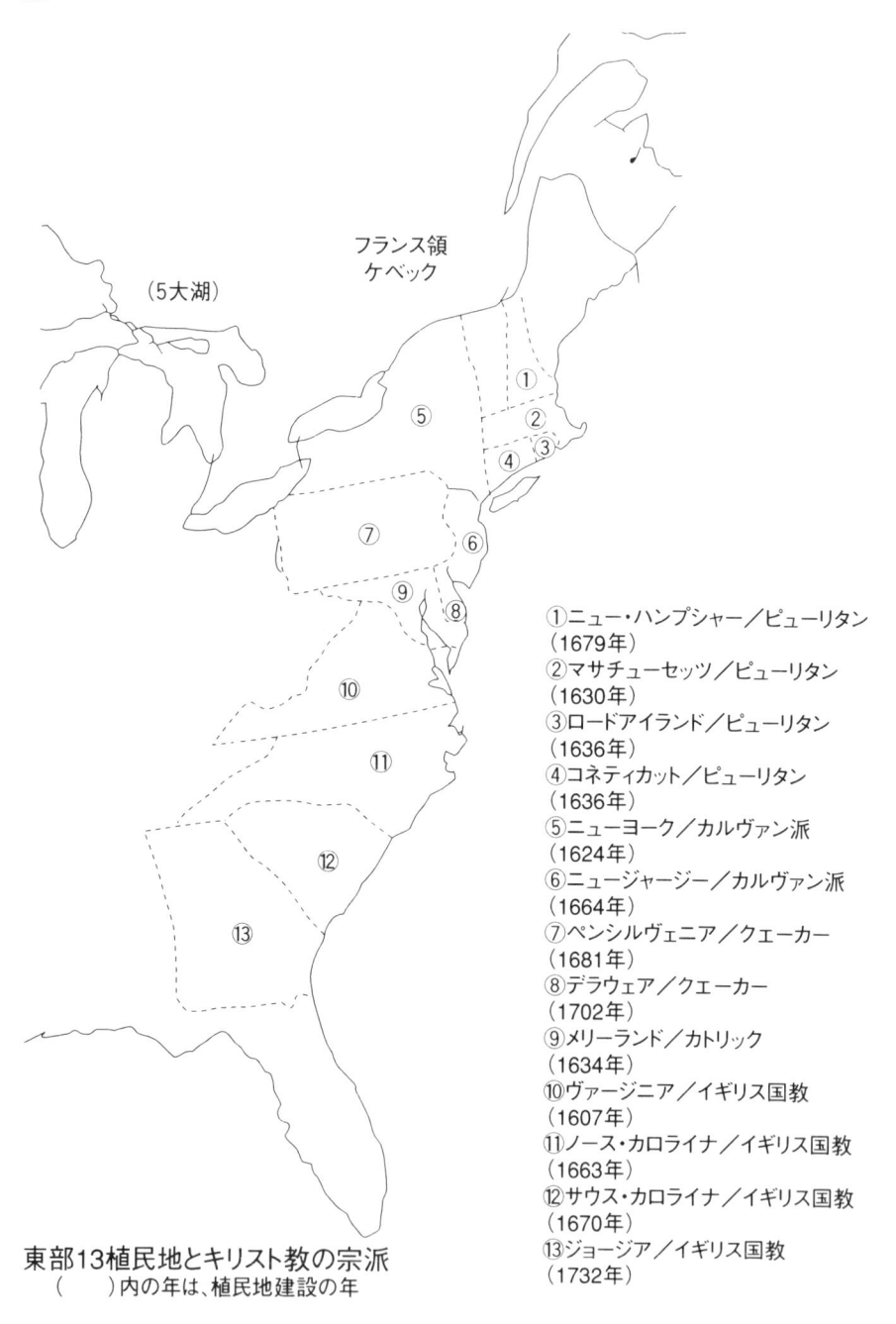

アメリカへ渡りプリマス植民地をつくることになります。かれらが、1620年、「メイフラワー号誓約」を行なった「巡礼始祖（ピルグリム・ファーザーズ）」です。

　ピューリタンはカルヴァン派で、イギリス国教会の中に留まって、プロテスタントへ改革しよう、「清く」しようとした一派です。しかし、1625年に即位したチャールズ１世とは折り合いがつかず、多数のピューリタン（非分離派）はマサチューセッツ湾会社を興し、その植民団がマサチューセッツ湾植民地を建設、6年後の1636年には、ハーヴァード・カレッジ（現在のハーヴァード大学）を創立しています。この植民地からニュー・ハンプシャー、ロードアイランド、コネティカットの３植民地が分かれ、後にマサチューセッツとプリマスが合併します。

　1634年に、カトリック教徒が建設した植民地がメリーランドで、ヴァージニアに隣接しています。このメリーランドという名称の由来は、イギリス国王チャールズ１世の妃マリア（Queen Henrietta Maria）[2]にちなみます。

　ニューヨークは、もともとオランダのカルヴァン派の植民地で、ニューアムステルダムと名づけられていました。ところが、イギリス国王チャールズ２世の弟のヨーク公ジェームズが、オランダとの第二次英蘭戦争（1664-67年）でニューアムステルダムを占領し、ニューヨークと改称、現在にいたっています。ニュージャージーは、チャールズ２世から下付された土地の１部を、ヨーク公が家臣に分与した植民地です。

　1663年に、チャールズ２世は８人の貴族にカロライナの特許を下付し、1670年からカロライナへの植民が始まり、1713年事実上サウス・カロライナとノース・カロライナの両カロライナに分離しました。宗派はいずれもイギリス国教会です。

　1681年に、ウイリアム・ペンに率（ひき）いられたプロテスタントの一派クエーカー教徒が建設した植民地がペンシルヴェニアで、1704年に、ここからデラウエアが分立します。

　13植民地をキリスト教の宗派で分けると、ヴァージニア、ノース・カロライナ、サウス・カロライナ、ジョージアの４植民地がイギリス国教、８植民地が新教で、その内訳はピューリタンが４、カルヴァン派が２、クエーカーが２です。メリーランドのみが旧教カトリックでした。

---

[2]　画家ヴァン・ダイクが描いた肖像画が残っています。

メリーランド植民地は、入植者数が少なく、植民地経営に困難を来たしました。そこで、1649年に信教の自由を認める「寛容令」を発布します。ところが、1654年、メリーランド議会はこの寛容令の撤廃を議決。これにより起こったカトリックとピューリタンとの抗争は、翌年、ピューリタンの勝利に終わります。しかし、反目は1689年まで続き、メリーランド領主代理がジョン・クードの率いるプロテスタント協会に降伏して、やっと「メリーランドのプロテスタント革命」は終結をみました。これをもって、東部13植民地はすべてキリスト教の新教徒が実権を握ったことになります。

11-2-3. 連邦政府と州の関係

　アメリカ独立革命の結果、1783年のパリ条約によって、イギリスはアメリカ合衆国の独立を承認し、ミシシッピ川以東のルイジアナを譲りました。そこで、ヴァージニア植民地は、西のミシシッピ川まで領地を拡張しようとします。というのは、特許状には東・北・南の地域は明記されていますが、西方については記述されていなかったからです。なぜなら、国王や植民団にとって西方は未知の土地だったからなのです。ノース・カロライナも同じく西方へ領地を拡張しようとします。ところが、メリーランドはアパラチア山脈からミシシッピ川の地域ルイジアナは、アメリカ合衆国全体の所有とすべきと主張し、これが承認され、合衆国の公有地と決まりました。

　1787年、北西部条例が制定され、西部公有地の統治法が定められます。その内容は、初めに人口が白人成年男子数が5000人に達した地域を、準州（テリトリー）として、連邦政府が準州の知事、裁判官などを任命、代議制の下院の設置を認め、下院の指名に基づいて連邦議会が上院もしくは行政参議会の議員を任命して必要な法令の制定を促しました。そして、人口が老若男女合わせて6万人に達したところで、州（ステート）憲法制定会議の招集を認めると規定しました。この会議で起草される州憲法草案は住民投票で批准され、連邦議会で承認されて初めて、独立当初の13州と対等な地位を与えられます。現在の50州は、2、3の例外を除いて、すべてこの手続きによって、アメリカ合衆国の州になったのです。

　合衆国の表記は、合州国の方が好ましいのではないか、という意見があります。確かに、独立当初の連合（コンフェデレイション）の時代——1776年の独立宣言

から1787年の連邦憲法の制定まで——は、合州国といえる状態で、元首は存在せず、州境では関税を徴収していました。そこで、これでは具合が悪いということで、合衆国憲法を制定したのです。合衆国憲法の前文には、「われら合衆国の人民は、…(We the People of the United States, …)」という言葉で始まり、これこれの「目的をもって、アメリカ合衆国のために、この憲法を制定する」とあります。このことは、この憲法が人民相互間の契約であり、州と州の間の契約ではないことを意味します。だから、合州国ではなく合衆国と表記したのです。

　アメリカ合衆国について外国人にわかりにくいことの一つは、合衆国の50州が、いろいろな点でそれぞれ異なることです。州、すなわち英語のStateには（主権を有する）国家の意味があります。したがって、州ごとに主権があります。しかし、50州ごとに定めるよりも統一する方が好ましい通貨・郵便や、外交・国防などの権限はワシントンの連邦政府に預けてあるのです。すなわち、憲法修正第10条には、「本憲法によって合衆国に委任されず、また各州に対して禁止されていない権限は、各州それぞれにあるいは人民に留保される」と、規定されています。この規定によって、教育・交通規則・死刑制度・離婚手続・賭博などは、州ごとに異なっているのです。

11-2-4．中産階級が構成する社会

　中産階級というは、財産の所有程度が中程度の、中小企業者・自作農民や医師・弁護士などの社会層、中間層（middle class）という意味ですが、すでに述べてきたように、アメリカ合衆国は伝統的に中産階級の社会と言えるでしょう。それは土地が比較的容易に手に入ることと、誰でも中産階級になれる機会が与えられてきた歴史的背景によります。

　イギリスの植民地時代に、「年季契約移民」という制度がありました。これはヨーロッパから北米のイギリス領植民地へ渡った移民で、到着後一定期間の不自由労働を義務づけられた人たちのことで、ニューイングランド以外の北米植民地への渡航者の半数以上を占める重要な労働力源でした。これには「①船賃後払い渡航者、②被誘拐者と強制的国外追放者、③罪人」の3種類があり、①はアメリカへの渡航費を到着後支払った地主・農民のもとで、3～5年間労役に服して渡航費を返済する制度で、ドイツ人の場合これが最も多く、イギリス人やスコット

ランド人もこの方法で移民した者が多くいました。②は①のように自由意志ではなく、誘惑や公然たる誘拐によって船に乗せられた者、または国外追放の判決をうけた者で、到着後一定の契約期間（ふつう7年間）労役に服します。③は西インド諸島とメリーランドに多くみられます。

　一般に契約期間中は食料・衣服と住居が与えられ、年季明けには土地（たとえば、50エーカー＝約20ヘクタール）と銃と農具が支給されます。つまり、自作農民として中産階級の一員になれたのです。このような年季契約移民が、17世紀には南部植民地に多く、その数は黒人奴隷を上回りました。18世紀には中部植民地に多くみられました。待遇は千差万別で、逃亡者は捕らえられると主人に強制返還され、契約期間が延長されました[3]。

　奴隷制度の存在について疑問を覚えるかもしれません。当時の世界では、奴隷制度は至極当たり前のことでした。奴隷解放を、たとえばフランスでは1789年のフランス革命のときに、イギリスでは1833年に、ロシアでは1862年に、ブラジルでは1888年に行っています。

　アメリカ独立宣言の精神「すべての人間は神によって平等に造られ、…」に照らして、なぜ奴隷解放をできなかったのでしょうか。独立宣言の起草者トーマス・ジェファソンは、原案に奴隷解放も書いています。しかし、奴隷解放を盛り込むと黒人奴隷の労働力に依存していた南部の反対で独立宣言そのものが危うくなることを懸念した多数の意見のため、この部分を消して、奴隷解放の是非は各州の決定にゆだねることにしました。この結果、ペンシルヴェニア以北の7州が奴隷を解放し、メリーランド以南の6州が奴隷制度を残しました。この自由州と奴隷州の州境の線をメーソン＝ディクソン線といい、北部と南部の境界線としても知られていますが、もともとは植民地時代にペンシルヴェニアとメリーランドの境界紛争に決着をつけるため、イギリス人測量師のメーソンとディクソンが、1763年から4年がかりで引いた境界線です。

　アメリカ社会は中産階級の社会として誕生し、それが維持されてきました。それを可能にしたのは、この地域の歴史に、国王・貴族・教会などの領主が家臣に封土と呼ばれる土地を給与する代償として軍役奉仕を求めるという、主従関係を

---

[3]　前掲『アメリカを知る事典』362-63頁。

中心とした統治形態をとった封建制度に基づく「中世」がなかったからです。

　もちろん、上流階級も下流階級も存在しました。しかし、上流階級も少なく下流階級も多くはありませんでした。中間の中産階級が多かったのです。ここが、5世紀から15世紀まで千年近くも中世が続いたヨーロッパとアメリカの非常に異なる点です。

　独立達成後、東部13州の西方の領土は連邦政府が管理する公有地となったことは、すでに述べましたが、1785年制定の最初の公有地条例で区画と民間への払い下げ方法が定められました。最低価格1エーカー（約0.4ヘクタール）1ドル、最低売却単位640エーカー（約256ヘクタール）という条件でした。1842年の専買権法で、現実に開拓している者に最低価格での優先的購入を認め、さらに、1862年のホームステッド法（自営農地法）で、年齢21歳以上の合衆国市民は160エーカー（約65ヘクタール）の公有地を、5年間の居住・開墾の後に無償で取得することができるようになります。この法律により、約160万の農場を生み出しました。言い換えますと、新たに相当数の自作農民、すなわち中産階級層を生み出したことになります。

　このような歴史的特質は現在まで受け継がれ、現代アメリカ社会のを底流を流れていると見て間違いありません。

11-3.　キリスト教社会アメリカ[4]

　前節で述べたように、北米への植民地建設が、フランス・スペインが先住アメリカ人（インディアン）との毛皮貿易や金・銀の採掘を目的にしていたのに対して、イギリスは国教徒による経済的動機からのヴァージニア植民地とスペインへの対抗上建設されたジョージア植民地を例外として、イギリス国教会から分離して宗教上の自由を得たいとする人々によって主に行なわれました。また、国教会に不満を覚えたカトリック教徒がメリーランド植民地を建設しました。

　もちろん信仰の対象宗教はキリスト教で、植民地の各地区で設立され実施されたタウン・ミーティングの場所は、教会でした。ここからアメリカの民主主義（アメリカン・デモクラシー）が育ってゆく訳で、このような建国の由来から、キ

---

[4]　大石紘一郎編『現代アメリカのこころと社会』（朔北社、1997年）1-35頁、亀井俊介編『アメリカ文化事典』（研究社出版、1999年）ほか。

リスト教はアメリカ社会に自然と根付いていると言っていいでしょう。

たとえば、現在使用されている紙幣・貨幣いずれにも、「私たちは神を信じる(In God We Trust)」と印刷・刻印されていますし、大統領就任式では聖書に左手を置き右手をあげて合衆国憲法を擁護することを誓い、裁判所で証人として証言する場合にも同様に聖書に左手を置き右手をあげて宣誓しなければなりません。『ブラウン神父』シリーズの作家G・K・チェスタトンは、アメリカ合衆国を「教会の魂をもった国家」と指摘しています[5]。先住アメリカ人には固有の神話、固有の宗教活動があったにもかかわらず、圧倒的な白人とその信じるキリスト教文化の支配する国家になったのです。

全国調査によると、アメリカ人の約90％（プロテスタント64％、カトリック25％）がキリスト教徒、7％が無宗教、2％強がユダヤ教、2％弱がイスラム教や仏教という結果があります。アメリカ社会で無神論を主張することは、アメリカの「価値」に同調しない「異端」的存在です。

現在、カトリック教徒も含めて、アメリカ人の約90％がキリスト教徒です。しかし、1791年に確定した合衆国憲法修正第1条には、「（連邦）議会は法律により、国教の樹立を規定し、もしくは信教上の行為の自由を禁止することはできない。…」とあります。前述したように、通貨のすべてに「神を信じる」と記され、それがイスラム教の「神」アラーや仏教の仏陀などではなく、キリスト教の「神」であることを、アメリカ人の誰も不思議に思わないのでしょうか。

調査結果によると、アメリカ人の半数以上が月1回は教会に行き、その中の30％が週1回かまたは週数回教会に行くと答え、82％が「神を信じている」と回答、残り18％が「神の存在を疑っている」といいます。同様の質問に対して、カトリック系アイルランド、イタリア、スペインでそれぞれ80％、69％、64％、イギリスとドイツで57％、スウェーデンでは39％という調査結果があります。

死後の生命を信じている人が78％、天国の存在を信じている人が86％、地獄の存在を信じている人が71％、悪魔の存在を信じている人が65％、宗教的奇跡を信じている人が73％という調査結果もあります。

現在、多くのアメリカ人の意識の中には、宗教的信条体系の核に、キリスト教

---

[5] 斎藤 眞・大西直樹編著『今、アメリカは』（南雲堂、1995年）31頁。

が強固かつ自然に存在していて、アメリカ社会の中にキリスト教は自然に浸透しているということです。

11-4. 銃社会アメリカ[6]

最新の世論調査結果では、男女ともに過半数がより厳しい銃規制を望んでいます。しかし、必ずしも銃規制は進んでいません。

1993年11月に成立、1994年2月に施行された本格的な銃規制の連邦法のブレディ法[7]は、州の権利留保を定めた合衆国憲法修正第10条[8]に違反するとして訴訟が起こされました。モンタナ、ミシシッピ両州の保安官の訴えに対して、1994年第9連邦巡回裁判所は銃購入の際の素性調査は連邦による州への不当な押し付けであるという判決を下しました。他の3州でも同じ判決が出ています。テキサス、ニュー・メキシコ両州の地方裁判所判事はブレディ法を合憲と判断しました。

最大の反対勢力は全米ライフル協会（National Rifle Association, NRA）などの圧力団体であり、その根拠とするのが、1791年12月に制定された「権利の章典」、すなわち合衆国憲法修正第1条から第10条の中の第2条「規律ある民兵は、自由な国家の安全にとって必要であるから、人民が武器を保有し、また携帯する権利は、これを侵してはならない」という規定です。

植民地時代、火器は狩猟と自己防衛のため、独立戦争では民兵の武器として、人口が絶えず東から西へ移動していった西漸運動[9]（せいぜんうんどう）の頃、いわゆる西部開拓時代には、白人定着地の外側にあたるフロンティア（辺境または開拓前線）は危険と不安に満ちていたため、銃は身の安全を守るために不可欠でした。

消滅まで3世紀を要したフロンティアとの格闘を通じて、アメリカ人特有の開拓者精神（フロンティア・スピリット）が醸成され、その精神は現代まで受け継がれています。たとえば、ケネディ大統領は自分の政策を「ニュー・フロンティア」、レーガン大統領は有人宇宙ステーション計画を「つぎなるフロンティア」

---

6) 丸田　隆『銃社会アメリカのディレンマ』（日本評論社、1996年）。
7) 明石紀雄・川島浩平編『現代アメリカ社会を知るための60章』（明石書店、1998年）60-63頁。
8) 本章163頁参照。
9) 動機は、土地を含む資源に恵まれ人口が少なかった西部には、経済的・社会的成功を約束する機会が豊富にあったからです。

『ビリー・ザ・キッド』(1973)[10]　　　　　『許されざる者』(1992)[11]

と呼びました。フロンティアが、アメリカ社会や文化に与えてきた影響を無視することはできません。

　そして、南北戦争（1861-65年）後は、西部の無法状態が拡大して、殺人事件も10数倍に増大、よく知られているビリー・ザ・キッドなどの無法者（アウトロー）や拳銃の名手（ガンマン）が闊歩し、彼らの行為や冒険が、その後ダイム・ノヴェル[12]や西部劇映画で、扇情（せんじょう）的に描かれ伝説化されることになります。

　アメリカに銃社会を生み出すことになったのは、国勢調査局が「フロンティア線の消滅」を発表した1890年後も、銃を尊重する伝統が残ったからだと考えられます。もともと、西部開拓時代に生活の技術の鍛錬として始まったライフル競技はスポーツとして定着し、銃の収集や射撃競争、猟銃を使用する狩猟などは、現在までに、アメリカの大衆文化として根付いています。さらに、犯罪対策として自己防衛の目的で銃を所持する人も多数います。

　湾岸戦争（1990-91年）後、青少年の間で銃が爆発的に普及し、年間に１万人もの若い命が銃を中心とする凶器によって奪われています。ハーヴァード大学の厚生研究グループが、1992年に、小学校６年から高校生までの2500人を対象とした調査によれば、10人に１人が銃で撃ったか撃たれたかの経験をもち、35％が銃

---

10)　1960年代を代表する歌手ボブ・ディランが出演しています（写真の右）。
11)　アカデミー作品賞ほか４部門を受賞した、1880年のワイオミングが舞台の、この西部劇には（ダイム・ノヴェルの）作家と思われる人物が登場します。
12)　10セント（＝ダイム）小説の意味で、19世紀後半、新しい庶民的読者層に広く受け入れられました。アメリカ大衆文学の基本の型を示します。

で撃たれて死ぬと自分の将来を予測し、40％以上が銃に怯（おび）えて生活しているといいます。

　2000年の2月から3月にかけて、少年によると銃乱射事件が相次いで報道されました。20世紀最後の大統領選挙の争点の一つが銃規制問題です。21世紀、銃社会アメリカをどうするか。それは、アメリカ人自身が決める問題でしょう。

　付記　本章の冒頭で述べましたように、「社会」の範囲は極めて広いので、限られた頁（ページ）内では、とても言い尽くすことはできません。たとえば、①訴訟社会――関連図書：長谷川俊明著『訴訟社会アメリカ』（中公新書、1988年）、②多民族社会――関連図書：松尾弌之著『民族から読みとく「アメリカ」』（講談社選書メチエ、2000年）、③先住アメリカ人・黒人・ユダヤ系アメリカ人問題、④アメリカ女性の社会進出――現在、女性初の国務長官や司法長官が活躍中、⑤多文化社会、⑥競争社会など、数え上げれば切りがありません。本書の「歴史」、「法律」、「民族」、「女性」等の各章を、是非一読してください。

推薦図書

［1］　五十嵐武士他編『アメリカの社会と政治』（有斐閣ブックス，1995年）．
［2］　入子文子他著『アメリカを読む』（大修館，1998年）．
［3］　松尾弌之・大西健夫編『アメリカの社会』（早稲田大学出版部，1994年）．

―〈21世紀の米国は非白人国家？〉――――――――――――――――

　1997年3月に、アメリカ合衆国商務省国勢調査局が公表した人口報告によると、非白人人口の増加が続く米国で、2055-60年に白人人口が過半数を割り込み、米国が「非白人国家」となる見通しであることが明らかになりました。

　同報告によれば、1996年7月時点の米国の総人口2億6千5百万人の内訳は、①白人73.3％、②黒人12.1％、③ヒスパニック（スペイン語系）10.5％、④アジア系3.4％の順です。

　しかし、白人の出生率低下やヒスパニックの出生率増、移民の増加など現在の人口動態の趨勢が続けば、2050年の総人口は現在より約50％増の3億9千4百万人で、①白人52.8％、②ヒスパニック24.5％、③黒人13.6％、④アジア系8.2％になると予測されています。同局担当者は「白人人口は、2057年に50％を割るだろう」と指摘しています。

　ヒスパニックは中南米からの移民増で、21世紀初頭に黒人人口を抜くほか、アジア系も今後急増が予想されています。ちなみに、100年前の1900年時点では、白人が総人口の88％でした。

　上記報告の数字を簡単な表にしてみます。

商務省国勢調査局の人口報告（1997年3月）

	白　人	黒　人	ヒスパニック	アジア系	総人口
1996年	73.3％	12.1％	10.5％	3.4％	2,6500,0000人
2050年	52.8％	13.6％	24.5％	8.2％	3,9400,0000人

　21世紀、多民族社会アメリカは、どのように推移していくのでしょうか。

（矢野重喜）

12. アメリカの民族

12-1. はじめに

　アメリカ商務省センサス局の統計によると、1998年のアメリカ合衆国の人種・民族別人口構成は、白人人口が2億2300万人で8割強を占める一方、黒人人口は3443万人、アメリカ・インディアン[1]にアリュートとエスキモーを加えた先住民人口は236万人に上る。更に、アジア・太平洋諸島出身のグループは、合計1051万人に達する。数の上では圧倒的な多数派を形成している白人人口も、ヨーロッパの様々な民族集団や、メキシコや中南米出身の白人を含み、最大のドイツ系でも白人人口の3割に満たない割合となっている。アメリカ合衆国の特徴の1つは社会を構成する人種・民族集団が多岐にわたることにあり、これがアメリカの魅力の源でもあり、また苦悩の原因ともなっている。

　アメリカ社会を構成する多種多様な人種・民族集団は、アメリカ定住の背景から3つのグループに分類することができる。白人の移住が始まる以前から北米や太平洋の島々で独自の文化を築いてきた先住民、様々な事情があったにせよ、基本的には自らの意志で北米に渡った移民とその子孫、更に、奴隷として強制的にアフリカから連れてこられた黒人の子孫の3つのグループである。北米の先住民は、氷河期で海面が下降し、ベーリング海峡が陸続きになっていた時期にアジアからアメリカ大陸に移動してきたため、彼らを移民とみなすこともある。更に、異人種間の結婚で混血化が進み、これら3つのグループのどれか1つに分類することが難しい人々が増えていることも事実である。

　以下第2節では、多民族社会アメリカがこれら3つのグループに属する人々によってどのように形成されてきたか、人の流れや人口の推移を中心に概観する。

---

1) アメリカ・インディアンまたはインディアンとはコロンブスの誤解に基づく呼び名であるため、ネイティブ・アメリカン（アメリカ先住民）と呼ぶこともあるが、ここでは他の先住民と区別するためアメリカ・インディアンを使用する。

第3節では、アメリカ人とは何かを考える視点として、同化に関する3つの考え方を紹介する。第4節では、同化の具体的な指標の1つとして言語を取り上げ、12のマイノリティ言語グループについて、英語能力と英語への移行の様子を分析する。最後の第5節では、人種・民族関係を不安定なものとする要因となっている社会的・経済的格差について考える。

12-2. 多民族社会の形成

12-2-1. 移民の流れ

アメリカの移民の出身地は、植民地時代から現代に至るまで、時代とともに大きく変化してきた。アメリカに渡った移民の流れは、大きく4つの時期に分けることができる。植民地時代の移民、19世紀の旧移民、1890年代から1920年代にかけての新移民、更に、1960年代以降急増しているアジア系、及びスペイン語圏出身で全ての人種を含むヒスパニック系の移民である。

植民地時代の移民　植民地時代の移民の中心は、イギリスのイングランド地方からの入植者たちだった。彼らが本格的なアメリカ入植を始めたのは17世紀に入ってからのことで、1607年に、イングランドの入植者による北米最初の植民地として、現在のヴァージニア州にジェームズタウンが建設されている。その後1620年には、ピルグリム・ファーザーズ（Pilgrim Fathers）と呼ばれるイギリスの清教徒を中心とする100余名の一団が、帆船メイフラワー号で現在のマサチューセッツ州に到着し、プリマス植民地を切り開いた。17世紀の前半までに、イングランドの入植地は、メリーランド、マサチューセッツ湾沿岸、コネティカット、ロードアイランドにも建設されている。

1690年の白人人口の9割はイングランド系であったが、18世紀になると、スコットランド、北アイルランド、ドイツからの移民が本格的に始まり、イングランド系の割合は低下した。1790年の第一回国勢調査の記録を基にした推計によると、当時のアメリカ合衆国の白人人口の民族別構成は、イングランド系、ウェールズ系、スコットランド系、北アイルランド系を合計した広義のイギリス系の割合が74.1%に上り、白人人口の約4分の3を占めている。イギリス系以外で最大の民族集団は8.6%を占めるドイツ系で、3.6%のアイルランド系、3.1%のオランダ系がこれに続いている。

南部や中部の植民地に向かった移民の多くは年季奉公人制度を利用してアメリカに渡った。年季奉公人制度とは、渡航費用を肩代わりしてくれる人を捜し、アメリカ到着後その人のもとで一定期間（通常3-5年）働くというもので、年季明けには土地や農具などが支給された。

旧移民　アメリカ独立以降の約40年間は、ヨーロッパにおいてフランス革命やナポレオン戦争、アメリカでは独立革命や1812年戦争（第二次英米戦争）といった大きな社会変動が続いたため、移民の流れは一時停滞した。移民統計が初めて取られた1820年から1830年までの移民は15万人にすぎないが、1840年代には、10年間の移民数が171万人に達する本格的な移民の時代を迎えた（表1）。1880年代までの移民の中心は旧移民と呼ばれるグループだった。旧移民とは、イギリス、アイルランド、ドイツ、スカンジナビアなどの西欧または北欧出身の移民で、宗教的にはカトリックのアイルランド系を除いてプロテスタントが中心だった。19世紀の旧移民の代表的なグループはドイツ系とアイルランド系で、数の上ではイギリス系を大きく上回っている。

移民の流れを作る原因のうち、移民を送り出す国・地域の事情をプッシュ・ファクター（push factor）、移民を受け入れる国・地域の事情をプル・ファクター（pull factor）と呼ぶが、人口増加と産業革命が、19世紀の旧移民の基本的なプッシュ・ファクターとなった。この2つの変化は、農業・工業の分野で過剰な労

（単位：1000人）

年代	移民数	年代	移民数
1820-30	152	1911-20	5,736
1831-40	599	1921-30	4,107
1841-50	1,713	1931-40	528
1851-60	2,598	1941-50	1,035
1861-70	2,315	1951-60	2,515
1871-80	2,812	1961-70	3,322
1881-90	5,247	1971-80	4,493
1891-00	3,688	1981-90	7,338
1901-10	8,795	1991-97	6,945

表1　アメリカの移民数、1820年-1997年
出所：*Historical Statistics of the United States : Colonial Times to 1970*, C89-119; *Statistical Abstract of the United States 1999*, p. 10.

働力を生み出し、移民の流れを作る構造的な原因となった。一方アメリカのプル・ファクターには、19世紀前半の領土拡大や、大陸横断鉄道や運河建設のための労働力需要などがあった。更に、19世紀後半のアメリカの産業革命も、工場労働者に対する需要を生み出し、多くの移民を引きつけた。ドイツ系移民の場合は、上記の要因に加えて、農業の不作や、1848年の3月革命などの政治不安も移民の流れにつながった。彼らは農業技術や若干の資金を持ってアメリカに渡ったため、中西部の農業地帯まで進み、アメリカの酪農や小麦栽培に大きく貢献した。アイルランド系移民のプッシュ・ファクターとしては1846年に始まったポテト飢饉がある。この飢饉によって、100万人が餓死し、150万人が海外に逃れたといわれている。アイルランド系は概して貧しく、農業を始める資金を持たなかったため、ボストンなど北東部の大都市にとどまる傾向があった。都市のアイルランド系の政治家やカトリック教会の存在も、アイルランド系移民に政治的・経済的な利点や精神的な支えを提供し、彼らが都市に定住する要因となった。

　旧移民の代表的な2つの集団、ドイツ系とアイルランド系は、多くの点で対照的な存在だった。ドイツ系がアメリカの農業や教育に対する貢献などのため高い評価を受けていた一方、アイルランド系は、カトリックであったこともあり、しばしば移民排斥運動の標的にされた。更に、大酒飲、暴力的といった偏見をもたれることや、「アイルランド人は求めず」といった雇用差別を受けることも少なくなかった。

　旧移民の時代には、カリフォルニアのゴールドラッシュや大陸横断鉄道建設のため、中国からも移民が入国したが、非白人・非キリスト教徒に対する排斥・弾圧は激しく、1882年には中国人排斥法が成立し、後続を断たれることとなった。

新移民　1890年代になると、新移民が旧移民の数を上回るようになった。新移民とは、東欧または南欧出身のカトリックとユダヤ教徒を中心とする移民で、イタリア系、ユダヤ系、ポーランド系を主なグループとしていた。新移民、旧移民という呼び方は、もともとヨーロッパからの移民に対して使われていたが、アジアからの移民を新移民に含むこともある。

　新移民の基本的なプッシュ・ファクターは、ヨーロッパで続いた人口増加だった。ユダヤ系の場合は、ポグロムと呼ばれる集団的な暴行・迫害を逃れ、多くの人々がアメリカに渡った。一方、19世紀末に世界一の工業国となったアメリカの

産業界は、移民に様々な雇用機会と高賃金を提供した。1910年に連邦議会の移民委員会が提出した報告書によると、主要21産業における外国生まれの労働者の割合は57.9%に上り、移民が当時のアメリカ産業界にとって必要不可欠な存在だったことを示している。イタリア系やポーランド系移民の中心は、アメリカの高賃金を目的に渡米する若い独身男性で、彼らは出稼ぎ型の移民と分類される。一方ユダヤ系は、宗教的・政治的な自由を求めて家族単位で移住することが多く、帰国する割合の低い定住型の移民だった。これら新移民は、内陸部の農業地帯や南部に向かうことは少なく、民族組織や同郷の出身者を頼って東海岸の大都市に定住する傾向があった。

　新移民の時代には、日本からも多くの移民がハワイ（1898年に合衆国に併合）やカリフォルニアに渡った。日系移民は、日本の人口増加、過剰な労働力、農業の不作などをプッシュ・ファクターとし、アメリカの就業機会と高賃金にひかれて渡米する若い独身男性が中心だった。1910年代には日系男性の伴侶として「写真花嫁」と呼ばれる日本人女性も多数渡米し、1920年の日系人人口は22万人を超えた。太平洋戦争が始まった翌年の1942年には、西海岸の3州に居住する日系人約11万人が、内陸部に作られた10ヵ所の強制収容所（転住所）に立退きを強制されるという屈辱的な差別を経験した。

　新移民の多くは、十分な教育を受けていない貧しい階層の出身だった。彼らは英語だけでなく、自分の母語の読み書きもできないものが多く、文化的にも旧来の移民とは異質であったため、旧移民のようにアメリカ社会に同化できないのではないかと危惧する見方もあった。更に、第一次世界大戦によって排外的な雰囲気が高まったことなどもあって、新移民に対する排斥は激しさを増した。その結果、1924年には、西欧および北欧を優遇する一方、東欧および南欧からの移民を厳しく制限する差別的な割当てを課す移民法（割当移民法）が成立した。この移民法は、日本からの移民も全面的に禁止することとなったため、排日移民法とも呼ばれる。

第三の移民　1924年の移民法と、1929年に始まった大恐慌や第二次世界大戦のため、アメリカに渡る移民の数は1920年代の411万人から、1930年代の53万人、1940年代の104万人へと激減した。第二次世界大戦後、移民に対する排他的な風潮は弱まり、1952年にはマッカラン＝ウォルター法によってアジア各国からの移

民が年間100人認められることとなった。更に、1965年に成立した移民法（ジョンソン移民法）は、東半球からの移民の上限を年間17万人、西半球からの移民の上限を年間12万人と定め、北欧・西欧偏重の国別割当ては廃止された。

1965年の移民法をきっかけに、ヒスパニック系及びアジア系の移民が急増することとなった。1950年代以降の出身地別の移民数は表2の通りで、ヨーロッパからの移民数が減少する一方、アジアと北アメリカの移民数が急増していることがわかる。アジアの主要な移民供給国は、フィリピン、ヴェトナム、中国・台湾および韓国で、1981年から1990年の10年間には、これらの国々がアジアからの移民総数の約6割を占めている。1980年代の北アメリカからの移民の約半数がメキシコ出身で、ドミニカ共和国、エルサルバドルがこれに続いている。メキシコ系移民は、1942年から1964年にかけて実施されたブラセロ計画で入国した人々のように、アメリカの労働力不足を補う役割を担ってきた。経済的に豊かなアメリカと国境を接するメキシコからは、不法入国者としてアメリカに入る者も多く、その数は1996年の時点で270万人と推計されている。

戦後の革命や政変も、ヒスパニック系やアジア系の主要なプッシュ・ファクターとなった。キューバからは、1959年のキューバ革命を逃れる形で中流以上の階層に属する人々が多数アメリカに渡り、ヴェトナム、ラオス、カンボジアからは、政変のため、インドシナ難民と呼ばれる人々がアメリカに入国した。

以上のように、1960年代以降のアメリカは、旧移民とも新移民とも違う第三の移民の波を経験しつつある。アメリカの人種・民族構成は今後も大きく変化し、ヒスパニックを除く白人人口の割合は、21世紀半ばには5割近くまで低下するものと予想されている。

（単位：1000人）

	1951-60年	1961-70年	1971-80年	1981-90年	1991-97年
ヨーロッパ	1,492	1,239	801	706	996
アジア	157	445	1,634	2,817	2,208
北アメリカ	769	1,351	1,645	3,125	3,048

表2　ヨーロッパ、アジア、北アメリカからの移民数、1951年-1997年
出所：明石紀雄・飯野正子『エスニック・アメリカ［新版］』（有斐閣、1997年）205頁；*Statistical Abstract of the United States 1999*, p. 11.
注：北アメリカの数字はカリブ海諸国と中央アメリカを含む。

12-2-2. 先住民—アメリカ・インディアン

コロンブスがアメリカ大陸に到着した1492年以降、ヨーロッパからの移民の入植によって、アメリカ・インディアンは壊滅的な打撃を受けることとなった。19世紀初めに約100万人だった人口は、1890年には25万人にまで落ち込んだ。アメリカ・インディアンの人口減少の主な原因として、白人の持ち込んだ伝染病があげられる。天然痘、結核、コレラなどの伝染病に免疫を持たないインディアンたちは、これらの伝染病によって多くの命を奪われた。土地の略奪や強制移住も時に多くの犠牲者を生んだ。1830年に成立したインディアン強制移住法は、文明五部族（チェロキー、クリーク、チョクトー、チカソー、セミノール）を初めとする諸部族をミシシッピ川以西に強制的に移住させることとなり、その移動の中で命を落としたものもいた。チェロキー族の強制移住は、途上で約4千人もの死者を出し、「涙の旅路」として知られている。

戦争や虐殺の犠牲となったインディアンも少なくない。1860年代から1880年代にかけて、インディアン諸部族からの土地の略奪はさらに進み、スー族、アパッチ族などの大平原諸部族は、合衆国陸軍と西部各地で激しい戦闘を展開した。大平原諸部族は武力に勝る合衆国陸軍に果敢に抵抗し、1876年にカスター中佐の第7騎兵隊がモンタナ州で全滅するなど、陸軍側の犠牲も大きかった。一方これらの戦闘は、女性や子供を含め、インディアン側にも多くの犠牲者を出した。1890年の「ウンデッド・ニーの虐殺」では二百数十人のスー族が殺害され、インディアン戦争の時代は終りを告げた。

20世紀にはいると、アメリカ・インディアンの人口は1950年頃まで微増を続け、その後爆発的に増加する（表3）。1950年に34万人だった人口は、1990年には、188万人に達している。これは、自然増加によるものだけでなく、アメリカ・インディアンとしてのアイデンティティを、隠すことなく積極的に申告する人が増えたことにもよる。

西へ西へと追いやられた過去の歴史を反映するように、現在アメリカ・インディアン人口の約半数がアメリカ西部に集中している。アメリカ・インディアンの居住地に関するもう一つの特徴は、彼等が連邦政府との条約や連邦議会の法令などを法的根拠とするインディアン保留地（Indian reservation）と呼ばれる領土を持つことである。総面積22.4万平方キロのインディアン保留地には、約41万人

	アメリカ・インディアン	黒人		アメリカ・インディアン	黒人
1990	1,878,285	29,986,060	1900	237,196	8,833,994
1980	1,364,033	26,495,025	1890	248,253	7,488,676
1970	792,730	22,580,289	1880	66,407	6,580,793
1960	523,591	18,871,831	1870	25,731	4,880,009
1950	343,410	15,042,286	1860	44,021	4,441,830
1940	333,969	12,865,518	1850		3,638,808
1930	332,397	11,891,143	1820		1,771,656
1920	244,437	10,463,131	1800		1,002,037
1910	265,683	9,827,763	1790		757,208

表 3　アメリカ・インディアンと黒人の人口推移

出所：アメリカ・インディアン― *Historical Statistics of the United States: Colonial Times to 1970*, A91-104; James Paul Allen and Eugene James Turner, *We the People: An Atlas of America's Ethnic Diversity* (Macmillan, New York, 1988), p.26; *1990 Census of Population* (1990 CP-1-1), Table 3.
注　1970年とそれ以前の数字はエスキモーとアリュートを含む。1880年とそれ以前の数字はアメリカ・インディアンの領土や保留地の人口を含まない。
黒人― Jessie Carney Smith and Carrell Peterson Horton (eds.), *Historical Statistics of Black America* (Gale, New York, 1995), pp. 1686-1687; *Historical Statistics of the United States: Colonial Times to 1970*, A 73-81; Allen and Turner, p.143; *1990 Census of Population* (1990 CP-1-1), Table 3.

のアメリカ・インディアンが居住し、各部族の文化と自治の重要な基盤となっている。しかし、保留地は雇用の機会が限られているため失業率が極めて高く、貧困や高い自殺率など、深刻な問題も抱えている。

12-2-3．黒人

　アメリカにおける黒人奴隷貿易の歴史は、1619年、ジェームズタウンでアフリカから連れてこられた20人の黒人が売買されたことに始まる。15世紀半ばにポルトガルによって始められた黒人奴隷貿易は、その後スペイン、オランダ、フランス、イギリス、イギリス領北アメリカにも広がり、18世紀には最盛期を迎えた。アメリカ向けの黒人奴隷貿易は、主にヨーロッパ・アフリカ西海岸・北アメリカを結ぶ三角貿易の形で行われ、煙草や藍の生産のため白人の年季奉公人に代わる恒久的な労働力を必要としていたアメリカ南部が黒人奴隷の大半を買い入れた。

黒人奴隷制度は1641年から1750年にかけて植民地全土で法律化されたが、その後、独立革命を機に高まった奴隷制反対の動きを受けて、1777年からアメリカ北部で徐々に廃止されていった。1790年の黒人人口76万人のうち、約70万人が奴隷で、残りの約6万人が奴隷所有者から解放されたり、逃亡したり、独立革命の際に軍役についた自由黒人だった。

　19世紀の南部は、アメリカの主要輸出商品となった綿花の生産のため、黒人奴隷に依然として大きく依存していた。アメリカで奴隷貿易が廃止された1808年まで、一説では200万人近い黒人が現在のアメリカ合衆国の領土に輸入され、その後も100万人が密輸入されたといわれている。1800年に100万人を超えた黒人人口は、その後100年の間に9倍近くもの増加率を記録した（表3）。その間1865年には、憲法修正第13条によって黒人奴隷制度がようやくアメリカ全土で廃止された。

　20世紀の初めには黒人人口の9割が南部に集中していたが、1910年代から、南部の黒人は北部の大都市に向けて大規模な移動を開始した。これは、第一次世界大戦とヨーロッパからの移民の減少によって、北部で労働力が不足したことなどによる。白人の高級住宅街であったニューヨークのハーレムが黒人の街になったのも1910年代のことだった。1930年代は、大恐慌のため南部からの移住は減少するが、第二次世界大戦後、農業の機械化などのため、南部からの黒人人口の流出は第二のピークを迎えた。1960年代には更に約430万人の黒人が南部を去り、1970年には黒人人口に占める南部の割合は53％まで低下した。北部の都市に移住した黒人は、かつての移民と同じ経過をたどり、やがては社会的な上昇を遂げるのではないかとの見方もあったが、後にみるように、現実はそのような予想とは異なるものとなっている。

12-3.　同化に関する3つの考え方

　移民やマイノリティがアメリカ社会に同化するパターンについては、大きく分けて3つの考え方が存在する。1つは、移民やマイノリティは、アメリカ社会の主流を形成したイギリス系の文化・制度・慣習に順応していくべきであるとする考え方で、アングロ・コンフォーミティ（Anglo-conformity）と呼ばれる。アメリカ独立当時からの考え方で、イギリス文化の優越を主張するものではない。ほとんどの移民たちの言葉が英語に移行してきたことは、アングロ・コンフォーミ

ティが単なる理念だけでなく、アメリカ社会の現実でもあったことを示している。しかしその一方で、アメリカにはイギリス文化に同化・吸収されなかった文化的要素も数多く残っている。更に、イギリス文化順応とはいうものの、文化的な影響は相互的なところもあり、イギリス系が一方的に他の民族グループに影響を及ぼしてきたわけでもない。イギリス文化も当然アメリカという新たな環境の中で変容した。イギリス英語に対するアメリカ英語の存在は、イギリス文化変容の一例とみることができる。

　2つめの考え方として、メルティング・ポット論（melting pot theory）と呼ばれるものがある。アメリカについてよく言われる「人種のるつぼ」という表現はこの考え方を指すもので、融和論（amalgamation theory）と呼ばれることもある。メルティング・ポット論は、煮えたぎるるつぼの中に異なる金属を入れて溶け合わせ、別の新しい金属を作るように、多様な人種・民族集団がアメリカ社会で融合し合い、アメリカ人という新たな国民となることを理想とする。

　メルティング・ポットの概念は、1908年にワシントンで上演された「The Melting Pot」がその源といわれるが、このようなるつぼ現象は、1782年に出版されたクレヴクールの『アメリカ農夫の手紙』の中で、「不思議な混血」として既に記録されている。「人種のるつぼ」現象は、黒人やアジア系を巻き込んで現在も進行している。1997年6月11日の『ニューズウィーク』は、異人種間の結婚が増加傾向を続け、両親の人種が異なる18歳以下の人口が200万人近くに上ることを報告している。イギリス人とは対照的なアメリカ人の国民性は、新しい環境のもとで様々な人種・民族集団が融合した結果生まれたものと見ることもできる。しかしながら、生物学的な融合にせよ、文化的な融和にせよ、対象となる人々は一部に限られており、アメリカ社会の人種・民族関係の現状は、1つのるつぼとは程遠い状態にある。

　同化に関する3つめの考え方として、文化多元主義（cultural pluralism）がある。この概念は、もともと1915年にユダヤ人哲学者ホレース・カレンが唱えたもので、各民族集団は、それぞれの文化や伝統を維持しながら、社会全体として調和を保つべきとしたものである。カレンはこのような民族関係のあり方をオーケストラにたとえている。それぞれの民族集団が、それぞれの文化的な持ち味を生かしながら、全体として美しいハーモニーを醸しだすことを目指す考え方であ

る。理想主義的な考え方ではあるが、カレンの視野には非ヨーロッパ系の民族集団は含まれていなかった。

　文化多元主義は、1960年代の公民権運動をきっかけに、それまで無視されてきた黒人、アメリカ・インディアン、アジア系アメリカ人などのマイノリティをその視野に含めることとなった。メルティング・ポット論やカレンの文化多元主義が理想主義的な考え方であった一方、1960年代以降の文化多元論は、数世代に渡って維持される民族性、同化の波に取り残されたエスニック・グループ、人種・民族間の対立関係、差別と抑圧など、アメリカ社会の現実をより忠実にとらえようとするものである。

　文化多元主義は、1980年代後半に多文化主義（multiculturalism）という新たな展開を迎え、小学校から大学までのカリキュラム改革を求める運動につながった。多文化主義による教育改革とは、白人中心・西洋中心の教育内容を改め、マイノリティの文化や業績を積極的に教えていこうとするものである。このような多文化教育には、マイノリティの生徒が疎外感を克服し、自尊心を取り戻す効果も期待されている。この改革のもと、一部の小学校ではアメリカ・インディアンの踊りやアフリカ文化教育などがカリキュラムに導入され、大学レベルでは、黒人やアジア系といった特定のマイノリティ・グループを専攻するプログラムが相次いで設立されている。多文化主義は、もとより民族集団の分離・隔離を目的とするものではないが、この考え方が、分離主義（separatism）や自民族中心主義（ethnocentrism）の方向に進む事を懸念する見方もある。

　以上述べてきた同化に関する3つの考え方を、A＝Anglo-Saxon、B＝Black、C＝Chinese-American、I＝American Indian という4つの人種・民族集団を使って図式化すると下記のようになる。

　　1　アングロ・コンフォーミティ
　　　　$A+B+C+I=A'+A'+A'+A'$
　　2　メルティング・ポット論
　　　　$A+B+C+I=AMERICA$
　　3　文化多元主義
　　　　$A+B+C+I=A'+B'+C'+I'$

　図式の中の（′）の印は、民族性が若干変容したことを示す。

これら3つの考え方は、人種・民族グループという集団の問題でもあり、同時に個人の生き方の問題でもある。例えば一人の黒人青年がB＝A'という生き方を選ぶのか、あるいは、B＝B'またはB＝AMERICAという生き方を選ぶのかは、最終的には、個人の人生観や価値観によって決まる事柄でもある。

同化とは、長い時間を必要とし、様々な側面から成り立つ複雑なプロセスでもある。自分がこれからアメリカに永住すると仮定して、どのような同化プロセスをたどるのか想像すれば、同化の問題を、より具体的に考えることができるかもしれない。例えば、10年後または20年後に、英語と日本語それぞれの言語をどの程度話しているのか、宗教や衣食住や友人関係はどうなっているのか、といった具体的な問題から、同化の問題を考えることもできる。自分の生き方の中に、アングロ・コンフォーミティ、メルティング・ポット論、文化多元主義の3つが同時に存在していることも考えられる。あるいは、アングロ・コンフォーミティの生き方を目指したものの、途中で文化多元主義に方向転換することもあるかもしれない。同化の問題は、人種・民族集団の問題であるとともに個人の問題でもあるという、二重の性格をもっている。

12-4. 言語における同化

言葉は人とともに移動する。アメリカは多民族社会であるとともに、多言語社会でもある。移民のアメリカ社会における同化の様子を測る指標には、言語、食生活、結婚、家族形態、居住地域、職業、宗教、名前、市民権、政治参加など様々なものがあるが、その中でも言語は最も重要な指標の1つといえる。言語は、家族関係・交友関係を含めた私生活、学校生活、職業生活など、生活の主要な領域に深く関わってくるため、各民族集団の同化の度合いを最も端的に示すものと考えられる。

1990年の国勢調査によると、家庭で英語以外の言語を話している5歳以上の人口は、全体で3184万人に上り、1980年の2306万人からわずか10年の間に878万人（38％）も増えている。1990年の非英語言語人口の内訳は、スペイン語が1735万人で圧倒的に多く、フランス語の193万人、ドイツ語の155万人、中国語の132万人がこれに続いている（表4）。1980年代の10年間に50％以上話し手の増加した言語は、ヴェトナム語（161％）、韓国語（135％）、中国語（109％）、タガログ語

(78％)、スペイン語（56％）で、スペイン語以外は全てアジアの言葉である。一方同じ10年間に話し手の減少した言語は、イタリア語（−19％）、ポーランド語（−12％）、ギリシャ語（−3％）、ドイツ語（−2％）で、全てヨーロッパの言語となっている。これらの増減は、ヨーロッパからの移民が減少し、アジア系、ヒスパニック系が急増した1960年代以降の移民の流れの変化を反映したものとなっている。

1990年の国勢調査では、家庭で英語以外の言語を話す人達について、彼らの英語能力に関する統計も取られている。この統計は、"How well does this person speak English?"という質問に対する回答に基づくもので、この質問には"Very well"、"Well"、"Not well"、"Not at all"の4つの選択肢が与えられている。各マイノリティ言語の"Very well"の割合は表4の通りで、12のマイノリティ言語グループの間に大きな違いがあることが分かる。ドイツ語とフランス

家庭における英語以外の使用言語	1990年	英語能力が Very Well	1980年
Spanish	17,345,064	52.1%	11,116,194
French	1,930,404	72.0%	1,550,751
German	1,547,987	75.1%	1,586,593
Chinese	1,319,462	39.7%	630,806
Italian	1,308,648	66.8%	1,618,344
Tagalog	843,251	66.0%	474,150
Polish	723,483	63.0%	820,647
Korean	626,478	38.8%	266,280
Vietnamese	507,069	36.7%	194,588
Portuguese	430,610	54.7%	351,875
Japanese	427,657	47.5%	336,318
Greek	388,260	68.5%	401,443
Total Non-English	31,844,979	56.1%	23,060,040

表4 家庭において英語以外の言語を話す人口と英語能力

出所：1990年 — *1990 Census of Population: Social and Economic Characteristics* (1990 CP-2-1), Table 13; *United States Department of Commerce News* (CB93-78)

1980年 — *1980 Census of Population: Characteristics of the Population* (PC80-1-D1-A), Table 256.

語については、"Very well"の割合が7割を超える一方、ヴェトナム語、韓国語、中国語は、4割に満たない数字となっている。その中間グループ上位に、ギリシャ語、イタリア語、タガログ語、ポーランド語があり、中間グループ下位に、ポルトガル語、スペイン語、日本語が位置している。

　このような違いは、社会的・言語的な要因が複雑に絡み合った結果生まれたものと考えられる。例えば、アメリカ生まれの比率が外国生まれに比べて高い言語グループや、アメリカ在住年数の平均が高い言語グループは、"Very well"の割合が高くなることが予想される。エスニック・コミュニティに生活範囲が限られる傾向の高いグループほど"Very well"の割合が低くなることも考えられる。更に、英語と各マイノリティ言語との類似性・相違性といった言語的な要因や、アメリカに渡る以前の英語能力や教育レベルという要素も無視できない。言語グループ間の違いの原因を特定することは難しいが、"Very well"の割合は、それぞれのマイノリティ言語グループが、アメリカ社会でどの程度英語を話しているか、あるいは、アメリカの英語社会にどの程度同化しているかを示しているといえる。

　1980年と1990年の国勢調査では母語についての質問が省かれているため、アメリカの移民・民族集団の言語的な同化を分析する際には、1976年に実施された収入と教育に関する調査（Survey of Income and Education）のデータがしばしば利用される。表5はそのような研究の分析結果を、12の言語グループについてまとめたものである。この表は、1990年に話し手の最も多かった12のマイノリティ言語を母語とする人々を外国生まれとアメリカ生まれに分類し、現在英語を日常言語として話しているものの割合を示している。英語を日常言語とする人には、英語のみを使用している人（English Monolingual）と、英語を主言語としながら自分の母語も第二言語として維持している人（English Bilingual）の2つのタイプがあるが、表はその2つのタイプを合計した数字となっている。外国生まれについては、アメリカ滞在年数という条件をそろえるため、1970年から調査が行われた1976年までにアメリカに入国したものに限定している。

　外国生まれの組では、ドイツ語を母語とする集団が英語への移行が最も速く、渡米後6年以内に、71.3%が英語を日常言語とするようになり、その内更に31.9%がEnglish Monolingualとなっている。2番目に英語化が速いのはフランス

Mother Tongue	英語が日常語の割合	
	外国生まれ	アメリカ生まれ
German	71.3%	96.4%
French	54.7%	87.0%
Filipino	51.9%	97.4%
Japanese	43.6%	90.3%
Korean	38.3%	N.A.
Italian	34.3%	98.6%
Vietnamese	30.8%	N.A.
Polish	28.8%	97.7%
Greek	27.0%	97.5%
Chinese	26.3%	90.0%
Portuguese	15.8%	96.5%
Spanish	12.2%	64.8%

表5 英語以外を母語とする集団の英語化の割合：外国生まれとアメリカ生まれ、14歳以上、1976年

出所：Calvin Veltman, *Language Shift in the United States* (Mouton, New York, 1983), pp. 57-59.

語を母語とする集団で、54.7％が英語を日常言語としている。これら上位2つの言語グループは、1990年の国勢調査の英語能力調査の結果でも、同じく1位と2位を占めている。

　英語を日常の言語としているということは、家族・交友関係、地域社会との交流、職業生活、または、学校生活といった主要な生活領域で、アメリカ社会の主流である英語社会に参加していることを意味する。移民の行動様式として、アメリカ到着後、同じ国の出身者で構成されたコミュニティや人間関係の中でしばらく生活し、その後徐々にその外側の英語社会に参加するという傾向があるが、ドイツ系やフランス系については、この準備段階が短いか、あるいは全く無いものと考えられる。

　アジアの言葉の中では、タガログ語が一番高い数字を示し、日本語がそれに続いている。タガログ語の場合は、英語がフィリッピンの公用語となっていることが、アメリカ社会における言語的な同化を速めていると考えられる。

　英語への移行が最も遅いのはスペイン語を母語とするグループで、英語化の割合は12.2％にとどまっている。先に述べたように、アメリカにおけるスペイン語

人口は1980年の時点で1112万人に及び、更に、ニューヨーク、マイアミなどのアメリカ都市部には、大規模なスペイン語のエスニック・コミュニティが形成されているため、主要な生活領域で英語を使わない人の割合が非常に高いものと考えられる。更にアメリカでは、スペイン語圏出身者をヒスパニックと総称し、スペイン語がヒスパニックのエスニック・アイデンティティの最も重要な核となっていることも英語化を遅らせる結果につながっていると見られる。英語以外の言語的背景をもつ児童・生徒のため、アメリカでは、1968年の二言語教育法の成立以来、スペイン語、中国語をはじめとする様々な言葉で二言語教育が実施されているが、このような二言語教育がマイノリティ言語グループの英語化を遅らせているとする見方もある。

アメリカ生まれ、つまり2世以降の世代については、英語への移行の割合が、フランス語とスペイン語を除く表中のすべての母語グループで9割を超えており、大半の言語が2世の世代には英語に吸収されることを示している。しかしながら、スペイン語を母語とするグループの英語化の割合は64.8%にとどまり、スペイン語が世代を超えて根強く維持されていることを示している。一方フランス語のグループは、スペイン語程ではないものの、母語を維持する傾向が他のグループより若干高く、フランス語に対する自負の強さがうかがわれる。

12-5. 人種・民族間の格差

アメリカを構成する様々な人種・民族集団の中には、日系アメリカ人やユダヤ系アメリカ人のように目覚ましい社会的上昇を達成した集団がある一方、黒人やアメリカ・インディアンのように、失業、貧困、高校中退、母子家庭などの比率が慢性的に高い集団もある。先にみた同化に関する3つの考え方がどの程度現実を正確に反映しているかという問題とは別に、実際にはアメリカの人種・民族集団の間には、大きな社会的・経済的格差が存在する。例えば、1998年の25歳から64歳までの黒人と白人の民間雇用者の職業分布を比較すると、6つの職業分野のうち、経営・管理及び専門職に属する雇用者の割合は、白人男性の場合は32.3%であるのに対し、黒人男性の場合は18.9%となっている。白人と黒人の女性雇用者に関する同様の数字についても、36.5%対25.7%という開きがある。

人種・民族集団間の格差は、白人と黒人の間だけに限られたものではなく、ま

た、職業分布に限られたものでもない。表6は、5つの人種・民族集団を教育、経済、家族、言語の点で比較したものである。アジア・太平洋諸島出身のグループが教育レベル、所得、管理職・専門職の割合で白人を超えている一方、黒人、ヒスパニック、アメリカ・インディアンは、学士以上の学歴を持つものの割合が9％から15％の低い範囲にとどまり、所得の中央値も白人の3分の2以下の範囲に低迷している。貧困層の割合も、白人やアジア・太平洋諸島が10％台であるのに対し、これら3つのマイノリティ・グループはそれぞれ25％以上の数字を示している。更に、これら3つのグループには未婚の母親や母子家庭が多いという共通点もあり、不安定な家庭や低い教育達成度、更に収入の低い職業または失業といった深刻な問題を同時に抱えている様子が浮かび上がってくる。

	白人	黒人	アジア・太平洋諸島	ヒスパニック	先住民
教育（25歳以上）					
高校卒業以上	83.7%	76.0%	84.9%	55.5%	65.6%
大学卒業以上	25.0%	14.7%	42.1%	11.0%	9.4%
経済					
家族所得中央値	$46,754	$28,602	$51,850	$28,141	$21,619
貧困水準以下の人の割合	11.0%	26.5%	14.0%	27.1%	31.2%
管理職・専門職の割合	27.9%	18.1%	30.6%	14.1%	18.3%
失業率	3.9%	8.9%	4.6%	7.2%	14.4%
家族					
18歳未満の子供のいる家族で、女性世帯主の割合	14.8%	48.5%	10.5%	23.0%	29.5%
1994年に出産した人のうち未婚の母親の割合	25.4%	70.4%	16.2%	43.1%	53.6%
言語					
家庭で英語以外の言語を話す人の割合	9.5%	6.3%	73.3%	77.8%	23.8%

表6　人種・民族間の社会的・経済的格差

出所：*Statistical Abstract of the United States 1996*, p.74; *1999*, pp.51-54; *1990 Census of Population* (1990 CP-2-1), pp.6-10; *1990 Census of Population* (1990 CP-1-1), pp.11-15より作成。

注1：管理職・専門職の割合、女性世帯主の割合、言語は1990年度、未婚の母親の割合は1994年度のもの。それ以外の項目は全て1998年度の数字。ただし、先住民の数字は全て1990年度のもの。

注2：先住民の数字のうち、教育、家族所得中央値、貧困水準以下の人の割合はアメリカ・インディアンのみの数字で、アリュートおよびエスキモーは含まない。

このような格差に対し、行政も全く無策であったわけではない。連邦政府が実施した格差是正策の中で大きな効果があったのが、アファーマティブ・アクション（affirmative action）である。アファーマティブ・アクションとは、人種・性・宗教・出身国・皮膚の色に基づく差別を禁止した1964年の公民権法や、大統領行政命令などを法的根拠とし、大学入学、雇用、政府との事業契約に際し、一定の枠を黒人や先住民などのマイノリティ・グループ及び女性に提供することを義務づけるものである。

この制度が実施されて以来、黒人の地位は目にみえて向上した。1995年6月18日の『ニューヨーク・タイムズ』は、1970年から1990年にかけて黒人の教育達成度が向上し、多くの職種で黒人の占める割合が増加していること、黒人所得の中央値が多くの地区で白人を上回ったことを紹介し、アファーマティブ・アクションの効果が大きいことを認めている。記事で引用された統計によると、25歳から44歳の年齢層における黒人の大学進学者の割合は、1970年の15.4％から1990年の48.3％へと3倍以上の上昇を遂げ、大学卒業者の割合も、6.3％から15.1％へと2倍以上の伸びを示している。

しかし、アファーマティブ・アクションは人種・民族間の格差を全て解決する万能薬というわけではない。この制度によって多くの黒人が中流階層へ上昇し、郊外の住宅街に移転する一方、インナー・シティー（inner city）と呼ばれる大都市の中心部には、アンダークラス（underclass）と呼ばれる極貧層から抜け出すことのできない黒人たちもいる。アンダークラスの黒人たちの間には、犯罪、麻薬、失業、十代の妊娠・出産、社会福祉への慢性的な依存といった問題が山積し、アファーマティブ・アクションの恩恵とは縁のない状態に取り残されている。更に悪いことに、都市の貧困は、貧困の文化（culture of poverty）として親から子へと再生産される傾向がある。大都市中心部の貧困問題の解決が難しいのは都市の職業構造が大きく変化したことにもよるが、いずれにせよ、都市の貧困という経済問題は、アメリカの人種・民族関係を不安定なものとする一因となっている。1992年に発生したロサンゼルス暴動は、単なる人種暴動ではなく、経済的な格差がその根底にあったとする見方もある。

人種・民族間の社会的・経済的格差の原因の1つに、マイノリティに対する差別や抑圧がある。黒人については、奴隷制度が黒人家庭を崩壊させ、負の遺産と

して現在もなお安定した黒人家庭の形成に悪影響を及ぼしているとの見方もある。アジア系にしても、ある程度以上の地位には昇進できないという「ガラスの天井」の存在が指摘されている。アメリカ・インディアンに対する抑圧的な同化政策は、彼らから土地と伝統的な生活様式を剥奪し、現在の苦境の根本的な原因となった。特定の人種・民族集団に対する差別や抑圧が存在したことは紛れもない事実であり、現在もこれらの問題は完全には解決されていない。差別や抑圧は様々な社会的・経済的格差につながり、同時に人種・民族関係を険悪なものとしている。アメリカの人種・民族間の緊張を和らげ、安定した関係を築くには、アメリカ社会に残る差別や抑圧を更に是正していくことが大きな鍵になる。

参考文献

[1] 明石紀雄・飯野正子『エスニック・アメリカ〔新版〕』(有斐閣, 1997年).
[2] アーサー・シュレシンジャー, Jr. (都留重人監訳)『アメリカの分裂』(岩波書店, 1992年).
[3] 有賀 貞編『エスニック状況の現在』(財団法人日本国際問題研究所, 1995年).
[4] 有賀 貞『アメリカ史概論』(東京大学出版会, 1987年).
[5] 石 朋次編『多民族社会アメリカ』(明石書店, 1991年).
[6] 岡田泰男・永田啓恭編『概説アメリカ経済史』(有斐閣, 1983年).
[7] 上坂 昇『アメリカの貧困と不平等』(明石書店, 1993年).
[8] 猿谷 要『物語アメリカの歴史』(中央公論社, 1991年).
[9] 猿谷 要編『総合研究アメリカ第1巻 人口と人種』(研究社, 1976年).
[10] ジェイムズ・クローフォード (本名信行訳)『移民社会アメリカの言語事情』(ジャパン・タイムズ, 1994年).
[11] 富田虎男『アメリカ・インディアンの歴史〔第三版〕』(雄山閣, 1997年).
[12] 野村達朗『「民族」で読むアメリカ』(講談社, 1992年).
[13] 本田創造『アメリカ黒人の歴史〔新版〕』(岩波書店, 1991年).
[14] 松原正毅他編『世界民族問題事典』(平凡社, 1995年).
[15] ロナルド・タカキ (富田虎男監訳)『多文化社会アメリカの歴史』(明石書店, 1995年).
[16] Archdeacon, Thomas J., *Becoming American*, New York: The Free Press, 1983.

[17] Pederson, Jay P. and Estell, Kenneth (eds.), *African American Almanac*, New York: Gale, 1994.
[18] Thernstrom, Stephan (ed.), *Harvard Encyclopedia of American Ethnic Groups*, Cambridge, MA: Harvard University Press, 1980.
[19] Veltman, Calvin, *Language Shift in the United States*, New York: Mouton, 1983.

推薦図書

明石紀雄・飯野正子『エスニック・アメリカ［新版］』（有斐閣，1997年）．

──〈マンハッタンのアジア人〉──

　ニューヨークに留学していた頃、週末や休日を利用して、チャイナタウン、ソーホー、イーストビレッジなど、マンハッタンのダウンタウンを目的もなく歩き回ることがよくあった。買い物や食事をしなくても、街の音や匂いや風景のなかをただ歩いているだけで十分楽しむことができた。マンハッタンは私にとって1つの大きな遊園地のようなものだったのかもしれない。

　街の中はいつも音に満ちていた。自動車盗難防止のアラームや救急車のサイレンの鳴り響く音。「Change, please！」というホームレスの声。歩いていると、あちこちで石鹸水のような匂いが鼻をかすめた。そして、街ですれちがう肌の色、目の色、髪の色は万華鏡のようにクルクル変化した。

　そんな散策を何度も繰り返すうちに、いつの頃からか、私の鏡の中に「アジア人」が現れ始めた。鏡の中の自分の姿はいつの間にか「日本人」から「アジア人」に変わっていた。アジア系というアメリカ社会の視線がいつの間にか私の意識の中にも入り込んでいたらしい。留学を終えて日本に帰国するまで、「アジア人」という新しいアイデンティティはいつも私にぴたりと寄り添っていた。

　日本に戻ってしばらくの間、駅の群衆の髪の毛が真黒なのを異様に感じることがあった。帰国して7年たった今、そのような感覚はもうない。そして、私の中の「アジア人」もどこかに消えてしまった。　　　　　　　　　　　　（黒岩　裕）

13. アメリカの女性
——価値観の変化を中心として——

13-1. はじめに

　アメリカ合衆国は世界中から移住してきた人々が作った多民族国家です。ですから、一言で、「アメリカの女性」といっても、一様ではありません。民族によっても、社会階層によっても、そして世代によっても生き方に違いが見られます。この章では、様々な女性の「実態」がどうであるかということよりも、アメリカの女性の生き方に影響を与えてきたアメリカ文化の主流とされているいわゆる中産階級の白人の持つ「女性観」と、その枠組みとしての「結婚観」「家族観」を検討していきたいと思います。しかし、価値観は時代と共に変化するものです。アメリカ人の持つ「女性観」「家族観」も「結婚観」と同様、急激な変化を遂げています。ここでは、第二次世界大戦後に生まれたベビーブームの世代とその親の世代の持つ価値観の違いを通して、理想像の変化、その変化が人々に与えた影響、そしてその変化の背景にある社会的政治的要因について考えることにしましょう。

13-2. 「伝統的家族像」と女性の役割

　1940年代後半から1960年代にかけて、アメリカ合衆国は第二次世界大戦の勝利によって、未曾有の経済的・物質的繁栄を謳歌していました。強きアメリカとしてもっとも自信を持っていた時代といえるかも知れません。この頃、アメリカの「伝統的家族像」というものが、盛んに強調されました。それは、(1)大都市近郊の住宅地に自分の家を持つこと、(2)夫が働いて収入を得、妻が家事・育児に専念すること、(3)妻は、時間的余裕ができれば、地域社会で学校や教会を中心としたボランティア活動に積極的に参加すること、(4)子供を3～4人育てること、といった具体的なイメージを伴ったものでした。多くの人々がこの「伝統的家族像」

に賛同し、戦後の「ベビーブーム」の時代を作り出したのです。この「伝統的家族像」を支えていたのは、一度結婚すると一生一緒に暮らし、性生活は正式な結婚の枠組の中で、生殖のために行われるべきであるといったキリスト教の信仰に基づく結婚観と、地域社会の圧力でした。

　よく手入れされた庭のある広々とした住宅、2台の自動車、あふれるばかりの家庭用電気製品といったものが典型的な中流階級のステータス・シンボルとしてとらえられていました。このような家族生活を築き上げることが、この時代のアメリカン・ドリームの達成法だったのです。これらのイメージは、例えば、日本でも放映されていた「パパは何でも知っている」といったテレビのホームドラマを通して普及していきました。生命保険の広告や旅行案内などの写真にも「伝統的家族像」が採用され、安定し繁栄するアメリカ社会の基礎と活力の源泉として位置づけられたのでした。

　ここで注意しなければならないのは、「伝統的」という言葉です。「伝統的」といっても、アメリカの家族の形態はずっと以前から連続してこのようであったという意味ではありません。アメリカの歴史をひもとけば、様々な家族の形態がありましたし、必ずしも核家族であったわけではありません。ここで掲げられているイメージは、先に書いたように、1940年代後半から1960年代にかけて積極的にすすめられたものです。なぜならば、この家族像を支えている郊外型住宅、自動車、家電製品の普及は、戦後の大衆消費経済が進行することによってはじめて可能になったものです。しかし、それにも関わらず、これこそが「伝統的な」アメリカの家族であると強調されたのです。その背景として、第二次世界大戦が引き起こした男女の役割変化があげられるでしょう。大戦中、男性が出征することによって空白となった職業に女性が進出し、経済的自立性を確保しました。ところが、戦争が終わって男性が戻ってくると、それまで女性が進出していた職場を男性に明け渡す必要性が出てきたわけです。そこで強調された女性の理想像は、経済的に自立した働く女性ではなく、家庭を守り、育児に専念する美しい妻、優しい母というものでした。では、このような「伝統的家族像」のイメージは、当時の女性の生き方にどのような影響を与えたのでしょうか。次項で検討してみましょう。

13-3. 「伝統的家族像」の矛盾点：理想と現実

「伝統的家族像」は、メディアが描き出したイメージだけではありませんでした。大恋愛の果てに好きな男性と結婚すること、愛情に満ちあふれた家庭を築き、夫にとっては、才気あふれる魅力ある妻であり、子供達には常に優しい母親であること、一点の非の打ち所もないほどピカピカに磨かれた家を維持し、夫が得る収入のみで家計をやりくりすること、これらが幸福を約束する理想像として、当時の女性の生き方に大きなインパクトを与えました。それは、まず、自分が人生の成功者であるかどうかを推し量る基準になったことです。つまり、イメージ通りの結婚ができれば、自分は成功者であり、そうでなければ敗北者として自他共に見られるということです。1950年代、女性の大学進学率はのびました。それは、経済的自立をめざすということよりも、大学で素敵な男性を見つけるという目的が強かったようです。職業を持っても、それは結婚するまでといった考えが主流でした。

しかし、同時に、「伝統的家族像」の矛盾点も明らかになってきました。まず第一に、このようなアメリカン・ドリームをすべての人々が達成できたわけではありません。多くの比較的裕福な白人が郊外へと流れていったのに対して、白人貧困者と黒人やメキシコ系アメリカ人その他の有色少数民族の人達が都市中心部のゲットーに取り残されました。貧富の格差が顕在化したのです。

第二に、「伝統的家族像」に込められた男女間の不平等が顕著になりました。幸福の理想像のように語られてきたのが、実は、男尊女卑の思想に基づくものであるということが指摘されるようになりました。男性は経済的に自立し、仕事第一に生きることが期待される一方で、家事、育児は女性に一方的に任されるということです。また、夫の浮気には寛大であるにもかかわらず、妻にばかり貞節を強いるダブル・スタンダードであったわけです。

最大の矛盾点は、幸福を約束されたはずの郊外のマイホームの生活は、妻たちに充実感、生き甲斐をもたらさなかったということです。彼女たちが見出したものは、社会から孤立していて、退屈で、無気力で、空虚な日々だったのです。この多くの妻達の不満を代弁してベストセラーになったのが、1963年に出版されたベティ・フリーダンの『フェミニン・ミスティーク』[1]という本でした。その本の

中で、フリーダンは、結婚という生活保障と引き替えに、何百万という女性が自分の個性や能力を犠牲にして、家庭の中に縛られていると鋭く批判し、そして、単に夫や子供を通して妻や母といったアイデンティティではなく自らの力で、自らの人生と生き甲斐を見出すべきであると訴えたのでした。フリーダンの主張は、多くの特に中流階級の女性の心をとらえ、戦後衰退傾向にあった女性解放運動に火を付けたのでした。女性の経済的・精神的自立を促す一方で、それまで、良妻賢母の代名詞であった「専業主婦」に対する評価が、女性自らが、「ジャスト・ハウスワイフ（ただの主婦）」と卑下したように言うようになるまでに下がってしまったのでした。

このように、時がたつに連れ、「伝統的家族像」の中に含まれる「家族観」「女性観」といった価値観が根本的に見直されるようになったのです。では、このような親たちに育てられたいわゆるベビーブームの世代の子供達の「家族観」、「女性観」は、彼らが成人するに連れ、どのように変わっていったのでしょうか。

13-4. ベビーブーム世代がもたらした変化

ベビーブーム世代の人たちは、彼らの両親とは違った価値観を持ち、大変様式の異なる生活を営みました。彼らは概ね晩婚で、子供の数が少なく、夫婦共稼ぎであることが当たり前としています。離婚に対する抵抗感も減少しました。結婚相手を生涯のパートナーと考えるよりも、愛情が喪失したときには、むしろ離婚する方が好ましいと考えるようになりました。パートナーが異性である必然性も疑問視され、同性愛に対しても両親の世代よりも遙かに寛容になりました。彼らは、郊外住宅よりも都心部のアパートやマンションを好み、移動性の高い生活を送ります。このように、理想とされた家族像は、わずか一世代で姿を消し、新しい、そして多様な家族形態が出現したわけです。

ここで、少し統計を見て、いわゆる「伝統的家族像」が統計上どのように変化してきたのかを検討してみましょう。表1は、1960年、1975年、1990年のアメリカの世帯形態をまとめたものです。「伝統的家族像」を構成していたのは、夫婦と子供を中心とした核家族でした。ところが、表1を見ると、1960年には、74.8

---

1) Friedan, Betty, *The Feminine Mystique*, Dell Publishing Co., 1963.（三浦冨美子訳）『新しい女性の創造』（大和書房、1986年）。

世帯の型	年		
	1960	1975	1990
夫　婦	74.8%	65.4%	54.9%
15歳未満の子ども同居せず	33.3	34.0	27.2
15歳未満の子ども同居	41.5	31.4	27.7
男子単身居住	8.1	10.9	16.0
未婚	3.2	4.7	6.8
離婚、別居、死別	4.9	6.2	9.2
15歳未満の子ども同居せず	4.4	5.6	8.3
15歳未満の子ども同居	0.5	0.6	0.9
女子単身居住	17.2	23.6	29.0
未婚	2.8	4.4	6.3
15歳未満の子ども同居せず	2.6	3.7	5.0
15歳未満の子ども同居	0.2	0.7	1.3
離婚・別居	4.7	8.2	10.8
15歳未満の子ども同居せず	2.6	4.2	5.8
15歳未満の子ども同居	2.1	4.0	5.0
未亡人	9.7	11.0	11.9
15歳未満の子ども同居せず	8.6	10.2	11.2
15歳未満の子ども同居	1.1	0.8	0.7

表 1　アメリカの世帯形態（1990, 1975, 1990）

資料出所：G. Masnick & M. J. Bane, et al. *The Nation's Families 1960-1990*. Cambridge, Mass. Joint Center for Urban Studies of MIT and Harvard University, 1980.

引証文献：我妻　洋「アメリカの家族」、原ひろ子編『家族の文化誌：さまざまなカタチと変化』（弘文堂、1986年）185頁。

％であった夫婦世帯が1990年には、54.9％に減少しています。それまで、アメリカ社会の4世帯のうち3世帯までが夫婦世帯であったのが、2世帯に1世帯、つまり全体の半分に減少してしまったわけです。同じ時期、逆に増加したのが、女子単身居住[2]の比率です。1960年には、17.2％であったのに比べて、1990年には、29.0％に増えています。約2倍になったわけです。その内訳を詳しく見てみると、1960年には、女子単身居住者の比率の半分以上は、未亡人でした。一方、離婚や

---

[2] この統計では、「単身居住」という言葉は、15歳未満の子供が同居している場合とそうでない場合の両方が含まれることから分かるように、1人住まいという意味ではなく、配偶者がいないという意味である。

別居による女子単身居住は、未亡人の場合の約半分です。そして、未婚者は、女子単身居住の約１割で、その中で、15歳未満の子供と同居しているケースは、ごくごくわずかでした。つまり、1960年には、夫婦世帯が圧倒的に多く、女性が単身居住になるのは、夫と死別することによる場合が主であったといえます。

次に、1990年の場合を見てみましょう。世帯形態を見る限り、アメリカ社会は、この30年間に大きく変化したといわざるを得ません。夫婦世帯の比率が減少し、女子単身居住の比率が増加したのは先に述べた通りですが、女子単身居住の内訳の中にもっと顕著な変化が見られます。夫と死別することによる単身居住の女性の割合が、1960年から1990年に9.7％から11.9％とほぼ横這いであったのに対して、離婚・別居による女子単身居住の割合は、4.7％から10.8％と２倍以上に増えています。また、未婚の女子単身居住もまた、2.8％から6.3％と２倍以上に増えたのと同時に、1960年には15歳未満の子供と同居している未婚の女子単身居住者は、わずか0.2％であったのが、1.3％に増えています。このことから、離婚率が上昇したことと、いわゆる「未婚の母」が増加したことがうかがえます。興味深いのは、同時期、男子単身居住も約２倍に増えたということです。

図１は、やはり1950年、1975年、1990年における有職者と居住形態の変化を表したものです。この中でもっとも顕著な変化は、夫婦の片方（一般に夫）だけが稼ぎ手である「伝統的家族」の急激な減少です。夫婦共稼ぎが増加したことと共に、男女とも単身の有職者が増えたことも分かります。つまり「働くこと」と「結婚すること」が分けて考えられるようになったということです。結婚したから仕事を辞めるのが当然と考える女性が減ったように、妻子を養うために働くのが男性の役割と考える男性も減ったと言えるでしょう。

表２は、1950年から1978年の間の離婚女性が各年齢層の女性人口中にしめる割合の変化を５年ごとに示したものです。1978年には、1950年に比べると、どの年齢層とも離婚女性の占める割合が３倍、４倍になっています。この時期、結婚率も出生率も低下しました。しかし、これはアメリカの男性と女性が社会的に結ばれることをやめ、子孫を作らなくなったという事を意味しません。同時期に見られる顕著な変化として、「同棲」カップルが、法的に正式に結婚している夫婦と同じように社会的に容認されるようになったという事です。このような、事実婚は、結婚率や離婚率を表す統計には表れません。また、同棲カップルから生まれ

13. アメリカの女性

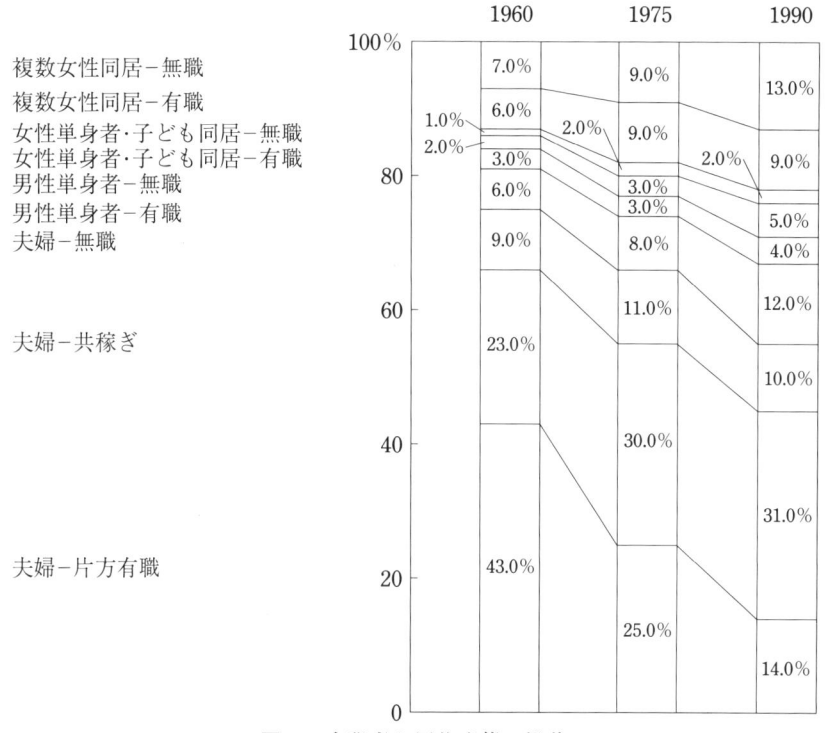

	1960	1975	1990
複数女性同居−無職	7.0%	9.0%	13.0%
複数女性同居−有職	6.0%	9.0%	
女性単身者・子ども同居−無職	1.0%	2.0%	
女性単身者・子ども同居−有職	2.0% / 3.0%		2.0% / 9.0%
男性単身者−無職	6.0%	3.0%	
男性単身者−有職		3.0%	5.0%
夫婦−無職	9.0%	8.0%	4.0%
夫婦−共稼ぎ	23.0%	11.0% / 30.0%	12.0% / 10.0% / 31.0%
夫婦−片方有職	43.0%	25.0%	14.0%

図1　有職者と居住形態の推移

資料出所：G. Masnick & M. J. Bane, et al. *The Nation's Families 1960-1990*. Cambridge, Mass. Joint Center for Urban Studies of MIT and Harvard University, 1980.

引証文献：我妻　洋「アメリカの家族」、原ひろ子編『家族の文化誌：さまざまなカタチと変化』（弘文堂、1986年）187頁。

た子供は、法的には、非嫡出子となります。

　もう一つ注意しなければならないことは、離婚したからといって、一生独身で過ごすという事を意味しません。人によっては、結婚―離婚―再婚のサイクルを何回か繰り返す人もいます。つまり、一生に一度の結婚から、シリーズ結婚に変わったのです。シリーズ結婚が増えるに連れて、家族の形態も「核家族」、「単身家族」、そして再婚によってできるステップ・ファミリーまたは、「混合家族」と様々なものができます。ステップ・ファミリーとは、妻又は夫、あるいは両方が、前の結婚でできた子供を連れて再婚することによってできる家族です。子供にと

年	世帯増加総数	夫婦世帯	他の家族	他人同士同居世帯
1950-55	4,320千	50.4%	6.2%	43.2%
1955-60	4,925	61.0	3.4	35.6
1960-65	4,637	52.5	10.8	37.6
1965-70	5,965	50.9	9.9	39.3
1970-75	7,719	28.8	24.4	46.8
1975-79	6,210	11.5	19.7	68.8

表 2 世帯形態と増加の推移

資料出所：G. Masnick & M. J. Bane, et al. *The Nation's Families 1960-1990*. Cambridge, Mass. Joint Center for Urban Studies of MIT and Harvard University, 1980.

引証文献：我妻 洋「アメリカの家族」、原ひろ子編『家族の文化誌：さまざまなカタチと変化』(弘文堂、1986年) 188頁。

っては、継父あるいは継母と暮らす一方で、実母あるいは実父との関係も週末だけ会う、あるいは、学校の休暇を一緒に過ごすといったことを通して、継続していくというケースが多く見られます。血のつながらない兄弟姉妹関係もできることになります。

　このような統計上の変化を見ていると、アメリカ人の持つ「家族観」「結婚観」「女性観」といった価値観に、ベビーブームの世代とその親たちの世代では大きな違いが見られることが分かります。まとめてみると、家族とは、夫だけが働き、妻が家事・育児に専念するということに対して根本的な疑問が投げかけられ、女性が職業を持つことが当たり前のこととなったということです。これは、女性が経済的・精神的自立を求めるようになったことが原因としてあげられますが、その他にも、中流階級の生活維持のため共働きが不可欠であること、未婚の母や、離婚した女性が働かざるを得ない状況が増えたということもあげられます。いずれにしても、女性の職場進出が進むにつれ、家庭内での夫と妻の力関係、役割分担、職場での男性と女性の役割や力関係も変化しました。

　結婚そのものに対する見方も変わりました。「一度結婚すると一生一緒に暮らす」という価値感の喪失とともに、離婚に対する社会的抵抗も減少しました。結婚とは、法的手続きに基き、子孫を増やし、従って子供は、法的に認められた嫡

出子であるべきであるといった「結婚」を規定していた3要素が必要不可欠のものとは考えられなくなったということです。つまり、家族と法律のつながりが分離したわけです。同棲カップルが法的に正式な夫婦と同様の「正当な」男女関係のあり方という考えが多くの人々の間に浸透したことが重要な点です。また、自分の子供を育てたいと望む人々は、そのことが必ずしも結婚という枠組みの中で行われる必要がないと考えるようになり、未婚の母の数が増加します。もちろん、主義主張によって未婚の母を選ぶケースばかりでなく、無知と不注意から妊娠し、出産するケースも少なくありません。いずれにしても、1940年代後半から1960年代にかけて盛んに推奨されたいわゆる「伝統的家族像」を支える価値観は根底から揺さぶられました。同時にこのことは、それを支えてきたキリスト教的価値観や地域社会の拘束力が減退したとも言えるでしょう。

このような結婚、家族、女性観といった日常生活の身近なところで根本的な変化が起こった社会的・政治的背景としてどのようなことが考えられるでしょうか。

13-5. 社会変化の背景

1960年代初頭から70年代にかけて、価値観の変化という観点から見れば、アメリカ社会は激動の時代を経験しました。まず最初にあげられるのは、ヴェトナム戦争に対する若者たちの抗議と抵抗です。従来の反戦運動に比べて、ヴェトナム反戦運動は、質的にも量的にも、はるかに際だったものでした。特に、1965年2月の北爆開始以降の戦争のエスカレーションは、反戦運動を一挙に拡大させました。アメリカ国内では、若者達が、徴兵拒否の運動、軍隊内の地下反戦運動、ヴェトナム復員軍人の反戦運動をおこし、また、内部告発も活発に行われました。

同じ頃、ヒッピー、ヒップスター、ビートニックと呼ばれた若者達に象徴される反既成秩序運動が起こりました。彼らは、既存の道徳観や生活様式に反抗し、ひげや髪をのばし、ジーンズや風変わりな衣装を身につけ、マリファナやLSDなどのドラッグや、サイケデリック・アート、ジャズ、ロック・ミュージック、東洋的な瞑想等を好み、定職につくことを拒否した人々です。このような、青年達の反逆現象の中で生み出された思想、価値体系及びライフスタイルを総称してカウンター・カルチャー（対抗文化）と呼ばれます。彼らは、合理主義と業績主義に価値をおき、効率と豊かさを追求してきた産業社会の「体制」から「はみ出

す」（ドロップ・アウト）ことを選びました。彼らは、現在の産業社会を支える競争と消費に追われる中産階級のライフスタイルを批判し、それにとって変わるべき社会像を提起しました。例えば、性の解放、共同体の実験、手仕事の復権、自然との調和、神秘的・宗教的経験の重視、人間性の全体的回復をうたう広範な主張と並んで、個人の自己実現（アイデンティティの獲得）を第一に捉えることを重視しました。つまり、自己の意識、自己の生活様式の変革をめざしたのでした。

この時期、アメリカ社会を揺るがせた黒人解放とそれに続く少数民族の自己主張が起こした公民権運動の影響も見逃せません。黒人や他の少数民族が教育、雇用、住居、選挙、司法などの分野における人種差別に抗議し、白人と同等の権利の保障を要求する運動を起こしました。やがて、連邦議会は1964年に南北戦争以来もっとも強力な公民権法を制定することになりました。

このように、1960年代のアメリカは、国内的にも国際的にも危機と混迷のまっただ中にあったといえます。ヴェトナム反戦運動、黒人や少数民族の人種差別反対運動の高まりの中で、各地でデモ隊と警官隊との衝突、暴動、軍隊の出動といった事態が繰り返されました。このような激動の中で、黒人の解放闘争と反戦運動が結合し、また、ヒッピーも次第に「反戦と非暴力と愛」を求める反体制の象徴となりました。

1960年代の改革的気運の中で、女性解放運動も活発になりました。女性解放運動とは、全国女性組織（National Organization for Women、略称NOW）などの団体や種々雑多なグループの他、個人によって押し進められた女性解放のための様々な運動の総称です。1966年、専門職につく女性達を中心にNOWや他の団体が組織され、戦前からの婦人有権者同盟（League of Women Voters）のような団体も活性化しました。同じ頃、先に述べた公民権や反戦運動の中で性差別に対する反抗が起こり、女性解放グループが多数発生しました。1960年代の女性解放運動は、資本主義打倒や、同性愛社会確立など種々雑多の前衛的な思想を掲げましたが、中心となったのは、人々の意識の変革を基盤とした女性解放を目的としたことです。そのために、意識高揚（consciousness raising）等の新しい活動方式によって運動全体に刺激を与え、その最盛期は1970年頃まで続きました。

反戦運動、公民権運動、女性解放運動、カウンター・カルチャー運動を通して、ベビーブームの世代の人々が提起したのは、既成秩序と既成道徳に対する不信感

と、より人間的で平等主義的な新しい社会基準・社会秩序への要求でした。前項で見た女性の社会進出、家族形態の急激な変化は、これらの運動がもたらした人々の意識の変化によるところが大きいといわざるを得ません。

13-6. より「有意義な関係」を求めて

これまで見てきたように、ベビーブームの世代の人々とその親たちの世代では、「家族観」「結婚観」そして「女性観」という私たちの日常生活を規定する価値観に根幹的な変化が起こりました。第二次世界大戦後の郊外型マイホームを中心としたアメリカン・ドリームは、わずか一世代であこがれの地位を失ったことになります。男性も女性も経済的にも精神的にも自立していることが強く求められ、社会的上昇を目指して、地理的に移動することを主体とした生活を求めるようになりました。このことは、これまで人々に帰属意識を与えていたキリスト教の説く同胞愛、地域社会内の人間関係や親族間の連帯感が影響力を失ったとも言えます。離婚率の上昇やシングル・マザーの増加、あるいは法的手続きを経ない同棲生活の増加を見て、アメリカの女性は、「根無し草」になり、孤独感にさいなまれているという見方もできます。このような現象から、「家族」そのものが崩壊してしまったのだと批判する声もあります。しかし、見方を変えれば、男性も女性も、形式にに囚われないより有意義で、より平等で、より自由な人間同士の関係を求めて様々な試行錯誤を繰り返していると考えることもできます。1950年代のアメリカン・ドリームが物質的な繁栄を求めるものだとしたら、ベビーブームの世代は伝統に囚われない自由と平等を達成するというアメリカン・ドリームを追い求めていると言えるのではないでしょうか。

推薦図書

[1] 斉藤　眞・大西直樹編『今、アメリカは』(南雲堂, 1995年).
[2] ロバート・N・ベラー他（島薗　進・中村圭志訳）『心の習慣：アメリカ個人主義のゆくえ』(みすず書房, 1991年).
[3] 我妻　洋「アメリカの家族」, 原ひろ子編『家族の文化誌：さまざまなカタチと変化』(弘文堂, 1986年) 182-207頁.
[4] ホーン川嶋瑤子『女たちが変えるアメリカ』(岩波新書, 1988年).

［5］　有賀夏紀『アメリカ・フェミニズムの社会史』（勁草書房，1988年）．

──〈私の研究〉──

　私の専門は文化人類学で、研究対象地域はアメリカ社会です。私の研究テーマは、文化によって人間の一生がどのように形成・構築されているのかを解明することにあり、そのためにこれまで、次の3つの視角からこのテーマに取り組んできました。
　(1) アメリカ人の一生を通じた社会化・文化化のプロセスに背後にある文化的価値体系がどのような影響を与えるかを、日本文化との比較で考察すること。これまでに、「老齢期」（定年退職後の社会化のプロセス、老後の生きがいの形成要因）、「幼児期」（自立性と協調性の確立のプロセス）を中心に研究をしてきました。
　(2) エスニシティーによって、アメリカ人の間の生涯形成に見られる類似と相違の解明。ウィスコンシン州の小都市でのフィールドワークをもとに、特に、アングロ・サクソン系、ノルウェー系、ポーランド系住民の民族集団間関係の変化を歴史的に分析することを通して、家族関係、職業、教育、政治参加にみられる民族集団毎の類似点と相違点を研究しています。
　(3) アメリカ社会の変化の一要因であるフェミニズムが女性の一生の形成をどのように変化させてきたか、どのように、中心的な文化価値が変化せずに継承されてきたかを、特に、働く女性の仕事と家事・育児の両立の問題について日本の場合と比較しながら研究しています。現在取り組んでいる研究課題は、日本とアメリカの女性科学者のライフ・ステージとキャリア・パターンの類似点と相違点を明らかにすることです。本名、佐野眞理子。

主要論文・著書

『アメリカ人の老後と生きがい形成：高齢者の文化人類学的研究』（大学教育出版，1999年）．

Education and Cultural Process: Anthropological Approaches（共著）（Waveland Press, 1997）．

School & Society: Learning Content through Culture（共著）（Praeger, 1988）．

『変貌する大地：インディアンと植民者の環境史』（共訳）（勁草書房，1995年）．

14. アメリカの思想的原型
―― エドワーズとエマソンの思想を通して ――

14-1. はじめに

　ヨーロッパ人の中には、アメリカには独自の思想と呼べるものがないと言い、ヨーロッパの哲学的豊かさを自慢する人がいます。しかし、それぞれの国に独自の文化があるように、その国固有の思想も存在するのであり、アメリカも例外ではありません。この際、観念的な思索のみを思想とするのではなく、人間の経験から導き出される知恵、経験を導く確信などを含めた広い範囲ものを思想と捉えることにします。一般的には、アメリカを代表する思想として、パース、W・ジェームズ、デューイなどによる「プラグマティズム」が挙げられます。一言にプラグマティズムと言っても、ジェームズとデューイとでは大きな違いがあり、プラグマティズムの本質を探るに当たっては、それぞれの思想家を研究する必要があります。また、一人の思想の中にも、その人を取り巻く歴史や文化・社会の影響が幾重にも重なっています。

　本稿では、「プラグマティズム」に直接言及するのではなく、その思想的淵源として、ジョナサン・エドワーズとラルフ・W・エマソンの思想を取り上げることにしました。勿論、この二人以外にも論究しなければならない思想家は沢山いますが、時代順の上で見ても、アメリカの思想への影響の大きさという点からも、両者が適切ではないかと考えました。さらに、両者の思想を単に概観すると言う方法ではなく、それぞれの代表的な論説の一つを取り上げ、それを筆者自身がどう読んだかを明らかにするという方法を採りました。かつて、世界経済調査会の会長及び日本モンペルラン協会の会長も務めた故木内信胤氏は、社会科学、人文科学の研究方法として、「一即一切」という仏教的な言葉に象徴される方法の有効性を説きました。多くのデーターを単に分析して一つの結論を出すのではなく、一つの事柄の中にすべてが集約されているので、その事柄に視点を凝視し、本質

を見極めることが重要だというのです。筆者は、本稿で、この方法論の応用を試みました。不思議にも、エドワーズやエマソンの思想の中に東洋哲学的な木内的思想を垣間見ることが出来ました[1]。

本稿は、アメリカ思想への入門の手助けをするという狙いもあるので、最初に、アメリカ思想の概観を試みました。それから、アメリカ思想の基礎を創ったエドワーズとエマソンの思想を扱うことにしました。前者はアメリカの独立の前、後者はその後の時期に活躍した思想家であり、年代の上からもアメリカ的思想の先駆者でした。

14-2. アメリカ思想史の時代区分

ここでは、マール・カーティに一部倣って、以下のように区分してみます[2]。思想の発達を記述するに当たっては、単に時代順に追って行くばかりでなく、その思想の発達が如何にして生じたかを考えることが重要になります。思想の発達は、物理的環境、経済、政治などの変化によって影響を受けるからです。

14-2-1. 植民地時代

まず、アメリカが独立する前の植民地時代があります。ヨーロッパからの移民は、自分達の思想の遺産を植民地の新しい物理的、社会的環境に適応させました。この時代には、キリスト教思想やルネッサンスの遺産が啓蒙思想によって補充されて行きました。啓蒙思想は、17世紀のアメリカに大きな影響を与えました。この時期の代表的な思想家が、ジョナサン・エドワーズです。

14-2-2. 独立革命から南北戦争

次は、アメリカの独立革命から南北戦争前までの時期で、アメリカ独自の思想が成長した時代です。独立革命から18世紀終わりまでの間にアメリカの文化的ナ

---

1) 木内氏は、人間社会の様々な事柄は、そのうちの一つの事柄に集約され、逆に、その事柄が全体を有機的に形作っている、と言う立場でした。エドワーズは神的な光によってすべての聖徒は結びつけられて一体となると述べ、エマソンはあらゆる個人を通じて存在する心の一体性を指摘しました。
2) Merle Curti, *The Growth of American Thought* (New York: Harper & Row, Publishers, 1964).

ショナリズムが成長し、啓蒙思想も浸透しました。他方、保守的な反動が見られるようになりました。19世紀の初めから1830年までは、貴族的雰囲気を持つ指導者が輩出した時代でしたが、フロンティアの影響力が増大して行きました。ここでは、アメリカの独立以降のナショナリズムが、コスモポリタン的思想と地域的思想の両方から挑戦を受けました。さらに、1830年から1850年までは、アメリカの民主主義の高揚が見られ、それがアメリカの思想にも影響を与えました。この時代には、平等主義という新しい思想の流れが生まれ、進歩思想と楽天主義に満たされて、アメリカ思想は黄金期を迎えました。ラルフ・W・エマソンはこの時期に活躍しました。

14-2-3．南北戦争から19世紀末

南北戦争から19世紀末までの時期に、アメリカの社会思想や政治思想の中でナショナリズムとビジネス・イデオロギーが高揚して行きました。南北戦争までは、南部独自の文化的地域主義と北部の商業や工業を擁護する思想が対立しましたが、北部が勝利した後はビジネス・イデオロギーと新しいナショナリズムが台頭しました。1870年から19世紀末までの時期では、成長する企業社会の中での個人主義のあり方が大きな問題となりました。進化論が功利主義的な色彩を帯びて展開されました。知識を大衆化するという、これまでの運動も継続される一方、企業社会の風潮の中で、知識の専門化が進みました。個人主義と改革という名の下に、科学の一般生活への適用が促進されました。これが、逆に保守主義の反動を生み出しました。アメリカ固有の思想と呼ばれるプラグマティズムの萌芽が、この時期に出てきました。

14-2-4．20世紀初頭から第二次世界大戦

1898年以降のアメリカの帝国主義的な海外進出と、第一次世界大戦への理想主義的な参戦は、現実への幻滅と批判を引き起こしましたが、20年代にはいると楽観主義が再登場するようになりました。しかし、大恐慌は、新しい知的模索を要請し、第二次世界大戦に至る世界的危機の中で悲観主義と社会不安が広まりました。アメリカの代表的な神学者、思想家と言われたラインホールド・ニーバーは、キリスト教国としてのアメリカが本来の姿を次第に失いつつあることに警告を発

しました。第二次世界大戦後の時期は、ヴェトナム戦争までの時期、ヴェトナム戦争後からレーガン革命まで、それ以降というように分けることにします。

14-2-5. 第二次世界大戦からヴェトナム戦争

第二次世界大戦後のアメリカの思想は、社会との関連が一層強まり、社会科学的なものとなりました。大恐慌に対するニューディール政策以降、「リベラリズム」がアメリカの思想の代名詞のようになりました。戦後は米ソの冷戦の時代となり、アメリカの思想も共産主義への対抗という色彩が強くなり、それがリベラリズムを一層興隆させました。さらに、このリベラリズムは黒人の公民権運動を増長させました。

14-2-6. ヴェトナム戦争からレーガン革命

ヴェトナム戦争は、アメリカ社会そのものを大きく変えて行きました。ヴェトナム戦争を契機とし、アメリカの体制を支えてきたものに対する批判が強まり、思想の面でも非アメリカ的なものに注目が集まりました。特に、東洋の思想に関心を示す人が多くなり、リベラリズムが次第に批判の対象となって行きました。

14-2-7. レーガン革命以後

この、反リベラリズムの潮流を決定的としたのが、1980年の大統領選挙でのレーガンの当選でした。これ以降、「小さな政府」という標語の下に、「リベラリズム」の本来の意味での「自由主義」がアメリカの思想の中心となりました。ここでは、アメリカの思想は哲学よりも、政治学や経済学などの社会科学の中でその特徴が表されるようになりました。リベラリズムに基づく政策でも黒人問題に代表されるアメリカ社会の問題は解決されず、他方、反リベラリズム的な政策もアメリカの社会問題を一層複雑化したこともあり、米ソの冷戦では結果的に勝利したにも拘わらず、今日のアメリカの思想には19世紀にみられたような自信に満ちた楽観論は見あたりません。

14-3. ジョナサン・エドワーズ（Jonathan Edwards）（1703-1758）の思想

14-3-1. エドワーズについて

彼は、アメリカ宗教史上、大覚醒（The Great Awakening）とよばれる一大転換期において指導的役割を果たしました[3]。

彼の父（ティモシー）はハーヴァード大学出身の牧師であり、母（エスター）は植民地時代の名家であるウィンスロップ家、ウォーハム家、マザー家の血を引き、母方の祖父ソロモン・ストダードは当時ではコネティカットで大きな影響力を持った牧師でした。ジョナサンは、13歳でイェール大学に入学し、1720年にそこを卒業し、その後2年間神学を学びました。その後、ニューヨークで短期間牧師職に就いた後、1724年にイェール大学の講師となりました。1726年にはイェール大学の講師を辞め、マサチューセッツのノーサンプトンにある教会でストダードとともに働きました。それから3年後、ストダードが死亡したため、彼の後継者となりました。

母方の祖父ストダードは、回心体験を得ていない二、三世にも資格を認めるという半途契約（"Half-way Covenant"）をさらに緩和した教会制度を採用していたが、宗教体験の有無を重視するエドワーズは、この教会制度を受け入れませんでした。エドワーズは、イェール大学在学中にニュートンの科学とロックの心理学的思考に影響を受け、体験からのみ人間は知識を得ると考えるようになっていました。

1734年から1735年の間に、エドワーズの『信仰のみによる義認』（"Justification by Faith Alone"）と題された説教は、信仰復興運動の小さな波を引き起こしました。さらに、1740年から1735年にイギリスから来たジョージ・ホイットフィールドが行った巡回説教を契機として、大覚醒と呼ばれる信仰復興運動がアメリカ植民地を席巻しました。エドワーズ自身、大覚醒の情緒的行き過ぎには反対でしたが、この復興運動を是認しました。この時期に行った神の絶対

---

[3] エドワーズの生涯と思想的特色については、次の著作を参考にしました。児玉佳与子「ジョナサン・エドワーズと大いなるめざめ」、大下尚一編『講座・アメリカの文化1 ピューリタニズムとアメリカ』（南雲堂、1976年）129-167頁所収。

的至上性を強調するカルビニスト的説教は、復興運動を増進させました。

ノーサンプトンの教会の多くのメンバーは緩和された教会制度に賛成しており、厳格なエドワーズの立場に反対するようになっていました。そして、1750年にはエドワーズはノーサンプトン教会から追放されてしまいました。翌年、マサチューセッツのストックブリッジのフロンティアにある教会からの牧師職就任の要請に答え、そこに移り住んで、説教と著作の生活を送りました。

1757年にはプリンストン大学の第3代の学長に選任されました。翌年の2月に学長に就任したが、その当時受けた天然痘の予防接種がもとで、44歳の生涯を閉じました。

14-3-2.『神的及び超自然的光』(*Divine and Supernatural Light*)

エドワーズの神学的特質の一面を『神的及び超自然的光』と題された説教の中から見ていくことにします[4]。この説教は、1734年に行われたもので、宗教体験の本質を述べています。人間が神の崇高さの感覚(sense)、救いの御業、聖書の中での神の啓示などを経験したときに、真の宗教が初めて得られる、としています。この説教の中で非常に重要な単語は感覚です。この単語は、エドワーズの思想体系を要約するほどのものです。エドワーズは、光という象徴的な言葉を使い、この感覚が肉体的な感じとは同義語ではないことを指摘しています。宗教的な回心は、敬虔さがもたらすものではなく、神の実在に対する直感によって得られものであり、人間の理性はそれを支援するものだ、としています。

次に、この説教の要旨を紹介して行きます。

エドワーズはまず初めに、聖書の一節(すると、イエスは彼にむかって言われた、「バルヨナ・シモン、あなたはさいわいである。あなたにこの事をあらわしたのは、血肉ではなく、天にいますわたしの父である。)(マタイによる福音書16章17節)を引用します。この一節により、エドワーズは、人間がものを知るのは天国にいる神を通じてであることを明らかにします。どんなに知識のある人でも人間の知識が神によって現されたことを知ることができないときに、無学の人達で

---

[4] この原文として、次のものを使いました。Harold P. Simonson (ed.), *Selected Writings of Jonathan Edwards* (New York: Frederick Ungar Publishing Co., 1970) pp. 65-88.

もそのことを理解できるのは、神の霊の啓示があるからです。

以上のことから、エドワーズは、神によって人間の心に直接に与えられる霊的で神的な光があり、これは物理的な手段で得られるものとは違ったものであることを明らかにします。そして、エドワーズは、（ア）この神的な光が何であるか、（イ）神的な光がどのようにして神によって直接的に与えられるのか、（ウ）この原理が真理であることについて述べて行きます。

（ア）神的な光とは何であるかについて

まず第一に、神的な光でないものに言及します。

普通の人間が自分の罪や悲惨さについて持つ確信は神的な光ではありません。自然の状態の人間でもこの確信を得ます。神的な光は、人間が罪についての確信を得るのを支援します。この光は神の霊から来ています。神的な光は、人間の想像の中には存しません。人間の心が霊的なものを発見するときには、神的な力によって大きな影響を受けますが、人間が霊的なものについて持つ印象とこの霊的な光とは同じものではありません。霊的な光は、神の言葉には含まれてはいない新しい真理を提示しません。この新しい真理のインスピレーションと霊的な光とは異なったものです。人間が宗教的なものに対して持つ見解に影響を与えるものが、すべて神的な光であるというわけではありません。

第二に、この霊的で神的な光とは何であるかを明らかにします。霊的な光とは、神の言葉の中に現された、物事が持つ崇高さについての真実の感覚（true sense）であり、その真理に対する確信です。

霊的な光の中には、神とイエスの崇高さ、聖書の中に現された神の御業についての真実の感覚があります。霊的に啓発された人のみがこの感覚を持ちます。人間は神の善に対して二つの理解の仕方をします。第一に、思索的な能力が発揮され、第二に心の意志が係わって来ます。よって、神が崇高であるという意見を持つことと、崇高さの美についての感覚を持つこととは異なります。それは、蜜が甘いという合理的な判断を下すことと、蜜の甘さへの感覚を持つこととが違うのと同じです。

神の崇高さの感覚から、神の言葉の中に含まれた真理に対する確信が、間接的に、或いは直接的に生まれて来ます。

第一に、間接的に生まれてくるときには次の二つのようになります。神的な

のが持つ真理に対する心の中の偏見が取り除かれてから、心がその真理についての合理的な判断力を受け入れるようになります。神の崇高さの感覚は、理性に対する障害物を取り除くばかりでなく、理性を支援して、思考上の概念を一層鮮明なものにします。対象物に日光が当たれば、それを見分けるのが一層容易になるのと同じです。

第二に、神の崇高さの感覚は、より直接的に神の言葉の真理を確信させます。神的なものには美があり、人間的なものとははっきりと区別されます。この美が明瞭に視覚されたときには、その神聖さへの同意を引き出します。

（イ）神的な光が、自然の手段によるのではなく、どのようにして神によって直接的に与えられるのかについて

自然に備わった能力が神的な能力を得るのに使われないと言う訳ではなくて、神的な光の主体となります。太陽の下でものを見るとき目を使うが、目は日光を引き起こす原因ではないのと同じです。この問題で外的手段が係わっていないと言う訳ではありません。神的な光によって、神の言葉によって現されたのと同じ真理が理解されるようになります。ここでは、福音が介在します。福音はガラスのような働きをし、このガラスを通して光が人間に伝えられます。

神的な光が神から直接的に与えられると言うことは、自然の力は使われないと言うことです。神的な光を人間に与えるために神の言葉が使われますが、この言葉はそれ自身の自然の力で作用する訳ではありません。イエスが神聖であるという概念は神の言葉によって人間の心に伝えられますが、イエスの崇高さへの感覚は、神の霊によって直接的に与えられるのです。

（ウ）この原理が真理であることについて

ここでは、この原理が真理であること、つまり、霊的な光が存在することが明らかにされます。この原理は、第一に聖書に基づいていて、第二に合理的であるといえます。

第一についてですが、聖書の中には神の崇高さを知ることについての記述が多くあります。ここで、神やイエスの崇高さの発見は、太陽から光が出るのと同様に、神から直接的にもたらされることが明らかにされています。第二は、霊的な光は合理的なものであるということです。

神的なものが崇高であると仮定するのは合理的です。神が世界に対して語りか

けるときは、神の言葉の中には人間の言葉とは大きく異なったことがある、と仮定することは合理的なことです。賢い人が語るときには、小さな子供の話とは大きく異なるように、神の話は人間のものとは異なります。

神的なものには他とは異なる崇高さがあるとすれば、それを目で見ることができると仮定するのも合理的なことです。邪悪な人間でも神の崇高さを見ると仮定するのは合理的ではありません。人間が孤独であったり、嫉妬深かったりすると、周囲のことが目に入らなくなるのと同様に、罪は人間の心を閉ざしてしまいます。

神に崇高さについての知識が神から直接的に与えられると仮定するのは合理的なことです。霊的な知恵と恵みは、神が生きているものに与えるもっとも崇高なものです。人間が自分の理性の力でこうした知識や光を手に入れることは出来ないのだ、と仮定するのも合理的です。霊的なものの美を見るということは理性に属することではなく、心の感覚に依存するからです。蜜の甘さを知覚するのは知性によるのではないのと同様に、美を直接的に認識するのは理性ではありません。それは、心の感覚に依存します。

以上のことをエドワーズは、次のように要約しています。

（一）霊的な光を求めることは、どんな偉大な哲学者や政治家の知識よりも優れている。（二）霊的な光を知ることは、何にもまして楽しいことである。（三）霊的な光は、人間の心の本質を変え、神の本質に同化させる。（四）霊的な光は、人間の生の普遍的な崇高さを人間に知らせる。

14-3-3. 第一次大覚醒とエドワーズ

18世紀初頭、キリスト教はヨーロッパでもアメリカ植民地でも衰退傾向にありました。アメリカではイエスの人間性を認めようとする神学的リベラリズムにより、ヨーロッパでは懐疑論により、これまでの正統派神学は信頼を失うようになっていました。また、産業の発展とともに、人々の生活が豊かになり、宗教が形骸化しつつありました。アメリカ植民地の宗教指導者の中には、この宗教的衰退を嘆き、キリスト教の復興の必要性を考える人が多くなりました。

こうした状況の中で、第一次大覚醒がアメリカ植民地全般に生じました。ニューイングランドの復興運動を指導したのが、エドワーズでした。また、イギリスから渡ってきたジョージ・ホイットフィールドは巡回説教旅行の中で多くの人を

興奮状態にしました。ホイットフィールドもエドワーズも、回心が信仰生活の第一段階である、と考えました。回心するということは、まず、自分の罪深さを理解し、次に、心を愛で満たす神の赦しを意識することでした。回心した人達の中には集団ヒステリーに陥り失神したりする人もいましたが、多くの回心者は形式的な宗教ではなく、希望に満ちた宗教を獲得しました。

　この大覚醒がもたらした影響として、次のようなことがあります。まず、アメリカ植民地における高等教育の普及を促進しました。プリンストン大学やブラウン大学などが設立されました。ホイットフィールドが宗教における寛容性を説いたことから、大覚醒は、宗教上の寛容性の成長の一因となりました。不幸な人々への責任が説かれたことから、人道主義の成長をもたらしました。回心者がデノミネーションや地域の壁を越え、兄弟愛で結びついたことから、地域主義を後退させました。最後に、大覚醒は、教会に対する上層階級の支配を打破し、宗教の問題への庶民の発言権を増したことから民主主義の発展を促しました。

14-4. ラルフ・ウォルドー・エマソン（1803-1882）の思想
14-4-1. エマソンについて

　エマソンは、1803年にボストンの牧師の家に生まれました。1821年にハーヴァード大学を卒業後、教員をして生計を立てていましたが、この生活は自分にとって満足のいくものではありませんでした。そこで、牧師になるための勉強を始め、1826年に説教をする資格を得た後、ボストンで牧師職に就きました。間もなく、宗教的な疑念が生まれ、牧師は従来の教義や儀礼の単なる代行者に過ぎないと考えるようになり、1832年には牧師職から退きました。その後、ヨーロッパに旅をし、コールリッジ、ワーズワース、カーライルと出会い、エマソンは、自らの思想形成に大きな影響を受けました。アメリカに帰国後、文学者として歩み始め、1834年に、マサチューセッツのコンコードに移り、そこで後世を送ることとなりました。どの教会にも属さない牧師として説教を再開したり、講演活動も始めました。

　1836年には、当時のニューイングランドで芽生えつつあった思想を明らかにした『自然』と題された著作を発表しました。コンコードで同年、トランセンデンタル・クラブの最初の会合が開かれ、エマソンの他、オレステス・ブラウンソン、

セオドア・パーカー、マーガレット・フラーなどが参加しました。1837年には、ハーヴァード大学に招待され、『アメリカの学者』と題された講演を行い、その中で旧弊や旧世界からのアメリカの知的独立を呼びかけました。翌年、ハーヴァード大学神学部で行った講演がもとで宗教界から絶縁されましたが、トランセンデンタリズムの精神を確立しました。その後数年間に、雑誌に発表した論文や日記に加筆して、次々と著作を発表しました。これらの著作の中で、生命を持ち有機的である宇宙とエマソンとの個人的な結びつきを明らかにしました。

1847年に再びイギリスに渡った時には、エマソンは有名人になっており、各地で講演を行いながら旧交を暖めました。トランセンデンタリスト達の多くは、当時の改革運動に身を投じましたが、エマソンは改革運動には加わりませんでした。ただ、奴隷制に対しては、絶えず反対の意見を表明し、ジョン・ブラウンを支持しました。エマソンの講演旅行は人気が高まり、成功を収めていくようになりますが、反面、旧来の主張の繰り返しとなり、1860年以降は活性的ではなくなって行きました。1867年に、再びハーヴァード大学で講演を行い、キリスト教会との絶縁を解かれました。その後は、コンコードで静かに余生を送り、1882年にこの世を去りました。

14-4-2. 『アメリカの学者』(*The American Scholar*)

エマソンの思想が端的に現れているのが『アメリカの学者』と題された、ハーヴァード大学での講演です。この講演では、アメリカの学者のあるべき姿が述べられていますが、単にアメリカの学者ばかりではなく、知識人、さらには当時のアメリカ人が如何にして知識を身につけるべきであるかを説いています。学者は、(ア) 自然により、(イ) 書物により、(ウ) 行動により知性を伸ばし、「考える人」("Man Thinking") になる義務があるとしています。この講演を聞いていた人の中にはO・W・ホームズがいて、彼はこの講演に感銘を受け、後にこの講演が「アメリカの知的独立宣言」であると述べました。

ここで、『アメリカの学者』の内容について詳述することにします[5]。

エマソンは最初に、旧世界への知的依存、模倣の時代は終わったことを明らか

---

5) この原文として、次のものを使いました。Daniel J. Boorstin (ed.), *An American Primer* (New York: A Mentor Book, 1968) pp. 302-318.

にします。新大陸で生活に励む人には外国の知的遺産だけでは不十分です。古い寓話によると、すべての人間に共通して住む「一人の人間」がいて、各個人は元々はこの一人の人間から分岐しました。各個人がこの一人の人間に還ろうとしても、分岐が進み不可能となりました。社会の状態もこれと同じです。人間の機能が分岐した状態で学者に帰せられた使命は、知識の代行者になることです。学者の正しい状態が、「考える人間」であるとすると、最悪の状態は他人の知識の模倣者になることです。

　（ア）自然について

　人間の思考に重要な影響を与えるのが、自然です。学者は、自然の価値を認めなければなりません。自然、つまり「神の網」には初めも終わりもなく、人間自身の精神に似ています。科学とは、もっとも離れたところにあるもの同士の中から類似性を見いだすことです。

　人間も自然もひとつの根から派生しました。この根は、人間の霊魂のようなものです。この霊魂を崇拝するようになるとき、学者は絶えず拡大する知識を楽しむようになります。自然は、霊魂の対局にあります。自然の美は人間自身の心の美であり、その法則は人間の心の法則です。よって、自然について知らないとすれば、自分自身の心を知らないことです。ここで、「汝自身を知れ」という昔の教えと、「自然を知れ」という今の教えが一つになります。

　（イ）書物について

　次に学者の精神に大きな影響を与えるものが「過去の心」であり、それを体現しているのが書物です。学者は、自分の周りの世界を受容し、それについて熟考し、それを自分の心の中で新たに整理し、その成果を発表します。周りの世界の事柄は一時的な命を持ったものとして学者の心に入り、それが不滅の真理として出て行きます。経験の浄化の程度に応じて、真理が深まりますが、完全な真理を得るのは困難です。キケロやロックやベーコンの書物を崇拝して図書館で彼らの本を読みふける若者がいますが、彼らも書物を書いたときは、これらの若者と同様であったことを忘れるべきではありません。過去の書物のみに価値をおく人は、「考える人間」ではなく「本の虫」です。

　単に本の虫になるのではなく、考える人にならなければなりません。書物は、上手に使われた時に最善のものとなります。書物の正しい使い方とは、積極的で、

自立し、自由さを持った魂を身につけ書物を読むことです。積極的な魂は絶対的な真理を読みとり、真理を創造します。物事を創造すると言うことは、神の存在の証明になります。

　良書から得られる喜びは、驚くほど深いのです。イギリスのチョーサーの韻文を読むと喜びが得られます。二、三百年前に住んでいた人が、現在の自分の魂に近いことを述べていたことは驚きです。これは、すべての人の心に共通したアイデンティティが存在するようなもので、将来生まれる人の魂の洞察力がここに存在しているようなものです。賢い人間になるために不可欠の書物があります。絶え間ない読書により、歴史や科学を学ばなければなりません。大学は、物事の創造を目指すとき、学生に対して大きな貢献ができます。

　（ウ）行動について

　学者は世間からは隔絶しているべきだという考え方がありますが、エマソンはこれに反対です。行動は、学者にとって本質的なものです。行動なくしては、思想が熟成し、真理に到達することは出来ません。思想の前触れとなるのが行動です。行動を通じて、思想は無意識のものから意識したものになります。エマソンは、人間が住んでいる世界を霊魂の陰と呼んでいます。自然界で魅力的なものが、エマソンにとって自分の思想を解く鍵となるのです。行動できるときには、力を惜しむべきではありません。真の学者は、行動の機会を逸したことを悔やむのです。

　行動は、知力を形作る原材料であり、不思議な過程を経て経験は思想に変わって行きます。幼年期や青年期の出来事は、大人になった人には冷静に観察できるものになっていますが、現下の行動はそうではありません。それでも、新しい行動は人生の一部であり、それについて瞑想した後では、熟した果物のように幹から離れて心の中で一つの考えとして結実します。それは、美しさを持った一つの対象物になるのです。適切な行動に全力を尽くした人だけが、もっとも大きな知恵という報酬を得ます。行動の最終的な価値は、書物以上のものであり、人間にとっての一つの資源となります。

　芸術家が描くべき題材がなくなったとしても、生きて行くという資源は残ります。人間性は知力よりも高度なものです。思考は機能であり、生きることはその機能を引き出すことですから、思考は部分的な行動です。使い古された教育制度

の中からではなく、未開の自然の中から、旧弊を打破し、新しいものを創造する人間が出て来ます。すべての人にとっての労働の尊厳と必要性の根拠も、行動の重要性から出ています。

（エ）学者の義務について

まず、学者は自己を信頼し、「考える人」にならなければなりません。世論に迎合することなく、一瞬を大切にすべきです。物事を真摯に見ることによって、満足感が得られます。学者は、自分自身の心の内奥に入り込むことによって、あらゆる人の心の中に入ります。

学者は、自由であり、勇敢でなければなりません。恐怖は、無知から生まれます。学者は、危険と対峙しなければなりません。人間は確かに臆病ですが、臆病な心を変えられる人が偉大なのです。自分の感情に他人の共感を得ることは難しいとしても、人間が一体になれるところに希望があるのです。

あるがままの人間は、金銭や権力を求めるのが自然です。金銭や権力への欲望は、「文化」という概念の広まりによって抑制されます。世界で重要な仕事は、人間を向上させることです。すべての人間を活気づかせるのは、一つの魂です。

歴史的には様々な人が異なった考え方を持っていたと考えられてきました。それに対して、エマソンは、あらゆる個人を通じて存在する心の一体性、アイデンティティを説きました。あらゆる人間は、次のような3つの段階を通ります。ギリシャ的な少年時代、ロマン的な青年時代、それから思索的な壮年期です。エマソンは、自分の生きている時代を内向性の時代とみなします。人が生まれ出たい時代があるとすれば、それは革命の時代であろうと思われます。革命をどう導けばよいか解っているときは、革命の時代は素晴らしいものになります。

詩や芸術、哲学や科学、宗教や政治の中に、これからの時代が幸福なものになる兆候が見えます。その兆候の一つは、下層の人たちをより上層に引き上げた運動が文学などにおいて強調されていることです。庶民が、詩に歌われています。これは、新しい活力のしるしです。ギリシャ時代の芸術を問うことよりも、庶民を探求することのほうが重要です。日常の物事の中に、崇高な霊的原理が隠れています。

こうした考え方に触発されていたのがゲーテであり、ワーズワースであり、カーライルでした。彼らの文体には暖かみがあります。それに対し、教皇やジョン

ソンやギボンの文体は冷たくて、学者ぶって見えます。身近なものは、高遠なものと同様に美しく、素晴らしいものです。一人の人間は、自然全体に結びついています。一般大衆の価値を認めることが重要です。エマソンは、以上のような哲学を作り上げながらも、世間的には高い評価を受けなかった天才として、エマニュエル・スウェーデンボルグを挙げています。エマソンの時代に顕著なものになったもう一つのこととして、個人を尊重するようになったことがあります。

　このような時代において、学者は、自分の時代の可能性や、過去からの遺産や、将来の希望をすべて取り込むような人でなければなりません。学者が特に学ぶべきことは、世界は無であり人間がすべてであると言うこと、人間の中に自然全体の法則があると言うこと、人間の中に理性全体があると言うこと、等です。エマソンの時代までアメリカは、ヨーロッパの方ばかりを向いていて、アメリカの自由人も臆病で、模倣に走っていたところがありました。忍耐をいとわず、自分の無限の人生から慰めを得て、自分の本能を活かせば世界は変わります。自分の持っている特性を活かさないことほど不名誉なことはありません。人間が自立したときには、哀れみを受けなくなります。畏怖（いふ）の念と愛を持った人間が集まった時に、一つの国が存立します。

14-4-3．超絶主義（Transcendentalism）とエマソンについて

　超絶という言葉はカントによって使われ出した言葉で、人間の本性の中にある経験を超絶した様々な面を指しています。これが、1830年から1845年の間にニューイングランドで広まったリベラルな社会・文化運動の中心的な言葉となり、特に個人主義的な自己依存を説くエマソンの考え方を象徴するようになりました。1836年には、イエス・キリストの人間性を強調する、エマソンを始めとするユニテーリアン達は、「トランセンデンタル・クラブ」と呼ばれる討論集団を作り、質素で哲学に没頭する生活の実験を試みました。特に、「ブルック・ファーム」は、理想的な生活の実験の場となり、菜食主義者から奴隷制廃止論者に至る様々な人々が、新しい文化的な生活を試みました。

14-5．アメリカの思想の原型

　これまで、主にアメリカ思想の原型としてエドワーズとエマソンの思想を中心

にして見て来ました。時代的には、エドワーズはアメリカの独立前に、エマソンは独立後に活躍しました。さらに、キリスト教神学という点で見ると、エドワーズは人間の堕落と神の完全さを説くカルヴィニズムの復興を目指し、エマソンは人間の能力を認めるリベラルな神学的立場でした。このような基本的な違いがあるにも拘わらず、両者の思想の中にアメリカ思想の原型と呼べるようなものを瞥見できます。

　エドワーズが重視した「神的な光」と言う言葉は、神秘的な意味合いを暗示します。この言葉を表面的に捉えると、エドワーズを神秘主義者として位置づけてしまいがちです。しかし、エドワーズは、すべての仕組みを神秘に帰してしまうようなことはしませんでした。「神的な光」を人間が信仰を持つようになる根本原因として捉えています。原因（信仰）があれば結果（救い）があるというニュートン的物理学を十分に理解しながら、この論法の出発点である原因のさらなる原因として「神的な光」を持ってきたのです。そして、人間の側でこの「神的な光」を得るに際しては、人間の感覚を重視しています。エドワーズは、人間の堕落と神の絶対的崇高さを説きながらも、人間を決して無能な存在として諦観した訳ではありませんでした。人間は生まれながらにして感覚を持っていますが、その感覚を磨くのが経験です。エドワーズの神学を説く鍵は、感覚であり、経験なのです。

　他方、エマソンは、人間の能力や自然の美を賛美しました。そして、人間が積極的に行動して、思想を成熟させて真理に到達することの重要性を説きました。エマソンは、学者が「考える人」になることが大切であると述べていますが、これは、人間は単に知識が豊富であればよいのではなく、その知識に考えるという行動を伴なわせなければ無意味である、と言うことです。一方、エマソンは単に人間の能力を礼賛するのではなく、人間の能力を越えた存在を暗示しています。人間も自然も包括する霊魂を指摘しています。観念的な善悪の判断ではなく、自己を信頼し経験の中で判断していくと言うエマソンの態度から、エマソンの後の時代に出てくるパース、W・ジェームズやデューイのプラグマティズムを予見する事が出来ます。プラグマティズムでは、知識を得るための経験主義的なアプローチが重視されていますが、その先駆けとしてエマソンの思想を捉えることが出来ます。

エドワーズの『神的及び超自然的光』は、内容そのものには決して明るい印象を与えるものが多いとはいえませんが、独立する前の植民地人の鬱勃とした心持ち、それでも何かを打開しようとする力強さが感じ取れます。それに対して、エマソンの『アメリカの学者』には、独立を達成したアメリカ人の自信と将来に対する楽観した態度が滲み出ています。

　本稿では、アメリカの思想の原型としてエドワーズの思想とエマソンのものを取り上げてみましたが、彼らと同時代の思想家は他にも沢山いました。例えば、エドワーズの代わりに、リベラルな神学を唱えたチャールズ・チョーンシー (Charles Chauncy) (1705-1787) を挙げることが出来るし、エマソンの代わりに、ヘンリー・D・ソロー (Henry David Thoreau) (1817-1862) を挙げることが出来ます。それでも、エドワーズとエマソンに拘ったのは、神学的な立場が異なり、生きた時代も異なっているにも拘らず、今日までのアメリカの思想に大きな影響を与え、その特色が色濃く出ていたからです。ここで、アメリカの思想の特色とは何であるかという問題が出て来ます。アメリカの建国は宗教改革の直接的な産物であり、アメリカはキリスト教国という特質を持っています。よって、その思想には、キリスト教の影響が強く出ています。19世紀末には、フロンティアが消滅したと言われましたが、少なくともそれまでは絶えず新しい土地の開拓を進めており、この国造りの有様はアメリカ人の思考にも大きな影響を与えました。つまり、単なる観念的な思考は、アメリカ人に対しては説得力を持ち得なかったのです。一般的には、アメリカの思想は、ドイツ的な観念論がイギリス的な経験主義によって裏打ちされたものと言いうるのではないでしょうか。本稿では、この原型をエドワーズとエマソンの思想の中に見出しました。

14-6. おわりに

　本稿は、アメリカの思想への入門を容易にすることを狙いにしています。冒頭で、アメリカの思想史の時代区分を試みたものそのためです。また、エドワーズとエマソンの代表的な著作を敢えて詳述したのも、彼らの思想的特色を著作をそのまま使って述べてみたかったからです。出来ることなら、冒頭の時代区分に従って、それぞれの時代を代表する思想家すべてについて、エドワーズとエマソンについてと同様に、彼らの代表的な著作の一つを詳述してみようと思いました。

しかし、紙幅の面でも、時間的にも余裕がなかったので、エドワーズとエマソンだけに限定しました。これについては、今後の課題としたいと思います。

参考文献

［1］ アメリカ学会訳編『原典アメリカ史』第1巻～第6巻（岩波書店，1976年）．
［2］ 大下尚一編『講座・アメリカの文化1　ピューリタニズムとアメリカ』（南雲堂，1976年）．
［3］ 大橋健三郎編『総合研究アメリカ第6巻　思想と文化』（研究社，1976年）．
［4］ 鶴見俊輔『アメリカ哲学』（上），（下）（講談社学術文庫，1976年）．
［5］ Boorstin, Daniel J. (ed.), *An American Primer*. New York: A Mentor Book, 1968.
［6］ Cochran, Thomas C., et al. (eds.), *Concise Dictionary of American History*. New York: Charles Scribner's Sons, 1967.
［7］ Curti, Merle, *The Growth of American Thought*. New York: Harper & Row, Publishers, 1964.
［8］ Doren, Charles Van, et al. (eds.), *Webster's Guide to American History*. Springfield: G. & C. Merriam Company, 1971.
［9］ Parrington, Vernon L., *Main Currents in American Thought*, Vols. 1&2. New York: A Harvest Book, 1954.
［10］ Schlesinger, Arthur M., Jr. and White, Morton (eds.), *Paths of American Thought*. Boston: Houghton Mifflin Company, 1970.
［11］ Simonson, Harold P. (ed.), *Selected Writings of Jonathan Edwards*. New York: Frederick Ungar Publishing Co., 1970.

15. アメリカの宗教
―― 任意主義の浸透と信教の自由の確立 ――

15-1.

アメリカの旧い町の中心には必ず言ってよいほど教会が建っています。また、テレビドラマ「大草原の小さな家」をご覧になった方は、町で起こった問題を教会で討議している場面が繰り返し出てくることに気づかれたことでしょう。1950年代、60年代の公民権運動のリーダーの一人であったマーティン・ルーサー・キングが牧師であったことや、1980年代の大統領選挙にジェシー・ジャクソンを始めとする宗教界のリーダーが名乗りをあげたことを記憶なさっている方もあるでしょう。こうしたことは、アメリカの中で宗教が果たしてきた役割の一端を窺わせるものです。ここでは、このようなアメリカの宗教の性質がどのようにして形成されてきたのかを、歴史を概観することを通して探っていきたいと思います。

15-2. 植民地時代の宗教
15-2-1. ニューイングランドとピューリタニズム

1620年12月、イギリス国教会のもとで迫害されていた会衆派ピューリタンの分離主義者のグループが、メイフラワー号に乗ってプリマスに到着しました。彼らは、イギリス国教会による宗教改革にも、国教会の中にとどまって改革を推進しようとする非分離主義にも飽き足らずに、独自の教会を形成した宗教改革の急進派です。彼らは、自らの信仰を実践できる安住の地（神に約束された聖なる地）を求めてオランダへ渡り、さらにアメリカへ渡って来たので巡礼始祖（ピルグリム・ファーザーズ）と呼ばれています。彼らは、上陸に際してメイフラワー盟約を結び、「神の栄光のため、キリスト教の信仰を増進するため」に共同体を建設することを、神と互いの前で誓いました。彼らは自分たちの教会を公認教会とし、市民権に段階をもうけて公認教会の会員に大きな権利を与えることによって、「教会国家」を出現させまし

た。そして次第に、教会員になる可能性の少ない者の流入を歓迎しなくなったために、植民地としては発展せず、マサチューセッツ湾植民地に吸収されました。

マサチューセッツ湾植民地は、1628年に、会衆派ピューリタンの非分離主義者によって建設されました。会衆派以外の者も労働力として受け入れたこの植民地でも、会衆派の教会が公認教会と定められ、回心体験を有する「見える聖徒」(visible saints)による「神政治」(theocracy)が実施されました。彼らも、巡礼始祖と同様、自らの信仰をこの世で証するために理想的な共同体を建設しようと目指しました。彼らは、生活のあらゆる局面で信仰を表現しようとし、倫理的な生活を送ることを自らと他者に期待して、世俗的な娯楽を一切禁止しました。

しかし、このように厳格な生活を続けることがすべての人間に可能だったとは考えられません。そして、回心体験を持つ教会員（「見える聖徒」）の全人口に占める割合は減少し、教会員資格の緩和を意味する半途契約（Half-Way Covenant）の考え方を採用しなければならないほどになりました。神と契約を結んでいる人間の減少は、悪魔の影響力への恐怖を引き起こし、魔女狩りの一因となったと考えられます。魔女狩りは、1692年のセイラムで、少女たちの痙攣の発作をきっかけとして起こった事件で、6月から9月までの間に、20人の男女と2匹の犬が魔法を使った咎で処刑されました。

半途契約の採用も魔女狩りも、「同じ信仰を持つ者の交わりとしての教会」という教会論にたつ会衆派の教会が、他の信仰を持つ者を共同体に受け入れながら、「一社会一教会」を原則とする公認宗教の立場を主張したという矛盾に端を発していると考えられます。マサチューセッツの公認教会制度は、1811年に宗教自由法が制定されるまで残っていくことになります。

15-2-2. 南部植民地とイギリス国教会

ヴァージニアを始めとする南部の植民地では、プリマス、マサチューセッツにおいてピューリタニズムがそうであったのと同様に、イギリス国教会が公認教会の地位を獲得しています。しかし、南部の植民地建設は、ニューイングランドとは異なって世俗的な動機から始められたものであり、移住者の宗教的関心は高かったとは言えません。それでも、1628年に主教になったウィリアム・ロードは海外の英国市民の魂にも強い関心を示し、イギリス国教会の推進のために強力な指

導力を発揮しましたが、国教会は、ピューリタニズムのように内面の信仰を問題にはせず、緩やかな支配をするにとどまりました。

そして、ピューリタン革命以降の混乱の中で、南部植民地の公認教会制度は弱体化して複数の教派の存在が容認される状況が生まれ、さらに、国教会員は独立革命において王党派を支持したために、政治抗争に敗れて公認教会としての地位を失うことになりました。

15-2-3. 中部植民地と宗教の寛容

公認教会制度がもうけられたニューイングランドと南部に対して、中部の植民地では宗教の寛容が開拓当初から実施されました。

メリーランドでは、カトリックの信者であった領主カルヴァート家の政治的な手腕に支えられて、三位一体論を信奉するすべての者の宗教の寛容が独立革命に至るまで実施されました。

また、オランダ領ニューネザーランドとして出発したニューヨークでは、オランダ領である間は改革派が公認教会とされ、フレンド派（クエーカー）、ルター派、ユダヤ教などが迫害されたこともありましたが、1665年にイギリス領になってからは、形の上ではイギリス国教会を公認教会と定めたものの、多様な背景を持つ住民の宗教を許容せざるを得ないというのが実状でした。

ペンシルヴェニアは、各地で迫害に遭っていたクエーカー教徒のために、クエーカー教徒であったウィリアム・ペンが、政府から購入した植民地です。これに先立ってクエーカー教徒は、短期間ながらニュージャージーで支配権を握って信仰の自由を実践し、異なる信仰を持つ者との共存の実験に成功していたので、この地がイギリス国教会の会員の所有地になると、ペンシルヴェニアを購入したのでした。ここでは、あらゆる宗教の自由が認められたので、寛容を認めない植民地で自分の望まない教義を押しつけられていたすべての人々にとって、避難所となりました。その結果、多種多様な信仰を持つ者たちが流入し、ペンシルヴェニアは、経済的にも文化的にも大きな発展を遂げました。ペンシルヴェニアの港町フィラデルフィアは、合衆国の独立後しばらくの間、首都の役割を果たしました。

15-2-4. ロードアイランドと信仰の自由

ロードアイランドでも、中部の植民地と同様に信仰の自由が確保されましたが、根底にあるのはまったく異なる事情でした。中部植民地の場合には、植民地を立てた教派が弱小であったり、住民の信仰があまりに多様であったために、単独の教派がその教義を住民全員に強要することができず、宗教の寛容が定着していったということができますが、ロードアイランドの場合には、植民地を開いたロジャー・ウィリアムズの宗教上の確信から、信仰の自由が確立されました。

ウィリアムズは、イギリス国教会の牧師からピューリタンになった人物で、マサチューセッツ湾植民地に移住をしましたが、ウィンスロップの神政政治に満足せず、ロードアイランドをたてました。彼は、全身全霊をもって全力をふりしぼって神の啓示を理解しようと努力しても、その理解は完全であるとは言い難く、したがって強制という手段を用いて他人を転向させることに価値はないと考えて、信仰の自由を唱えました。さらに、世俗的領域は世俗的原理で処理されるべきもので、そこに宗教を介在させることは世俗的領域にとっても宗教にとっても望ましくないと主張して、政教分離の原則を確立しました。つまり、ロードアイランドの場合には、現実的な選択としての宗教の寛容ではなく、信仰の自由、政教分離という信念に基づく社会の建設がなされたのです。

15-3. アメリカ型宗教の成立

このように、イギリスの北米植民地は、各々異なる事情を前に独自の宗教政策を展開させていました。その植民地が独立を達成して1つの国家として統合されていく過程で、宗教もアメリカ的な特質を備えたものへと変化していきます。このアメリカ型宗教の形成には、大覚醒運動と合衆国憲法の制定が非常に重要な意味を持ちました。

15-3-1. 大覚醒運動（Great Awakening）

大覚醒運動は、アメリカで繰り返し起こった信仰復興運動(リバイバル)の最初のもので、18世紀初頭にフレリングハウゼンの説教によって始まりました。この運動は、回心体験を得られず悶々としていた植民地の宗教的飢餓に応えるという効果を持ちま

した。著名な説教者としてはテネント父子、J・エドワーズ、G・ホィットフィールドなどが挙げられますが、特にホィットフィールドは、様々な教派に協力して植民地各地を巡回し、結果的に植民地を霊的に統合することになりました。

　この運動は、宗教的感情を高揚させて多くの回心者を出しましたが、各教派の中で批判の声も大きく、教派の分裂を招くこともありました。そして、1つの教派の中での意見の対立や組織の分裂の動きと、異なる教派の間での協力により、流動性が増し、それまで一般的だった教区制度の形がくずれて、信徒が所属する教派や教会を自分で選択するという任意主義（voluntarism）の傾向が助長されていきました。一度このような傾向が一般化すると、教会は、信徒の霊的ニーズに敏感に応答して信徒を確保したり、伝道活動によって新たな信徒を獲得したりしなければならなくなります。

　こうして大覚醒によってもたらされた状況は、アメリカに存在する諸教派すべてに影響を及ぼすことになり、更なる信仰復興運動や伝道活動を必要とするようになったのです。

15-3-2. 合衆国憲法

　イギリスからの独立を達成した合衆国にとって、150年あまりの間別個の道を歩んできた13の邦（ステート）を統合するという問題は、失敗を許されない困難な問題でした。宗教に関しても、公認教会制度を維持し続けようとする邦から、宗教の自由を主張する邦まで様々で、憲法制定時には、「宗教を公職に就く要件としない（第6条）」ことで合意するにとどまりました。

　信仰の自由を保証したとされる修正第1条（1791年確定）は、連邦議会が国教を樹立することと信教上の行為の自由を禁止することを禁じたものであり、州（邦）政府の同様の行為を禁じるものではありませんでした。したがって、独立13州のうち完全な信仰の自由を定めたのは、ロードアイランド、ニューヨーク、ヴァージニア（1785年、信教自由法の制定）のみで、その他は程度の差はあるものの世俗的権力が宗教に介入する制度を保持しました[1]。

---

1) 州民の信教の自由が連邦最高裁判所によって保証されるようになったのは、1923年の判決以降のことで、修正第14条（1868年確定）がその論拠とされた。W・マーネル（野村文子訳）『信教の自由とアメリカ』（新教出版社、1987年）192-196頁。

このように州のレベルでは、独立後も政教分離、信仰の自由の制度が確立されたわけではありませんでしたが、国教を樹立しないことを定め、政教分離を実践する地域が存在していること、西部開拓地では労働力を確保するためにより大きな自由を住民に提供しようとしたことなどから、合衆国では早い時期から実質的に政教分離、信仰の自由が確保されたということができるでしょう。

15-3-3. デノミネーション──アメリカ型宗教

　大覚醒運動と合衆国憲法によって、アメリカの宗教（キリスト教）は、国家と結合した公認教会への所属を強制され、それ以外の信仰を持つことが弾圧や迫害を意味した伝統的なヨーロッパの宗教とは全く異なる環境に置かれることになりました。人は、複数の選択肢の中から所属する教会を選択し、または選択しない自由を与えられました。各教派、および各教会は、政治的権力や武力を借りずに、並列して存在する他の教派、教会と、信者を求めて競争しなければならず、そのためには、一般信徒のニーズに応えることに注意を払うことになります。そうした中で、アメリカの宗教は、神学より宗教体験を（体験主義）、教会の制度や儀礼よりも聖書を（聖書中心主義）重視し、また教会運営に信徒の意向を積極的に採り入れる（会衆主義）特徴を持つようになりました。また、聖職者の絶対数の不足から信徒による説教が認められたことが信徒の発言力を一層強め、また教派間の神学的な相違をあいまいなものにすることにもなりました。さらに、アメリカの教会は、信徒の関心に呼応するあまり信徒の世俗的関心に左右されて、例えば、階級別、人種別、民族別、使用言語別に教会が分裂していく傾向があります。このような傾向は繰り返し批判の対象になりましたが、こうした性質のためにアメリカの教会は、移民や移住によって「根無し草」になりがちな人々を社会に繋ぎ止め、同質的な者を結合させることによって彼らに力を与えてきたということができます。

　このようにして、19世紀の始めまでに、アメリカのキリスト教会は、ヨーロッパの教会とはっきり異なる性格を持つようになりましたが、このような性質を持つ宗教集団を、ヨーロッパ社会に見られた「チャーチ」(church)（国教、公認教会）と「セクト」(sect)（分派、異端）に対して「デノミネーション」(denomination) と呼びます[2]。そして、この頃までにデノミネーションとして

組織固めをしていたプロテスタント諸教派は、一般に「メイン・ライン」と呼ばれています。

15-4. 19世紀の宗教事情

　18世紀末から19世紀始めにかけて、アメリカは、急速に西部へと領土を拡大し、西部は、東部「伝統」社会と外国から多くの開拓者を受け入れていきます。それまでの社会的、人間的絆を断ち切って西部の荒野に入っていった人々の霊的ニーズは、東部の安定した社会に生きる人々のそれと異なっていたのは当然です。このようなニーズに応えようとしたメインライン諸教派からの働きかけの1つが、L・ビーチャー、T・ドワイト、C・フィネーらによる第二次信仰復興運動という形をとりました。また、バプテスト派とメソジスト派は、それぞれ農夫説教や巡回牧師といった方式を採用して、開拓地での牧師不足を補填すると同時に、より地道な伝道を行おうとしました。

　こうしたメインラインの活動は一定の成果をおさめますが、充たされなかった魂は新たな宗教を求め、そこに新宗教が誕生してきます。また、カトリック教国からの移民の増加によって、カトリック教会も見過ごすことのできないものになりました。

15-4-1. アメリカ生まれのキリスト教
15-4-1-1. 末日聖徒イエス・キリスト教会（モルモン教）

　モルモン教は、ニューヨーク州北部で、ジョゼフ・スミスによって始められました。彼は、繰り返された信仰復興運動によっても回心体験を得られなかった者たちを集めて教団を組織し（1830年）、「真の教会」を回復してこの世に神の国をもたらすことを目指しました。教団は、1830年代にはオハイオ州やミズーリ州の各地に「コロニー」と呼ばれる共同体を建設し、政教一致（「チャーチ」型）に基づく神政民主主義を実践しました。1844年には、ジョゼフ・スミスは大統領選挙への出馬を表明し、世界のモルモン教化の第一歩にしようと目論みましたが、その直後に住民とのトラブルから逮捕され、牢が暴徒に襲撃されて殉教しました。

---

2)　小口偉一・堀　一郎監修『宗教学辞典』（東京大学出版会、1973年）「チャーチ、セクト、デノミネーション」の項を参照のこと。

突然教祖を失った教団は、分裂を体験しながらも、ブリガム・ヤングの強力な指導の下で勢いを盛り返し、ソルト・レークの原野（現ユタ州）に宗教都市を建設して、1850年代には州への昇格の要件を整えました。しかし、教団は、ユタ周辺の開拓民とのトラブルや郵便・電信のルートの安全確保の問題について連邦政府と対立し、衝突は回避されたものの1857年から58年にかけて連邦軍の派遣という事態まで招いています。また、教団が実施したポリガミー（一夫多妻制）は、連邦政府および一般のアメリカ市民の教団への疑念を強めることになりました。連邦政府は、1887年エドモンド・タッカー法によって多妻婚を禁止し、違反者に対しては武力行使も辞さない態度を示したので、教団は1890年にポリガミーを放棄せざるを得ませんでした。そして、ユタは1896年に州への昇格を認められることになりました。

モルモン教会と世俗権力の衝突は、教団の側からは宗教弾圧という観点から捉えられていますが、世俗権力が教団に関与したのは、教団の行為が世俗的な法律に抵触しているという名目がたった場合のみであったということができます。そして、ユタが州として認められたということは、世俗権力がモルモン教をアメリカの宗教、デノミネーションの1つとして認めたということであり、また、教団の側がデノミネーションとしての地位に甘んじることに同意したということを意味すると考えられます。

15-4-1-2．ディサイプル派

ディサイプル派は、ケンタッキーのB・W・ストーンとペンシルヴェニアのキャンベル父子の動きが結合する形で、1832年に誕生しました。

彼らは、階級や民族の境界線に沿って教会が分裂しているデノミネーションのあり方を批判し、聖書のみの信仰に基づく原始キリスト教会の復興を訴えました。このような運動は、教会の絶対数が不足していて、教義の違いを云々する余裕のなかった西部開拓地の人々の魂を、「キリスト教信仰」へと導こうという試みであったと捉えることができます。

しかし、彼らの試みは新たなデノミネーションを生む結果となりました。

15-4-1-3. 再臨運動

　キリストが、最後の審判を下して真の信者を救うために栄光のうちに地上に再び現れるとき（再臨）が間近に迫っていると考え、その時に備えようという一連の運動のことを再臨運動と呼びます。この運動は、ウィリアム・ミラーが、聖書の研究を通して再臨の時期を1843年3月から44年3月であると算出して、そのことを伝える伝道旅行に出たことから盛んになりました。その予言は外れましたが、彼に共鳴した者たちの中からセヴンスデイ・アドヴェンティスト、エホバの証人派といったグループが生まれています。

　再臨運動は、神の国が実現する前に再臨があると考える前千年王国論（至福千年期前再臨説）の立場に立っています。この考え方では、理想的な社会は最後の審判によってもたらされるもので、人間の努力によって実現されるものではないとされています。したがって、この種のグループは、現実の社会の中で自分の努力によって生活を改善できる見込みの少ない者たちにとって魅力的であり、運動が発生・成長した19世紀半ばには、社会の発展から取り残された貧農の者を多く集めました。

15-4-1-4. クリスチャン・サイエンス

　クリスチャン・サイエンスは、ニューイングランドのカルヴァン派の出身であるメリー・ベーカー・エディを創始者とし、1879年に教団として出発しています。エディは、病弱だったことから、当時流行していた種々の催眠療法や信仰治療を試していましたが、聖書を読んでいたときに癒しを体験し、その体験をもとに『科学と健康──付聖書の鍵』を著しました。その中で彼女は、神の真理を正しく理解することによって肉体的、物質的苦難は克服できると主張しています。

　このグループは、科学主義のうねりの中で迷信として排除されようとしていた宗教を、科学的用語で説明して、信仰を保ちながら科学や近代主義をも受容しようとしていた中産階級の者たちのニーズに応えると同時に、心因性の病気に悩まされていた人々を惹きつけました。

　この教団は、エディの存命中に組織を理事会による集団指導体制に移行させ、近代的な組織を創始者のカリスマによって築いたことでも特徴的だといえます。

15-4-1-5．共同体運動

上記の運動のように発展して、今日、デノミネーションの仲間入りをしたものの他にも、19世紀中葉には、西部開拓と産業革命の渦中にある人々の様々なニーズに応えようとした運動が、理想的社会の実験を行っています。

そうしたものの中には、シンプルな家具で有名なシェーカーや、銀製品で知られるオネイダ共同体が含まれますし、少し性格は異なりますが、19世紀の生活様式を厳格に保持しているアーミッシュも含まれます。

これらの共同体運動は、1840年代にピークを迎え、創設者の死や財政難から1850年代以降衰退していきました。

15-4-2．カトリック教会

カトリックの信者は、植民地時代には、スペインやフランスの植民地に隣接する地域や、宗教の寛容が実践されていた地域に入植していましたが、数の上でも少なく、比較的裕福であったために、プロテスタントと良好な関係を保っていました。ところが、フランス革命（1789年）の難を逃れてフランス系の信者が、ジャガイモの飢饉（1840年代）によってアイルランド系の信者が、そして産業革命の中で東欧・南欧の信者が集中して流入すると、そのたびに、アメリカ社会にもカトリック教会の内部にも、波紋が投げかけられることになりました。

カトリック教会は、自らを唯一普遍の教会であると主張し、「一社会一教会」という教会論のもとで、社会の成員すべてを信者として受け入れて、良きカトリック信者へと教育する役割を担おうとしてきました。また、カトリック教会はローマ法王を頂点としたピラミッド型の権力構造を持ち、教義の解釈から教会運営に至るまで、最終的な決定権を法王に付与しています。

カトリックのこのような考え方は、政教分離の中での複数教派の平和共存と競合を旨とする「デノミネーション」のパターンとは相容れないものです。アメリカのプロテスタント諸教派は、カトリック教会がローマ法王という外国の権力の下にあることと、国教の地位を要請する教会論を有していることに強い危惧を抱き、さらに信者の大多数がアングロ・サクソン系以外の外国人で、生活習慣の上でも異質なものを持ち込んだために、懐疑と恐怖を募らせました。19世紀半ば以

降盛んになった禁酒運動を始めとする道徳主義的な運動は、カトリック移民たちの生活習慣に対して、禁欲的プロテスタントの伝統を守ろうとする運動だったということができます。このようにプロテスタントのカトリックに対する不信感は根強いものがあり、カトリックは長い間社会的な不利益を被ってきました。1960年の大統領選挙でアイルランド系カトリックのジョン・F・ケネディが勝利したことは、その意味で、アメリカ社会にとってもアメリカ・カトリック教会にとっても、象徴的な出来事であったということができるでしょう。

いずれにしても、このようにカトリックがアメリカ社会に受容されていくためには、アメリカのカトリック教会はデノミネーションという型の一部を受容しなければなりませんでしたし、そのことをローマ（バチカン）に理解させなければなりませんでした。アメリカの宗教の性質の中でカトリック教会が受容した要素としては、政教分離の原則と信徒の自律性が挙げられます。しかし、カトリック教会は、階級や人種、民族別に教会や教区を分割することには抵抗しました。そのため、新来の移民たちは理解できない言語で行われる礼拝に参加することを余儀なくされましたが、教会は同郷の聖職者を配置したり、礼拝以外の活動では各々の母国語が使用できるように配慮することによって信者のニーズに応え、結果的には移民がアメリカ社会に適応することを助けることになり、また、教会は多様な背景を持つ者の交わりの場となりました。

カトリック教会のアメリカ社会への適応は、ヨーロッパの「チャーチ」の伝統が、「デノミネーション」という形とどのように折り合いをつけたかを示すものだということができます。

15-4-3．「富の福音」、「社会的福音」、救世軍

19世紀後半になると、産業革命と東欧・南欧からの移民の大量流入によって、アメリカ社会の中心は農村から都市へ移り、アングロ・サクソンの質素で禁欲的なプロテスタント文化は、移民が集まり住む都市の享楽的な文化に圧倒されるようになります。全く新しい体験の中で、人々のニーズも変化し、各教派は新たな対応を迫られることになりました。

メインラインから示された対応の1つは、第三次信仰復興運動です。これは、1870年代頃から都市の労働者を対象にして展開されました。D・L・ムーディや

I・サンキーが、この時期のリバイバリストとして活躍しています。こうしたメインラインの努力は、霊的ニーズを持つ人々には応えましたが、当時の都市の労働者にとっては、物質的なニーズの方がより切迫したものでした。そうした側面にも関心を払ったプロテスタントの動きとして、「富の福音」、「社会的福音」、救世軍などが挙げられます。

「富の福音」（Gospel of Wealth）は、産業革命の激動の中で少数の資本家のもとに蓄積された富は、社会のものであり、協同社会のために使われるべきであるという考え方で、一代で巨万の富をきずいたアンドルー・カーネギーなどによって唱えられました。カーネギーは、富の不均等分配を緩和する方策として累進課税や相続税といった制度の導入を提案し、奨学金制度や図書館の設立に出資したり、労働者の資本所有や経営への参画を提案したりしています。彼は、弱い立場にある者に立身出世の機会を与えることによって、健全な自由競争を確保しようとしたと言えます。

「社会的福音」（Social Gospel）は、個人の悔い改めだけでなく、社会の仕組み全体の悔い改めとキリスト教化の必要を訴えます。ここでは、キリスト教的な愛の精神は時間と空間を越えた連帯感として理解され、悔い改めは教育、啓蒙によって漸進的に推進されると考えられています。ワシントン・グラッデンやウォルター・ラウシェンブッシュが「社会的福音」を唱えた代表的な人物です。

救世軍は、イギリスでウィリアム・ブースによって始められ、1880年にアメリカでも活動を開始しました。このグループは、貧困の原因になる飲酒、売春などの社会悪と戦うために軍隊組織を編成し、勇敢かつ地道に活動を展開しています。

19世紀後半の新しい現実に対して、カトリック教会も多くの慈善事業を行っていますが、カトリックの信者には労働者が多く、彼らは労働運動に巻き込まれていくことになります。

15-5. 現状

2つの世界大戦、共産主義革命と冷戦、科学技術の飛躍的な進歩といった20世紀前半の世界を取り巻く情勢は、宗教界の結束を促しました。「メインライン」とみなされる教派の多くが、アメリカ合衆国全国教会協議会（NCC）への参加を通して教会一致（エキュメニカル）運動を推進し、1965年から67年にかけての

第二バチカン公会議を体験したカトリック教会も、こうした宗教間の対話に加わるようになりました。

しかし、こうした対話の動きによって教義上の違いは強調されなくなり、また社会の繁栄による教派間の社会的格差（階級、教育水準など）が減少したために、特にプロテスタント諸教派は同質化して、一般信徒の帰属意識は希薄になる傾向が見られます。人々の社会参加の足がかりとしてのデノミネーションの役割は、かつてほど重要なものではなくなったように思われます。しかし、デノミネーションの内部に特定の目的を持った者のグループが形成され、同じ目的を持つ他のデノミネーション内のグループと共同戦線をはるという形での活動は、盛んに行われています。こうしたグループは、特定の目的を達成すると解散されることもあれば、共に闘うことのできる次の目的を見つけて活動を続けることもあります。いずれにしても、こうしたグループは、新しいデノミネーションの形成を目指すものではなく、旧来の組織を保持した上で、変化するニーズに敏感に対応しようというデノミネーションの柔軟な姿勢を示すものだということができます。

いま1つ注目すべきことは、今日では、他のものとははっきりと異なる個性的な信条を掲げるグループに、人々の関心が集まるという傾向です。1980年代には、ファンダメンタリストやテレビ伝道師のような非常に保守的な傾向を持つグループが多くの人々を惹きつけましたし、時折、特異な事件を起こして物議を醸す種々の「カルト」も少なからぬ信奉者を集めています。

アメリカにおける信仰の自由は、己の信ずるところを実践したいと考えた多くの人々の全人生を賭けた闘いの結実として獲得されたものです。そして、自らの信仰の自由を求める思いは、今日のカルト集団の信者も同じでしょう。ただ、他者の信仰の自由や基本的人権を侵害するような信念を持つ集団に対して、私たちはどのように対処すればよいのでしょうか。信仰の自由の原則を一部譲歩して、法的規制をしていくのでしょうか。それとも、そうしたグループに対する異議申立ての運動を組織するのでしょうか。この問題は、信仰の自由を保障しているすべての社会が対処していかなければならない問題だということができるでしょう。

推薦図書

[1]　井門富二夫編『アメリカの宗教　――多民族社会の世界観』（弘文堂，1992年）．

［2］　井門富二夫『カルトの諸相 ―キリスト教の場合』（岩波書店, 1997年）.
［3］　曽根暁彦『アメリカ教会史』（日本基督教団出版局, 1974年）.
［4］　William H. Marnell, *The First Amendment ; The History of Religious Freedom in America*, Doubleday & Co. Inc., 1964.（邦訳）野村文子訳『信教の自由とアメリカ ―合衆国憲法修正一条・十四条の相剋』（新教出版社, 1987年）.
［5］　森　孝一『宗教からよむ「アメリカ」』（講談社, 1996年）.
［6］　Franklin Hamlin Littell, *From State Church to Pluralism ; A Protestant Interpretation of Religion in American History*, Doubleday & Co. Inc., 1962.（邦訳）柳生　望・山形正男訳『アメリカ宗教の歴史的展開 ―その宗教社会学的構造』（ヨルダン社, 1974年）.

───〈ホームレスのためのシェルターの運営に参加して〉───

　留学して2年目の冬、私は、ホームレスの人たちを夜の間収容するシェルターの開設と運営に協力する機会を得ました。このシェルターは、キャンパス近くのある教会の厚意で提供された教会地下の広間に、付近の家庭から提供された不要になったマットレスを設置したもので、20名あまりの人を収容できるものでした。ヴォランティアの大半は学生でしたが、マットレスの運搬、施設の設営から、シェルター開始後の日帰り・泊り込みの当番、食料の調達、人員配置の調整まで、運営に関わることすべてを自分たちで分担しました。この活動は、冬の間5ヶ月間ほど続けられました（このシェルターはその後も毎年冬になると開設され、同じスタッフを中心にさらに十数個のシェルターが近辺に設立されたということです）。

　この活動に協力して最も感銘を受けたのは、実に多くの人が、非常に様々な形で、肩肘を張らずに協力をしているということでした。車を出せる人は車を、時間のある人は時間を、食料調達の当てのある人は食料を、5ヶ月間のうち1回だけでも、30分だけでも提供するのです。協力したいと思ったときに提供できるだけのものを提供し合うことで、個々の協力は小さくても全体として大きな力になればよいということが協力者の共通理解になっていて、活動の対象であったホームレスの人々も次第に「お客様」であることをやめて、各々の仕方で力を貸してくれるようになりました。

　このシェルターでの体験を通して、私は、アメリカ人が社会の問題に直面したとき、どのように対処してきたのかを垣間見たような気がしました。私にとってこの体験は、小さな協力に意味を見出して活動するこうした人々こそが、アメリカの草の根民主主義を支えているのだということを痛感させるものでした。　（柴田史子）

16. アメリカの教育

16-1. 教育理念

　アメリカにおける教育はめまぐるしい変遷を経ていますが、常に民主主義の伝統的な理想である自由と平等を追求してきました。ジェファソン大統領時代（1801〜1809年）につちかわれた自由主義的競争原理に基づく能力主義とジャクソン大統領時代（1829〜1837年）につちかわれた平等主義的機会均等とが対立したり補い合ったり、どちらかが強調されたりしてアメリカにおける教育の歴史を形成してきました。前者は個人が持っている能力を最大限発展させようとするもので、エリート教育を推進しました。後者はいかなる条件によっても左右されることなくすべての人々が等しい機会を与えられるべきだという考えに基づいて、平均的な水準を引き上げようとし、大衆教育を奨励しています。

16-2. 行政

　教育の権限は州にあり、実際上は全米で約15000ある学区の地方教育委員会が学校の運営・管理を行っています。ほとんどの学区では教育委員は住民の直接投票によって選出され、委員はたいていの場合、教育の専門家ではありません。教育長は教育専門家であり、教育委員会の任命または、住民の直接選挙で選ばれます。また教育費は地方ごとに集められた税金が使われます。このため、住民と教育とは深い関係で結ばれています。

　各教育区により教育方針、施設、予算、サービスなど千差万別です。初等・中等学校の教育費のほぼ全額は、連邦、州、地方によりまかなわれていますが、財政の豊かな地域とそうでない地域において、著しい格差を生み出しています。このような地方格差に対して、州は教育の平等、最低基準の保障などの画一化の方向へと働きかけています。連邦は統制権はなく援助機能がありますが、連邦の教育行政を行っている教育省の主な仕事は教育の機会均等の保障、教育研究・開発、

教育情報の収集・分析・提供などです。

16-3. 教育制度

各州の管轄事項であるため州によりさまざまな教育制度が設けられています。また同じ州内であっても地方の学区によって異なることもあります。最も一般的な形態は義務教育においては就学は 6 歳、終了は16歳、義務教育の年限は 9 年です。初等教育（ 6 歳から12歳まで）は小学校で行われ、 6 年制が最も多く、つい

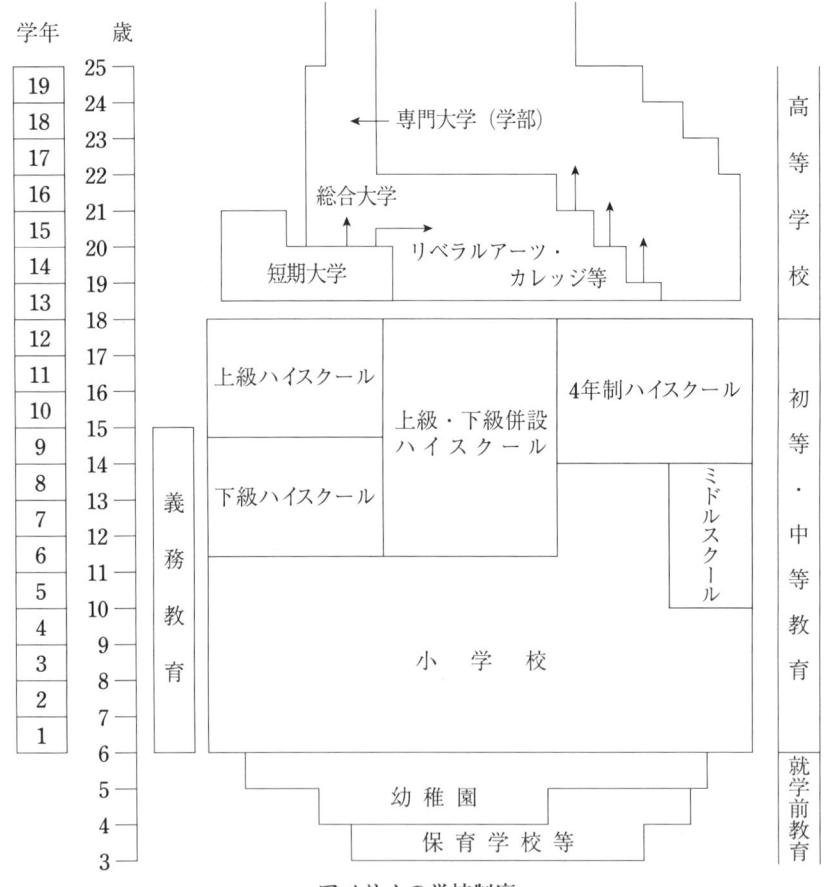

アメリカの学校制度

出典：文部省大臣官房調査統計企画課『諸外国の学校教育（欧米編）』（大蔵省印刷局、平成 7 年11月）279頁。

で5年制で、その他に8年制、3年制、4年制もあります。第5又は第6学年から第8学年までのミドルスクールが1960年代後半から開校されるようになり、近年増加しています。そのため6・3・3制、8・4制、6・6制に加えて、5・3・4制、4・4・4制、4・5・3制をとることになります。中等教育（13歳から18歳まで）はハイスクールで行われ、4年制が最も一般的ではありますが、その他多様な学年構成があります。高等教育（19歳以上）は大きく4年制大学と2年制大学とに分けられます。大学院は修士課程と博士課程からなり、前者は1〜2年間の課程である場合が多く、後者は3年間の課程です。

16-4. 歴史

　合衆国で最初の大学は1636年に創立されたハーヴァード大学です。続いて1783年のアメリカ独立戦争終結までに15以上の大学が設立されましたが、古典、ラテン語、ギリシア語、神学、文学などを主としたヨーロッパのカリキュラムに従ったものでした。このようなカリキュラムは合衆国ではそれほど役に立たないと批判を浴びて実用的な教育の必要性が叫ばれました。1819年に私立のダートマス・カレッジを総合大学制度へニュー・ハンプシャー州が移管しようとして訴訟問題へと発展し、カレッジ側に有利な判決をした事件が契機となり私立大学が自由に設立されることになり、その数が次々に増大していきました。女子に教育は無用であるという植民地時代の影響で、女子教育はかなり遅れましたが、1837年にオバリン・カレッジが初めて男女共学を実施しました。

　19世紀後半から20世紀初頭にかけてのドイツの大学への留学者は専門化した学術の研究をアメリカへもたらし、卓越した能力の開発を強調しました。それまでは基本的な教授法は復誦で、教科書を暗記し教師に指名された学生はそれを繰り返すというものでした。しかしドイツからの帰国生により講義法がもたらされて、復誦に取って代わりました。

　義務教育制度は1852年のマサチューセッツ州をはじめとして、1918年のミシシッピ州まで全米に及びました。1862年バーモント州選出のジャスティン・モリル上院議員が議会に提出したモリル法が制定されて、連邦政府がおのおのの州に土地を与えて、各州に少なくとも一校の農業・機械工学に関連した大学を設立することを要求し、高等教育はさらに普及することになり、特権階級だけのものであ

った高等教育は万人のためのものへと近づきました。またこれはヨーロッパの影響を離れて自国が必要とする大学を独自に開発することになりました。農学や工学は19世紀の半ばでは確立した学問にはなっていませんでしたので、模範とするものもなく、アメリカは独自にそれらの学問を築いていったのでした。

1874年のカラマズー判決は中等教育を公費でまかなうことを支持し、中等教育の大衆化へと導きました。学生運動が活発であった60年代には生活にすぐ役立つ実用的な教育が重要視されました。その結果、基本的な読み、書き、計算もできない多くの高等学校卒業生を生み出すことになり、80年代には基本的なことを教育する必要性が訴えられました。1957年にソビエトの人工衛星スプートニクが打ち上げられて、アメリカは大きな打撃を受け、スプートニク・ショックと呼ばれています。合衆国連邦はソビエトに追いつくために科学に力を入れ、教育においても理科系の科目を重要視するように奨励しました。教育の根本的な問題をなおざりにして、国レベルでの競争が教育に影響を与えているとして厳しい非難もありました。この科学中心の教育はエリート教育を指向することになりました。

クリントン大統領は「教育立国」を宣言し、1997年2月の一般教書演説においても、教育水準を引き上げるためにコンピュータ情報網を整備する、教育減税、大学生への財政支援を強化するなどの政策を打ち出しています。

16-5. 初等・中等教育

16-5-1. 入学選抜

ハイスクールへの進学はごく一部の例外を除いて無試験です。進学率は100％に近く、生徒のほとんどは公立ハイスクールに在籍していて、公立ハイスクールは小学区制、総合制が主流です。

16-5-2. 教授法

アメリカ全土で使われている教科書は実に多様であり、しかも同じ教科書を使用している教師間においても生徒側にとっては学ぶ内容に大きな差があります。というのは教科書をどのように使用するかは教師の自由に任されていて、教師は目標に応じて教科書のどの部分を学習するかを選択して教えていくのが一般的であり、教科書に沿って最初から最後まで進めていくことはあまりありません。各

教師はまた自主教材を使いながら授業を展開していきます。

　集団学習よりも自主的な学習が重んじられていて、生徒は一斉にひとつのクラスで同じ事を学習するよりも、個別学習が主流となっています。数人は教師から指導を受けていて、残りの生徒は各自、ワークブックに取り組んでいる光景がよく見られます。教師が生徒に教え込むのではなく、生徒は自主的に学習に取り組み、わからない時に教師が手助けをするのです。能力別学級編成に関しては、1960年頃から差別につながるということで反対の動きはありますが、依然としてそれほど抵抗なく受け入れられています。さらに学年制を完全に廃止して能力・学力別に編成した無学年制も導入されています。

16-5-3．教科

　教科は初等教育では各州の教育法、教育委員会規定、または各学区の行政規定などで規定されています。中等教育では単位制になっていて、必要数の単位を取得できれば卒業できます。

　ひとりひとりの生徒は興味、関心、能力などが異なっているので、それぞれに応じた教育を行い、個性を伸ばすべきだという考えを基盤として、初等教育の段階から多様なカリキュラムが用意されて各自が履修計画を立てます。この時に各学校に配属されているカウンセラーに指導を受けることができます。

　小学校では国語が他の科目の上達にも大きく影響を及ぼすので非常に重要な科目とみなされています。

　ハイスクールでは市民生活、職業生活、家庭生活あるいは個人としての生活、これらの3つの側面を考慮して、カリキュラムが構成されています。別の言い方をすれば、一般教育、職業教育、カレッジ進学教育という3つの役割を担っているのです。

　「人種のるつぼ」と言われているアメリカにおいて特徴的な教育として多文化教育とバイリンガル教育を挙げることができます。

　多文化教育は多様な文化が存在していることを積極的に認めるという考えに立脚した教育です。アメリカ社会において支配的なグループである白人（White）、アングロ・サクソン（Anglo-Saxon）、プロテスタント（Protestant）の略称であるワスプ（WASP）の文化をアメリカの学校文化は反映してきましたが、ワス

プ以外の民族集団に属する子供への配慮が必要であることから多文化教育が重視されています。文化間に優劣をつけることを否定し、異文化への尊敬心をはぐくみ、相互理解を深めることを理念としています。カリキュラム、教授法、行事など学校教育のあらゆる事柄はこの多文化教育を基礎としているのです。

　バイリンガル教育とは英語を母国語としない生徒に英語と母国語を併用して教育を行うことです。英語がわからない生徒にも学習内容を理解することを可能にし、安心感を与えて、自分の存在を確認することができ、また英語習得の上では英語だけで学ぶより、場合によっては母国語を媒介としたほうが、上達が速いという利点があります。英語とスペイン語でのプログラムが今日最も一般的です。

　次に外国語教育がどのようになっているのかに目を向けてみます。外国語は19世紀の終わりまでは、ラテン語とギリシア語は大学入学のために要求されていました。次第にギリシア語はカリキュラムからはずされることが多くなりましたが、ラテン語はまだ続いています。今日多くの高校ではラテン語、フランス語、スペイン語、ロシア語、イタリア語を導入しています。1960年代には初等教育での外国語導入が増えましたが、70年代には財政難や人々の関心が薄いことなどの理由で廃止する学校が増え、現在は中等教育段階からが一般的で、初等教育からの導入が普通である他の国々、特にヨーロッパの国々よりも遅い時期での導入になっています。高校で外国語を教えるよう求めているのは13州で、必修としている州は皆無である（1980年）など、外国語教育へのアメリカの取り組みは弱いものであると言えます。文法中心であった教授法は会話能力を伸ばすことへと力点が移っています。

16-5-4．規律

　しつけは各家庭で行われるべきものと考えられています。幼い頃から家庭で新聞を取りに行く、ペットに餌を与えるなどといった役割が子供にも分担させられていて、家庭生活は家族全員の協力により成り立っていることを教育します。日本によくある、服装、持ち物や生活についての厳しい校則は原則としてなく、各自の自由と責任に任されています。ただし、他人に迷惑をかけた場合は明記されている罰則に従って処分を受けます。校外でのことについては学校は干渉せず、自主性を尊重し、責任を負う厳しさを教えているということになります。

16-5-5. 教員

　教員の養成はリベラルアーツ・カレッジと総合大学を中心に行われています。教員の給与は他の職種に比べて低く休暇中には別の仕事についたりするほどです。さらに教員希望者の成績は低く、教職につくことは尊敬を受けなくなっています。教員に対する研修は活発に行われていますが、多くの州で教員免許状の更新制がとられていて、その折に現職研修を受けることが義務づけられてるため、また、大学あるいは大学院で単位を取得すると昇給に有利に働くためです。

16-6. 高等教育

16-6-1. 教育機関

　4年制大学は総合大学、リベラルアーツ・カレッジ、専門大学の3つに分類されます。総合大学は一般教養から職業専門教育までさまざまな教育を行い、学士課程から博士課程まであります。リベラルアーツ・カレッジは専門家ではなく、知的な市民を養成することを目標とし、学部の一般教養を重視して学士号取得ができます。専門大学は職業専門教育を提供する教育機関です。医科大学、法科大学、芸術大学などがこの分類に属します。

　高等教育機関のうち、約3分の1は短期高等教育であり、その大部分はコミュニティ・カレッジです。コミュニティということばが示すように、地域住民の地域住民による地域住民のための2年制カレッジです。授業料は安く、希望する市民は全員受け入れています。一般教育課程、職業教育課程、成人教育課程などに加えて4年制大学の3年次に編入するための進学教育課程も備えています。コミュニティ・カレッジで取得した単位はほとんど、そのまま4年制大学で認定してもらえる制度が整っています。

　高等教育人口の約8割が公立学校に在籍しているアメリカでは、資金源である社会は高等教育に大いに期待しています。大学はそのような期待・要求に応える社会的責任があり、そのことはアカウンタビリティ（accountability）という用語で表されています。教育や研究の成果について州立大学間で比較し、その結果を納税者である州の住民に公表することもしだいに一般的になってきました。生徒の成績の低下、中退者の増加は場合によっては、校長、教員の異動、閉校にま

で追い込まれることもあります。

16-6-2．入学選抜

　基本的に入学試験はなく、各大学がそれぞれの入学選抜を行っていますが、一般的な方法として高等学校での成績とSAT 1（Scholastic Aptitude Test 1）などの共通テストにより選抜しています。SAT 1はかつてSATと呼ばれていたもので、英語と数学の学力をはかります。選抜が厳しいのは私立の総合大学やリベラル・アーツ・カレッジに多く、高等学校での成績とSAT 1に加えて、学業以外のクラブ活動、地域社会活動、面接、高等学校からの人物評価など幾つかの観点から選抜されます。またハイスクールで履修した科目について入学の条件としている大学もあります。

　年間を通じて志願者に入学許可の決定を通知する大学がある一方で、難関校は春に一回しか通知が出されない場合が多くなっています。複数の大学に志願して複数の入学許可を得た学生は登録の段階でどの大学に進学するかを決定しなければなりません。

　第一志望が不合格になると志望を変更するため、日本におけるような浪人はありません。また入学後もしばしば、別の大学に移ったり、学部を変更したりします。つまり進路変更をする多くの機会があると言えます。カリキュラムには学問分野別に表示記号が、レベル別に1000番代、2000番代というように全米共通の講義番号がつけられ、単位互換がしやすい制度が工夫されています。

　現在では約二人に一人が高等教育を受けるという、世界に例をみない大規模な高等教育が展開されています。高校卒業後すぐに高等教育機関に進学する学生の他に、卒業後何年か経て入学する学生もいますが、彼らの動機はよりよい職を得るためであったり、生き甲斐を求めてであったりします。フルタイムの学生に加えてパートタイムで在籍する学生も多くいます。

16-6-3．授業

　4年間の学部課程では一般教養を履修し、3年目に主専攻と副専攻を決めます。本格的な専門教育は大学院から始まります。学期は2学期制（Semester system）、3学期制（Trimester system）、4学期制（Quarter system）のいず

れかをとっています。同じ科目が週に一度というのもありますが、週に二回、三回、また語学などは五回ある場合が普通です。

　各コースの最初の時間に配布されるシラバスには各回の講義のテーマ、予習しておくべき事、課題、評価の仕方、参考文献などについてしるしてあります。学生はそのシラバスを受け取るとコース終了まで約12週間または16週間の忙しい日々がはじまるわけです。

　単位修得のためには授業外での膨大な量の勉強が要求されます。リーディングリストに挙げられている本を読むこと、授業の準備として課せられるリーディング、テストのための準備などがあります。さらにはレポートを課されることが多く、その作成にあたっては、図書館を有効に利用しなければなりません。アメリカの学生は長時間、図書館で過ごすことが多く、夜遅くまで開館していて、図書館サービスは非常に整っています。授業に出席することは、そのコースを終了するための一部の要素でしかなく、授業はどのように自ら学べばよいのかという方向付けをしてくれる場であるということができます。

　学生にとってGPA (Grade Point Average) は重要な意味をもちます。成績の合計を履修した科目の単位数の合計で割った平均点です。次に一例を挙げます。

Course	Credit hours	Grade	Grade Points
English	3	B	9
Music	3	A	12
Sociology	3	C	6
Mathematics	4	D	4
Total	13		31

　　　$31 \div 13 = 2.38$　　　　　　　　　この学生のGPAは2.38です。

学部の学生は2.0以下になると警告が出され、その次の学期に基準に達しない場合はその大学の学生である資格を失います。また、大学院への進学、就職に際しても、GPAの高い点数が有利であることを学生は実感しています。そのためもあり、学生は成績に敏感で、受け取った成績に満足できないと、教授に訴えることがしばしばあります。

　初等教育段階から能力別編成により競争ということを前面に押し出しています

が、高等教育ではさらに拍車がかかり、入学を許可されても、限られた者だけが、卒業できるという厳しい現実があります。企業で必要とされる知識や技術は大学ですでに身につけていて、採用した翌日から即戦力となることが期待されています。日本にあるような新人研修会はありません。そのためもあり、大学は一定の基準に達しない学生を卒業させないということについては容赦ありません。

アメリカでの教授と学生の関係は、日本と比べてかなり対等なものです。講義科目ですら、教授から学生への一方通行ではなく、教授の話の途中で学生は絶えず、質問したり、意見を述べたり、反論したりします。教授は反論されたからと言って、威厳を傷つけられたというような考えはなく、活発な討論になることを歓迎します。各コースの最後に学生は担当教授を評価するための質問用紙に記入します。内容、教え方、テキスト、宿題、試験、レポート等、幾つかの項目について、多くの場合、5段階で評価します。また、教授はオフィスアワーという時間を提供し、学生はその時間に自由に研究室に出入りすることができて、質問をしたり、個人的な相談をしたりすることができます。

16-7. 留学

世界各国からの移民で構成されているアメリカは外国人留学生の受け入れには長い伝統を持ち、留学生受入数は世界一で、世界全体の留学生総数の3分の1を占めています。なぜ留学生が多いのかについては、幾つかの原因が挙げられますが、移民の国であるアメリカは広く外国から学生を受け入れることには、違和感がなくその土壌が培われています。また、高等教育機関における留学生を受け入れる体制が数においても質においても整っています。約3000校もある高等教育機関は留学生の多様なニーズに対応できるだけのカリキュラムを備えています。

アメリカ側にとっては留学生を受け入れている利点はアメリカ人学生に多くの違った文化に触れる機会を与えて世界主義への認識を高めてくれることや、私立学校にとっては有り難い財政源になっていることなどがあります。

アジア諸国からの留学生が約過半数を占めています。留学生の専攻分野は工学が長年トップでありましたが、最近は経営学が首位の座をしめています。ビジネスマンとして必要な教育を専攻してコースを終了すると授与される、M.B.A. (Masters of Business Administration) を目指して社員を派遣する日本企業が

増えています。

　アメリカの多くの大学は留学生に対する入学条件として TOFEL の結果を要求しています。TOFEL とは世界各国で行われている、英語を母国語としない人々の英語力を測定するためのテストで、満点は約700点です。各大学各専攻により要求される点数は異なりますが、550点を最低基準としてる大学が一番多いと言えます。TOFEL の点数が基準を満たしているからと言って、入学後勉学に十分対応できる英語力を保証しているわけでは全くありません。ほとんどの場合、膨大な量のリーディングの課題に悩まされ、講義の内容は部分的にしか理解できないし、議論についていけずに一言も発言できず、レポート作成に当たっては書く能力の不足を痛感するというはめになります。日本人留学生が直面する壁は英語力不足と共に、アメリカの授業形式に慣れていないことが挙げられます。日本では教師から学生への一方通行の授業が主流となっているが、アメリカではディスカッションが多く取り入れられて、いかに主張、意見が説得性があるかが鍵となり、先を争うように議論が白熱します。このような機会がほとんどなかった日本人はただ傍観しているだけだということがよく見られます。

16-8. 問題点

　ハイスクール進学率は100％近くになっていますが、中退者は約25％（1989年）と多く出ています。学力が国際比較においてもしばしば最下位であること、また日常会話にはさしつかえはないけれども、読む能力のない多くの人々がいて、仕事をする上で支障が生じています。麻薬、非行、暴力、人種問題なども深刻化しています。さらに都市中心部、郊外、地方と地域により教育内容、施設その他の格差が手のつけようがないほど広がっています。

　このような問題に対して多くの方策がとられました。入学以前に格差がついていることを是正しようとして、マイノリティーが大多数の学校に白人生徒を呼び寄せることを目標に特別なカリキュラムを提供するマグネットスクールが作られています。1965年には貧困地域の子供達は恵まれない教育環境で育っているため、就学前から教育する必要があるという考えに基づいて始まった貧困家庭の子供に対して幼児教育を施す「ヘッド・スタート」計画を発足させました。公立初等・中等学校においては通学区域の規制を緩和して希望の学校を選択できるようにと

いう動きが広まっていて、オープン・エンロールメント、チョイス・プランなどと呼ばれています。1972年にはミネソタ州で自由に学校を設立でき、カリキュラム、教員の資格、施設などほとんどの面で規則に縛られないけれど、3年経過すると成果が問われ、場合によっては閉校に追い込まれるという契約制に基づくチャータースクールがはじまり、急速な勢いで全米へと広まっています。これらの対策はある程度の成果をおさめてはいますが、山積みしている問題を根本的に解決するには至っていません。

教育に大きな関心と膨大な財政を費やし、他国に例をみないほどの急速で、広範な教育の普及に成功してきたアメリカがこれらの深刻な課題にさらにどのように取り組んでいくかに各国から注目が集まっています。

参考文献

[1] 麻生　誠・潮木守一編『ヨーロッパ・アメリカ・日本の教育風土』(有斐閣新書, 1988年).
[2] Alexander, Billy, *Education in America: Feedlots for Cattle and Sheep*, Vantage Press, 1955.
[3] 天城　勲編著『相互にみた日米教育の課題』(第一法規, 1987年).
[4] 伊藤正則『世界の学校』(三一書房, 1955年).
[5] Iwamoto, Noby, *THE UNIVERSITY IN AMERICA*, Kinseido, 1990.
[6] 内田穰吉・小牧　治編『アメリカのコミュニティ・カレッジ』(三省堂, 1987年).
[7] 金子忠史『変革期のアメリカ教育　―学校編―』(東信堂, 1985年).
[8] 金子忠史『変革期のアメリカ教育　―大学編―』(東信堂, 1994年).
[9] 合衆国商務省センサス局編（鳥居泰彦監訳）『現代アメリカデータ総覧 1991』(原書房, 1993年).
[10] Gutek, Gerald L., *EDUCATION AND SCHOOLING IN AMERICA*, Third Ed., Allyn and Bacon, 1992.
[11] 喜多村和之『アメリカの教育』(弘文堂, 1992年).
[12] ギルバート・大町眞須子『アメリカ小学校教育の挑戦：4歳児入学から性教育まで』(公文出版, 1993年).
[13] 権藤与志男編『世界の学校　―現状と課題―』(東信堂, 1991年).
[14] Johansen, John H. & Johnson, James A. & Genniger, Michael L., *American*

Education: An Introduction to Teaching, Brown & Benchamark, 1971.
[15] 栄　陽子『アメリカ留学ガイド』（日本交通公社出版事業局，1988年）．
[16] 栄　陽子『アメリカ留学ガイド：大学編』（JTB日本交通公社出版事業局，1989年）．
[17] 栄　陽子・宮下まみ編著『留学生たちのアメリカ　—キャンパス・ライフ最新情報—』（三修社，1989年）．
[18] 椙山正弘『アメリカ教育の変動：アメリカにおける人間形成システム』（福村出版，1997年）．
[19] 千石　保・ロイズ・デビッツ『日本の若者・アメリカの若者』（日本放送出版協会，1992年）．
[20] 高橋健男『アメリカの学校：規則と生活』（三省堂，1993年）．
[21] 中山　茂『大学とアメリカ社会：日本人の視点から』（朝日新聞社，1994年）．
[22] 橋爪貞雄『2000年のアメリカ　—教育戦略：その背景と批判』（明書房，1992年）．
[23] 福田茂夫・野村達郎・岩野一郎・堀　一郎編著『現代アメリカ合衆国：冷戦後の社会・経済・政治・外交』（ミネルバァ書房，1995年）．
[24] Hughes, James Monroe & Schultz, Frederick Marshall, *EDUCATION IN AMERICA*, Fourth Edition, University Press of America, 1976.
[25] 細谷俊夫・奥田真丈・河野重男『教育学大事典』弟一巻（第一法規，1979年）．
[26] 文部省大臣官房調査統計企画課『諸外国の学校教育（欧米編）』（大蔵省印刷局，1995年）．
[27] 森田信義『アメリカの国語教育』（渓水社，1992年）．

推薦図書

[1] 天城　勲編著『相互にみた日米教育の課題』（第一法規，1987年）．
[2] 金子忠史『変革期のアメリカ教育　—学校編—』（東信堂，1985年）．
[3] 金子忠史『変革期のアメリカ教育　—大学編—』（東信堂，1994年）．
[4] Gutek, Gerald L., *EDUCATION AND SCHOOLING IN AMERICA*, Third Edition, Allyn and Bacon, 1992.
[5] 喜多村和之『アメリカの教育』（弘文堂，1992年）．

──〈大きな愛情に接して〉──

　玄関をあけると壁には多くの子供達の写真が私を迎えてくれました。アメリカ夏期研修旅行の引率者として3週間滞在した、ホスト先でのことです。ホストは自分達の6人の子供以外に、両親がいないため、あるいは両親に問題があるために育ててもらえない、3人の子供を養子にし、43人の子供を養育したというのです。それも、肉体的あるいは、精神的に問題がある子供達がほとんどで、「このような子供達を育てる誰かが必要なのよ」とホストマザーのテンプルはさりげなく述べていました。

　私が滞在させて戴（いただ）いていた時には4人の男の子がいましたが、すべて問題のある子供達です。テンプルと夫のジョージは彼らに実の子供達のように限りないエネルギー、時間、愛情を注いでいました。ロバートは両親が麻薬中毒者のために盲目で、難聴ですが、自立できるようにという教育方針の元に必要な時のみ、テンプルとジョージは助けていました。しかし、彼ができないことはしてあげなければならず、たとえば、彼が、キャンプへ10日間出発する前には、何種類もの薬を袋に詰めるのに2時間ほどもかかっていました。ダコタは友人をなぐる、女の子を虐待する、隣の垣根を壊すなどの行為が改善されないため、まもなく精神病院へと入れられました。テンプルとジョージは、電話であるいは、お見舞いに行ってダコタについての情報を得る毎に心を痛めておられました。テンプルは「ダコタは残忍だけれど、シェイクスピアの作品を愛して、知的な面もあり、そんな良い面を伸ばしてあげたい」と、大きな視点に立って彼を愛していました。テンプルとジョージの助けがなければ、家庭というものを知らずに一生を終えた46人もの子供達が巣立っていったこの小さな家庭が社会へと無限大に広がっていく重要な基地の役割をしているのだと実感しました。

（濱田佐保子）

17. アメリカの文学
──神話と文学的想像力──

17-1. 日本人によるアメリカ文学研究

いきなりアメリカ文学とは何かという大きな問題を大上段に構えて難解な議論を展開する前に、日本人である私たちがアメリカ文学を学ぶことにどのような意義があるのかということについて触れておきたいと思います。

日本文学研究者として高名なコロンビア大学のドナルド・キーン先生の講義を学生時代に聴く機会がありましたが、その講義の中でキーン先生はアメリカ人による日本文学研究について大変興味あるエピソードを紹介しました。そのエピソードは、日本人以外の人間に日本という特殊な国の文学がどうして理解できるのかという学生の質問に対する答えとして示されたもので、次のような内容の話であったと記憶しています。現代の日本を代表する作家に安部公房という作家がいるが、安部はあまり日本的でない作家、つまり川端康成などと比べたら作品の背景等が必ずしも日本である必要がない作品、あまり日本の臭いのしない作品を書く作家であるという評価を受けている。しかしアメリカ人の目から見れば必ずしもそうとは言えないような気がする。というのも、安部公房のある作品の中に、デパートの屋上の遊園地から飛び降りて自殺するという場面が描かれているが、「デパートの屋上の遊園地」が最初は何のことか理解できなかった。しかし日本で生活してみて初めて「デパートの屋上の遊園地」が極めて日本的な風景であることに気付いた。その意味で、日本人にとってはいざ知らず、アメリカ人であるキーン氏にとって安部公房は日本的な作家であると思えたというエピソードでした。

キーン氏のこの逸話は、日本文学であれアメリカ文学であれ文学を外国文学として研究する者にとっての利点を象徴的に示しているように思えます。傍目八目という言葉があるように、当人よりも第三者の方が一層客観的に観察できる場合

があるということです。したがって私たち日本人がアメリカ文学を学ぶ際にも当然同様のことが可能であって、アメリカの異質性、特殊性は比較的容易に認識できるし、日本と比較することによってアメリカ文学のアメリカらしさはより一層明確になる場合もあるのです。もちろんこのように一国の文学の異質性、特殊性だけに目を向けることは「木を見て森を見ず」の喩えの如く全体像を見失うことになるとの反論は当然予測できます。いずれの国の文学であれ、「愛」と「死」、「疎外」と「孤独」、「国家」と「運命」といった普遍的なテーマを扱わぬ作品はないのですから、ことさらアメリカと日本の異質性ばかりを強調することは、往々にして文学の普遍的側面を歪めてしまう危険性を孕んでいるのです。しかしあえてそのような危険性を承知の上で、「アメリカ文学」について何かを語ろうとする時、まず私たちは「アメリカ」という限定詞の存在に改めて着目しなければなりません。つまり「アメリカ文学」は、「日本」の文学でもなければ「イギリス」の文学でもなく、**アメリカの**文学なのだという簡単明瞭な事実に立ち返らねばならないということです。

では「**アメリカの**」文学について研究することは具体的に何をどうすることなのでしょうか。文学における「愛」と「死」といった普遍的テーマを扱うことはもちろん重要な研究課題なのですが、しかしその場合でさえ「アメリカ的」な愛と死の表れ方はあるのではないか、すなわちアメリカ文学に固有の愛と死の表現パターンを見つけ出そうとする努力に力点は向けられるべきではないでしょうか。言い換えるなら、「普遍性」よりも「特殊性」に、「共通性」よりも「個別性」により多くの関心を払った方が、対象とする姿は見えやすくなるのではないでしょうか。

ここで当然次のような疑問が生じてくるかもしれません。アメリカの特殊性や日本との異質性を客観的に知ることができるのは、私たちが日本をよく知っているという前提があっての話であって、日本をよく知らない者がどうして他国を知り得ようかと。このような疑問に対しては、月並みな解答になるかもしれませんが次のように答えることができると思います。「他山の石」という諺があるように、他人を知ることによって自分を一層知ることが可能になるのです。つまりアメリカの文学・文化を研究しているうちに、日本とアメリカの相違点におのずと目が開かれてくるようになるわけです。誇張した言い方をするならば、アメリ

文学という異質な知の領域に足を踏み入れることは、私たちが空気のような存在として日常さほど意識もしていなかった日本文学・文化にいやおうなしに関心を払わざるを得なくなるということです。日本人である私たちが外国文学としてアメリカ文学を学ぶことは、私たちが日本人であることの意味も同時に問いかけることになるのです。

17-2. 文学的想像力

　文学の世界は事実よりも印象（イメージ）を、客観性よりも主観性を扱う点において歴史等の学問領域と大きく異なっています。例えば皆さんが大学合格の栄冠を見事に射止めたその当日を思い出してみましょう。自分の受験番号を見つけた瞬間から、たといどんなに厳しい寒風が吹き荒れていようとも、その風すら自分の将来を祝福してくれる心地よい風に思えたことでしょう。ではまったく逆の場合も想定してみましょう。もし仮に合格者掲示板に自分の受験番号を見いだすことができなかったとしたら、おそらくどんなに暖かい春風が頬をなでようが、それは忌まわしい、身を切るような、非情な寒風に思えたに違いありません。私たちを取り巻く世界は私たちの心の状態に応じて万華鏡のようにその姿を変えてくるのです。人の心はかほどさように摩訶不思議な世界であり、時と場合によっては黒が白、白が黒に見えるといった、黒白の識別さえも定かではない世界ということができましょう。文学がその対象として扱うのは、このように何とも捉えがたい曖昧な領域であって、そこにおいては事実と真実は時として齟齬をきたすこともあるはなはだ主観的な世界なのです。

　もう一つ例を挙げてみましょう。たとえばここに貧しい娘に恋をした青年が一人いると仮定しましょう。恋するこの青年にとって、想いを寄せる相手の娘がたといどんなに粗末な衣類をまとっていたとしても、まばゆいばかりに光り輝く女性に映るのであって、貧しく、ぼろ着を身にまとっているという事実など爪の垢ほども問題となりはしないでしょう。恋は「あばたもえくぼ」という喩えどおりに、欠点さえも美点に変化させてしまう魔法のような力を持つのです。人は恋におちたその瞬間から、対象との客観的距離を失い、自ら作り上げた極めて主観的なイメージの世界に生きることになるのです。文学が問題とするのはこの青年の主観的な世界であり、恋をすることによってこの青年を取り巻く世界がその姿を

一変させるという不思議な現象なのです。娘が貧しく、ぼろ着を身にまとっていることは事実なのですが、青年にとってはその娘が薄絹の衣を身につけているかの如く光り輝いて見えることが真実なのです。文学的想像力はこの青年の内部世界に光を当て、その心の動きがこの青年特有なものであると同時に、多くの人間に共通する普遍的なものであることを描き出すことを可能にするのです。

したがって私たちがアメリカ文学を学ぼうとするとき、次の二つの点を念頭にとどめておかなければなりません。まず第一に、アメリカという国の特殊性、さらにはそこに住むアメリカ人の特性、第二に、その結果アメリカの作家はアメリカをどのように捉えてきたのかということ、言い換えれば、アメリカ人はアメリカという国に対して、そして自分自身に対してどのようなイメージを抱いてきたのかということです。

17-3. アメリカの特殊性と神話

この地球上いずこの国であれ建国の神話を持たない国はありません。日本であればそれは『古事記』の中で語られている伊邪那岐命(いざなぎのみこと)と伊邪那美命(いざなみのみこと)による国造りの神話であるし、ユダヤ人には『旧約聖書』があり、ローマ帝国であれば建国の父ロムルス王が牝オオカミに育てられたという伝説を持っています。アメリカの場合、国の建設が18世紀と比較的新しいこともあって、神話・伝説などとは一見無縁の世界のように思えるかもしれませんが、やはり存在しているのです。しかも大切なことはその神話の中に一国の文化・文学の特質を解明する鍵が隠されている場合が多いということです。

17-3-1. ピューリタンと「約束の地」(Promised Land) の神話

マーティン・ルーサー・キング牧師について知っている人は今ではそう多くないかもしれません。キング牧師は生涯を黒人の公民権運動に捧げ、1964年にノーベル平和賞を受賞しました。しかし、黒人問題とヴェトナム反戦運動で揺れ動く1960年代のアメリカ社会の真っただ中にあって、凶弾の犠牲者となり、1968年4月4日にその生涯を閉じたのです。死の前日テネシー州のメンフィスという町の教会でキング牧師は "I've Been to the Mountain Top" という不思議な演説をしています。

I just want to do God's will. He's allowed me to go up to the mountain. I've looked over and I've seen the Promised Land. I may not get there with you. But I want you to know tonight that we as a people will get to the Promised Land.

（私は神の意志を実現したいだけです。神は私が山上に上ることを許してくださった。そこから眺め、「約束の地」を見てきたのです。そこに皆さんと一緒に行くことはできないかもしれません。しかし今夜私は皆さんに知ってほしいのです。私たちがその「約束の地」に到達する民であるということを）

　この演説の翌日、凶弾に倒れたのですが、ここで大切なことはキング牧師のこの演説が旧約聖書を念頭に置いて書かれているということです。旧約聖書のモーゼにキング牧師自身を重ね合わせていることは、モーゼのエジプト脱出の物語を読んだことのある人なら誰でも容易に連想できることです。またここで語られている「約束の地」（Promised Land）も旧約聖書に由来する言葉で、神がユダヤ人の先祖であるアブラムに示し与えた土地、具体的にはカナン（Canaan）のことです。（詳しくは、旧約聖書の「創世記、12：1〜7」と「出エジプト記」を参照せよ）

　ではどうしてキング牧師は自分自身をモーゼに喩えたのでしょうか。もちろんキング牧師が聖職者であったということが大きな要因であることは間違いないのですが、ただそれだけでは説明し切れない背景がもう一つあるように思えるのです。というのも、ノーベル賞作家であるジョン・スタインベック（John Steinbeck, 1902-68）もまた彼の代表作である『怒りの葡萄』（*The Grapes of Wrath*, 1939）の中で同じようなイメージ使用しているからです。『怒りの葡萄』はオクラホマ州の農民であるジョード（Joad）一家が不作と不況のために土地を手放し、新天地を求めてカリフォルニア州に移住せざるを得なくなる状況を描いた作品なのですが、この中で、夢と希望に溢れた豊かな大地（"a land of milk and honey"「乳と蜜の土地」）と考えていたカリフォルニアは、実際は、豊かな土地はすでに消え失せ、予想を裏切る過酷な現実が待っている土地として、"this ain't no lan' of milk an' honey like the preachers say"（第20章）と描かれています。この表現は旧約聖書の中に見られる"a land flowing with milk and honey"（「出エジプト記：3.8」）に合致します。ということはキング牧師もスタインベックも共に「約束の地」のイメージを使用しているということになります。キング牧師はその演説の中で自らを「約束の地」に導く指導者に、スタインベックはジョード一家を「約束の地」を求めて放浪するユダヤの民になぞらえているのです。このように見てくると、約束の地を求めて放浪する選ばれた民としてのアメリカ人というイメージは、アメリカ人の想像力の中に深く根を張った、アメリカ人好みの神話であると言えるのではないでしょうか。

　実は、このような「約束の地としてのアメリカ」というイメージは、アメリカがイギリスの植民地として出発した17世紀にまでその起源を逆のぼることができるのです。

　1492年のコロンブスの新大陸発見以来、ヨーロッパの人々にとってアメリカ大陸は謎に包まれた世界であると同時に富の宝庫と考えられていました。16世紀には、現在のカナダ国境を流れるセント・ローレンス川から五大湖周辺一帯、そしてミシシッピ川を南に下ってメキシコ湾に注ぐ河口の町ニューオーリンズに至る河川沿いの地域は、フランスの支配のもとに置かれていました。フランス人は主に魚や毛皮を求めて新大陸に渡ってきたため、当然活動範囲は狩猟に適した河川沿いに限定されたのです。一方、スペインはユカタン半島を征服した後、黄金を求めて現在のカリフォルニア州、アリゾナ州、ニューメキシコ州まで進出し、その一帯を手中に収めつつありました。その結果、北東部はフランス、南西部はスペインの支配する地域という構図ができあがったのです。

　ところが17世紀になると、このような支配の構図はイギリスからの移民によってやがて崩されていくことになります。16世紀のイギリスは、ヘンリー8世が王妃キャサリンとの離婚という個人的問題を理由にローマカトリック教会を離脱し、1534年に国王至上権法（Act of Supremacy）を制定し、イギリス国教会制度を開始するといった表面上の宗教改革が進められた時代でした。しかし17世紀に入るとイギリス国教会はその制度を更に改革しようとする反体制派の攻撃にさらされ、あらたな問題を抱えることになったのです。この改革者のグループがピューリタンと呼ばれる人たちでした。イギリス国王はこの改革者たちの集団を徹底的

に弾圧することで封じ込めようとしたため、彼らはイギリスを捨て、迫害を逃れて新天地アメリカへ出帆せざるを得なかったのです。これが歴史上有名な1620年の102名のピルグリム・ファーザーたちによるメイフラワー号移民の背景です。

　ピューリタンといっても、厳密に言えば必ずしも一つのまとまりのある均質なグループではなく、いくつかのグループに分かれているのですが、ここでは要約して、現在のボストンを中心とするニューイングランド地方に宗教上の理由でイギリスから移住してきた人々と定義しておきます。宗教上の自由と理想を求めてアメリカに渡ったピューリタンの考え方は、プリマス植民地の中心的指導者であるウイリアム・ブラッドフォード（William Bradford, 1590-1657）の『プリマス植民地について』やマサチューセッツ湾植民地時代の総督ジョン・ウインスロップ（John Winthrop, 1588-1649）が書いた「キリスト教の慈愛のひな形」などによって知ることができるのですが、ボストン郊外のコンコードという町の教会の牧師であったピーター・バークリー（Peter Berkeley, 1583-1659）の『恩恵の契約』（1646）が、ピューリタンの使命について具体的に記していますので参考にしてみましょう。

　　おお、汝ニューイングランドよ。福音にことのほか豊かにあずかっている光栄のゆえに、他の民よりも高くあげられているニューイングランドよ。（中略）主は、他の人々からよりも、汝から多くを得んことを求めておられる。より<u>熱心に神を慕い、よりいっそう神の真理を愛し、汝の生き方により多くの正義と公正を示さねばならぬ。汝は特別に選ばれた民、この世のいかなるものも並びえない唯一の民なのだ</u>。……次のことを軽視しないよう心せよ。神が汝らのあいだから燭台を取り去ってしまわれぬように、また多くの人々が求めてくる<u>丘の上の町</u>たる汝が、山の頂上の灯台のごとく荒れ果てて見捨てられぬように。（下線部、筆者）

ピューリタンたちが自分自身をどのように考えていたかは、この一節から明確に伝わってきます。宗教上の理想に燃え、アメリカ大陸を目指してその一歩を踏み出したとはいえ、彼らの眼前にあるのはただただ寒風吹きすさぶ荒涼たる大地のみであったことを考えると、「選ばれた民」と自己を規定するのも、「丘の上の

町」(a city upon a hill) の建設を義務として課すのも、自らを奮い立たせるための当然の結果であったように思えるのです。丘の上に町を築き、世界を照らす灯台となり、他の人々のお手本にならねばならぬといった彼らの気負いは、単なる宗教的情熱のほとばしりというだけでなく、これから乗り越えねばならない過酷な試練と将来への不安の裏返しでもあるのです。イギリス本国を捨てたピューリタンにとって帰るべき国はもはや存在しなかったのですから、彼らに残された唯一の道は前進あるのみだったのです。もはや後戻りすることは不可能だったのです。

　したがってニューイングランドのピューリタン植民地が、フランスやスペインの植民地とおのずとその性格を異にするのは当然のことでしょう。誇張して言えば、フランスもスペインも富の獲得という極めて現世的な目的のために植民地を建設したのに対し、ピューリタンたちのニューイングランドは、宗教上の理想の実現のための新天地、文字どおり新しいイギリスだったのです。やがて広大な北アメリカの原野は、現世の富を追い求めてきたフランス人でもなくスペイン人でもなく、宗教的情熱に駆り立てられた、使命感あふれるイギリス人に開拓され、支配されていくわけですから、当然そのことがアメリカの性格を決定する要因の一つになっていると考えられます。ここから「聖なる国アメリカ」、「約束の地アメリカ」という宗教性を強調した神話が形成されるのにさほどの年月を必要としません。

　もちろんピューリタンたちが高邁な理想にのみ駆り立てられて大西洋を横断したとする説に異論はあるでしょう。実際彼らの多くは現世での成功ももくろんでいたことは事実なのですから。しかしたといそうであったとしても、後世への影響力という観点からすれば、歴史上の事実であるか否かという問題よりも、102名の清教徒がメイフラワー号でイギリスを離れ、宗教上の自由と聖なる国の建設を夢見て新大陸に足を踏み入れたということの方が大きな意味を持つのです。たとい「メイフラワー号神話」が史実に反する創作であったとしても、建国神話として語り伝えられる限り、アメリカ人は絶えずそこに立ち返るのですから、「約束の地アメリカ」の神話がアメリカ人の想像力に与える影響力には無視できないものがあるといえるでしょう。しかもこの「約束の地アメリカ」、「聖なる国アメリカ」のイメージは時を経るにつれて増幅され、ある時は「自由」、ある時は

「平等」、そしてまたある時は「デモクラシー」等の理念と結びついて更にさまざまなイメージを拡大生産していくのです。

17-3-2. 空間の国とアメリカのアダム神話

新大陸アメリカがイギリスの植民地であった少なくとも18世紀前半までは、植民地の人々はアメリカをイギリスの一部であると見なしていました。つまりピューリタンたちはイギリス人であったのです。しかし反面本国のイギリス人とまったく同じであると考えることには道義上抵抗があったのです。というのも、もしそのように考えたとしたら、彼らがイギリスを捨て、生死を賭けて大西洋を横断した理由そのものを否定することになり、アメリカ大陸において築いてきた存在基盤を揺るがしかねない問題となるからです。プライドが許さないといった心理的な拒否反応が作用していると考えることもできます。新大陸アメリカにおける植民地人の苦悩は、彼らがイギリス人であるにもかかわらず本国イギリスを否定しなければならないという矛盾なのです。したがってよく引き合いに出される「道徳的に腐敗したイギリス」と「道徳的に優れたアメリカ」という図式は、アメリカ人が本国イギリスとの違いを強調するための苦肉の策でもあったということができます。

イギリスとアメリカの関係は、親子の愛憎の関係に大変よく似ているといえます。自立するためには親の影響を振り払わなければならないし、時には親を否定せねばならないこともあるのです。1776年、植民地は自立するために親を否定せねばならない決断を迫られる時を迎えました。18世紀のアメリカにおいて特筆すべき最大の出来事となる独立戦争の勃発です。後に合衆国第３代大統領となるトーマス・ジェファソン（Thomas Jefferson, 1743-1826）の手になる独立宣言を見てみましょう。

　　我々は、次のような真理をごく当たり前のことだと考えている。つまり、すべての人間は神によって平等に造られ、一定の譲り渡すことのできない権利を与えられており、その権利の中には生命、自由、幸福の追求が含まれている。またこれらの権利を確保するために、人々の間に政府を造り、その政府には被治者の合意の下で正当な権力が授けられる。そして、いかなる政府

といえどもその目的を踏みにじる時には、政府を改廃して新たな政府を設立し、<u>人民の安全と幸福を実現するのに最もふさわしい原理に基づいて政府のよって立つ基盤を作り直し、また最もふさわしい形に権力の在り方を作り替えるのは、人民の権利</u>である。（下線部、筆者）

　独立宣言のこの部分は、人民が政治の在り方を決定する権利を持つことを表明した重要な一節ですが、この考え方はリンカーンの有名なゲティスバーグ演説「人民のための、人民による、人民の政治」に受け継がれていきます。独立宣言はアメリカの独立の正当性を世界に知らせるための手段であったのですが、ここにおいて植民地アメリカは心情的のみならず政治形態においても完全にイギリスの支配から脱却し、独自の路線を踏み出していくのです。

　心理的に自国の道徳性を強調してヨーロッパと一線を画し、政治的に主権在民の共和制への道を歩み出したアメリカは、19世紀になるとアパラチア山脈以西に横たわる広大な荒野を背景に独特の発展を遂げます。ここで指摘しておかなければならない点は、アメリカがその歴史を開始したその時点から西部に無限とも思える空間を擁していたという事実です。この西部の広大な空間がアメリカとアメリカ人に関して新たな神話を生み出していくことになります。その神話とは彼らが新しいアダムとして生まれ変わるという神話です。アダムとは旧訳聖書の中に登場するエデンの園に住んでいた人類の祖先アダムです。ご存知のようにアダムとイヴはエデンの楽園において神の意にそむいて禁断の果実を味わった結果、楽園を追放されました。この時から人類は堕落し、罪を背負うことになったといわれるのです。アメリカ人はこの楽園追放の神話を逆手に取り、ヨーロッパから大西洋を渡ることによって無垢のアダムに再生するという神話を作り上げました。これが前述した「道徳的に腐敗したヨーロッパ人 vs 道徳的に無垢のアメリカ人」という構図を更に一歩拡大発展させたイメージであることは明らかです。

　アメリカ人が新しい人類であるという考え方は、クレヴクール（J. Hector St. John de Crevecoeur, 1753-1809）の『アメリカ人農夫の手紙』（*Letters from an American Farmer*, 1782）の中において具体的に言及されています。

　ではアメリカ人、この新しい人間は何者でしょうか。ヨーロッパ人でもなけ

れば、ヨーロッパ人の子孫でもありません。したがって、他のどの国にも見られない不思議な混血です。私はこんな家族を知っています。祖父はイギリス人、その妻はオランダ人、息子はフランス人の女性と結婚し、今いる四人の息子たちは今では四人とも国籍の違う妻をめとっています。偏見も生活様式も、昔のものはすべて放棄し、新しいものは、自分の受け入れてきた新しい生活様式、自分の従う新しい政府、自分の持っているいる新しい地位などから受けとってゆく、そういう人がアメリカ人なのです。彼は、わが偉大なる「育ての母」の広い膝に抱かれることによってアメリカ人となるのです。

　クレヴクールによって指摘された「新人類アメリカ人」のイメージは、19世紀になるとロマン主義の特徴である自然讃美、あるいはフランスの思想家ジャン・ジャック・ルソーの「高貴なる野蛮人」の思想を取り込んで更に一層象徴的な意味を帯びることになります。したがって、19世紀前半のアメリカを代表する知識人であるエマソン（Ralph Waldo Emerson, 1803-82）が「素朴な昔のアダム、全世界を向こうにまわして立つ単純で純粋な自我を歓迎する」（『日記』、1850年）と記し、国民詩人と評価されるホイットマン（Walt Whitman, 1819-92）が詩集『草の葉』（*Leaves of Grass*）の中で「ぼくアダムの歌の歌い手、新しい楽園の西部を行きつつ」と朗唱し、クーパー（J. F. Cooper, 1789-1851）が一連の西部開拓物語の中で、文明に汚されていない自然の懐で育まれた勇敢な主人公ナッティ・バンポーを創作したのもうなずけるのです。

　西部の森林や草原を舞台にしたクーパーの小説は「レザーストッキング物語」と呼ばれている五部作なのですが、このなかに登場する主人公たちはいずれもアメリカの大自然の中で育まれたヒーローたちです。文明社会と隔絶されているために当然教養もなく、洗練されたマナーなどとは無縁の、素朴な無骨者たちなのですが、彼らは愛と勇気と正義を理屈抜きで感じる天性の力を備えています。文明社会を支配する風潮が打算、利己心、偽善等であるとするなら、自然はそのような狡猾な考えに汚染されていない、道徳的に理想的な原初の状態を保っている場所として描かれているのです。ここにおいて前述した「約束の地神話」と「アダム神話」は結合し、アメリカを「アダムの住む楽園」と見なす新たな神話が完成するのです。イギリスの作家D・H・ロレンスがクーパーの創り出した主人公を

評した次の言葉は、今まで述べてきた事情を端的に物語っています。

　レザーストッキング物語は老齢から輝かしい青春へと逆戻りをする。これがアメリカの神話だ。初めは老年で、しわが寄り、年老いた肌をしてのたうっている。それが次第にその老いた肌を脱ぎ捨てて、新しい青春に向かう。これがアメリカの神話なのだ。(『アメリカ古典文学研究』、第5章)

17-3-3. フロンティアと成功神話

　19世紀のアメリカにおける最大の出来事は南北戦争でしょう。アメリカが北と南に分裂して争ったこの戦いの原因のひとつは、関税をめぐる南北の意見の不一致であったといわれています。すでに産業革命を経験したニューイングランドを中心とする北部は、アメリカにおける工業製品の生産地としての地盤を固めつつあり、一方南部は綿花に代表される農業一次産品の供給地になるという二極分化が始まっていました。このようにまったく異なった二つの産業形態の存在が、関税の設定をめぐって対立するようになったのです。北部がヨーロッパ先進諸国に対して国内産業の保護育成のために関税障壁を高く設定することを望み、一方綿花輸出で生計を立てる南部が関税の撤廃を要求するのは当然の理です。アメリカの歴史上最大の犠牲を払った南北戦争は、結局北部の勝利で決着がつくのですが、連邦の分裂を回避したアメリカは、以後北部主導の政策を次々と実施し、やがて19世紀末にはイギリスを追い越し世界最大の工業国家へとその姿を変えて行くのです。この意味で、南北戦争は単なる地域間の衝突ではなく、アメリカが農業国家から工業国家へと脱皮するためのいわば通過儀礼にも似た象徴的な出来事であったのです。

　この時期にもっとも人気のあった読物はホレイショー・アルジャー (Horatio Alger, 1832-99) によって書かれた一連の立身出世物語でした。『ぼろ着のディック』シリーズに代表される彼の物語の主人公は貧しい靴磨きとか、新聞配達人の場合が多いのですが、快活で正直である点が幸いして、やがて成功し金持ちになるといったいわゆるワンパターンの単純な筋立てを持ち、2千万部は売れたであろうとも言われている程圧倒的な人気を博したのです。ホレイショー・アルジャーの連作は文学作品としてはお粗末で特筆するべきものは何もないのですが、

文化史の観点からはなおざりにできない作品であるように思われます。というのもこの物語を読んだ大勢の若者たちが、刻苦勉励(こっくべんれい)することによって出世の階段を一挙に駆け上がることができるという夢と希望を抱いたのです。また時代もそのような夢と希望に追い風となりました。工業国家への急激な転換と発展の結果、多くの富が社会にもたらされ、その分け前に預かれる者の数は急増したのです。実際南北戦争後のこの時代は実に多くの億万長者を輩出した時代でもありました。「丸木小屋からホワイトハウスへ」の言葉を文字通り実現したリンカーンとまではいかなくとも、誰もが一攫千金の夢を見ることが可能であり、召使いにかしずかれた豪邸での生活を実現可能な夢として思い描いたのです。

　歴史学者フレデリック・ジャクソン・ターナー（Frederick Jackson Turner, 1861-1932）は、アメリカ史におけるフロンティアの持つ意味に着目した最初の人でした。ターナーはその論文「アメリカにおけるフロンティアの意義」のなかでフロンティアがアメリカ人に及ぼした重要な影響をいくつか指摘しました。ターナーはまずフロンティアを定義し、それを1平方マイルの人口が2人以上6人以下の地域としました。そしてこのような人口密度の極めて低い開拓地の存在が、アメリカをアメリカたらしめたということを学問的に証明しようとしたのです。彼の理論は要約すると次のようになります。

(1)アメリカ国民の歴史の真の観点は大西洋岸ではなく、大西部にある。
(2)フロンティアはもっとも効果のあるアメリカ化の線であり、フロンティアに置いては環境が与える条件によって生活せざるを得ないので、アメリカ人という新しいものが生まれた。アメリカは、最初はヨーロッパのフロンティアであったが、西漸(せいぜん)運動と共にフロンティアはますますアメリカ的となり、フロンティアの前進によってヨーロッパの影響が弱くなり、アメリカ的なものが着実に成長することになる。
(3)フロンティアのもっとも重要な効果は、アメリカとヨーロッパにおいて民主主義を推進したことである。すなわち、統制に服することを嫌う個人主義の成立を加速させたのである。
(4)アメリカ国民の特色である個人主義、民主主義、物質主義、反主知主義、楽天主義、浪費性、婦人の尊重なども、フロンティアに基づくものである。

(5)フロンティアを持ったアメリカは機会の別名であって、アメリカに移住すること、あるいは居住することは、豊かさ、社会的向上、経済的向上を意味すると信じられた。

(6)したがってフロンティアは東部の失業者や労働者にとって、社会的、経済的、心理的安全弁の作用をした。

　以上のターナーの学説は、さまざまな問題を抱えていることが指摘されたため現在は必ずしも高く評価されているとは言い難いのですが、しかし19世紀の時代精神を見事に把握しているという点において、つまり事実か否かとにかかわらず、その時代の雰囲気とイメージを的確に表現している点において、現在でも重要な意味を持っていると言えるのです。21歳以上の男子が5年間定住して開墾すれば65ヘクタールの土地を無償で得ることが可能であるとする1862年の自由土地法（Homestead Act）以来、大西部のフロンティアが一般庶民に与えてきたイメージは、たとい事実がどうであれ、夢と希望に満ちた明るい未来であったことは否定できないでしょう。手つかずの広大な未開の大地の存在が、ただ単に物理的な土地の分配という役割だけに止まらず、心理的な安全弁として作用し、それがアメリカ人の気質を作り上げたとするターナーの指摘は、一概に否定することができないほど説得力を持っているのです。ここにおいてアメリカのフロンティアの果たした役割と成功神話は、アメリカ人の想像力に新たな一ページを加えるのです。

　ヘンリー・ジェイムズ（Henry James, 1860-1917）という作家は終生アメリカ人であることの意味、そしてヨーロッパとは何であるのかという意味を問い続けた作家なのですが、『アメリカ人』（The American, 1875）という小説のなかでクリストファー・ニューマンというアメリカ人を創作しました。賢明な読者であれば、この主人公の氏名、クリストファーがアメリカ大陸の発見者であるクリストファー・コロンブスを、そしてニューマンが文字通り「新しい人間」をもじった名前であることにすぐ気付くでしょう。アメリカ西部の新興開拓地サンフランシスコで成功を収め、一財産築いたニューマンは極めて楽天的な、善意と自信に溢れたアメリカ人実業家ですが、アメリカのフロンテイアが生んだ典型的人物として登場しています。彼は突如として実業界から身を引き、ヨーロッパに渡りま

す。その目的は単純な動機から出たもので、世界で一流の物を見聞することです。独身であるニューマンはフランスの由緒ある貴族の家系から第一級の結婚相手を見つけようとします。ヨーロッパ流の教養と洗練されたマナーを欠いているニューマンが誇れるものは、もちろんアメリカで築いた資産以外に何もありません。友人の紹介で、理想とする相手を見つけ、結婚の一歩手前までこぎ着けるのですが、しかし直前になって何とも不可解な理由でこの縁談はご破算になります。ニューマンはフランス貴族の陰湿な仕打ちによって名誉を傷つけられたため、当初復讐という手段に訴えようとするのですが、結局それを断念し、アメリカに戻ります。

なぜ突如として復讐を断念しアメリカに戻ったのかという点が、この物語の佳境であるように思えるのですが、作者ジェイムズはニューマンに財産のほかにもう一つ誇れるものを与えました。それは道徳的優越性だったのです。自分を侮辱した卑劣な相手を許すことによって得られる感覚、倫理的にヨーロッパ人とは一線を画すことによって得られる心理的優越性、ここまで来ればもう皆さんはお気付きでしょう。ニューマンは、今まで論じてきたアメリカの神話を体現する人物なのです。ジェイムズは小説という舞台を借りて、アメリカの神話をヨーロッパの現実と対峙させることによって検証しようとしたのです。ヘンリー・ジェイムズの小説『アメリカ人』は、「アメリカ神話」がどれほどアメリカ人作家の想像力を刺激する題材であるかを如実に示してくれる作品なのです。

17-4. 20世紀アメリカ文学と反神話

20世紀になるとヘンリー・ジェイムズの『アメリカ人』のように「アメリカ」という限定詞を冠にした作品が次から次へと登場します。例えば、セオドア・ドライサー（Theodore Dreiser, 1869-1930）の『アメリカの悲劇』（*An American Tragedy*, 1925）、ドス・パソス（John Dos Passos, 1896-1970）の『U.S.A.』三部作（*U.S.A.*, 1939）、ノーマン・メイラーの（Norman Mailer, 1923-）の『アメリカの夢』（*An American Dream*, 1965）、エドワード・オルビー（Edward Albee, 1928-）の同じく『アメリカの夢』（*The American Dream*, 1961）等々。このような事実が存在するということ自体、「アメリカ」という言葉が作家の想像力を刺激し、さまざまなイメージを喚起してきたからに他なりま

せん。そう言えばヘミングウェイ（Ernest Hemingway, 1899-1961）の多くの作品に登場するニック・アダムズ（Nick Adams）という主人公はアダム神話を連想させます。さらにフォークナー（William Faulkner, 1897-1962）の「熊」("*The Bear*", 1942) にいたっては、前述したクーパーのレザーストッキング物語の焼き直しと言ってもいいほどモチーフが類似しているのです。もちろんここに登場する主人公アイザックはナッティ・バンポーと比較するとはるかに陰影に富んだ人物に仕上げられてはいるのですが。

　ただここで見落してならない点は、20世紀のアメリカ作家が今まで述べてきた神話をそのまま素朴に作品の中で扱うことはめったにないということです。ほとんどの作家は20世紀のアメリカの現実を冷徹に見つめ、過去の神話と現実との落差を示すことによって逆にアメリカの現実を描きだそうとしているように思えます。例えば、ドライサーの『アメリカの悲劇』は、中西部の町を転々とした末にカンサス・シティーに辿り着いた福音伝道師の息子として生まれた青年クライド・グリフィスの物語です。クライドは成長するにしたがって自分の置かれた状況が経済的に特殊なものであることに気づき、何とかしてそのような極貧状態から抜け出そうとします。最初はドラッグ・ストアのソーダ水売りの見習いとして小銭を稼ぎます。次に町で一番の大きなホテル、グリーン・ダヴィッドソンにボーイとしての仕事を見つけ、お金を稼ぐことの歓びと俗世の歓楽の味を覚えます。作者ドライサーはこのホテルを「物質文明の影響を受けた俗悪な楽園」と描写していますので、主人公クライドの運命がどのように進展するかについてある程度予測はつくのですが、結局友人たちと遊びほうけた挙げ句の果てに、自動車事故を起こして逃亡する破目になるのです。クライドにとって幸運なことに、ニューヨーク州のリカーガスという町においてシャツの製造工場を経営している伯父がいることが判明し、そこで懸命に働いた結果、親族の一人として将来を嘱望されるまでになります。ここまで読みすすんできた読者は、この小説が前述した「成功物語」のパターンを踏襲していることに気づくはずです。しかし当然のことですが、20世紀のアメリカ社会はホレイショー・アルジャーの成功物語が人気を博した19世紀当時の素朴な社会ではありえません。作家の想像力もまた成功神話をそのまま安直に受け入れるほど過去の価値観を信奉してはいません。したがって作者ドライサーは、クライドに大きな試練を与えます。「物質的な成功」か「精神

的な高潔さ」かという二者択一を迫ることになるのです。クライドは夢にまで見てきた上流階級の豊かな生活という誘惑に打ち勝てず、以前から交際していた貧しい職工のロバータを妊娠させたあげく、湖で溺死させてしまいます。その結果、中西部出身の貧しい青年は結末において電気椅子の藻くずと消え去ることになるのです。

またフィツジェラルド（F. Scott Fitzgerald, 1896-1940）の『偉大なギャツビー』（*The Great Gatsby*, 1925）にしても、主人公のジェイ・ギャッツに成功神話を重ね合わせていることは明々白々です。経済上の成功は成しとげたものの、精神面の空虚さを満たすことのできない中西部出身のギャツビーは、失った過去の愛を取り戻すために最後まで物質的成功に頼ろうとします。結局ギャツビー自身が「成功神話」という魔力の犠牲者でもあるのです。

いずれの物語も「アメリカの夢の成就」という成功物語を下敷きにしていることはまちがいありません。ただいずれの場合にも悲劇的な結末を迎えさせることによって作者が過去の神話を検証しようとしている点は繰り返し指摘しておかなければなりません。つまり単に神話を追体験することではなく、力点は過去の神話がもはや20世紀のアメリカの現実に当てはまらないことを描き出すことに向けられているのです。さらに『アメリカの悲劇』も『偉大なギャツビー』も共に1925年に出版されているという事実はきわめて象徴的な意味をもっています。1929年にアメリカはウォール街の株価の大暴落に端緒を発する大恐慌に見舞われるのですが、その直前まで未曾有の繁栄を享受していました。また1920年には都市部の人口が51パーセントとなり、農村部の人口を上回ります。アメリカが都市を中心にした社会へと転換してゆくのがこの時期なのです。おそらくクライド・グリフィスやジェイ・ギャッツのような中西部出身の青年が、一攫千金の夢を抱いてニューヨークを中心とする東部の大都市に大挙して押し寄せたという歴史的背景があるのでしょう。中西部の若者がそこで目撃したのは、伝統的な価値観を見失い、大都市に蔓延する拝金主義に翻弄された末に零落してゆく大勢の仲間であったのです。『偉大なギャツビー』の語り手である中西部出身の青年ニック・キャラウェイにこのような視点が投影されていることは明らかです。

1939年に書かれたスタインベックの『怒りの葡萄』は、前述しましたように、明らかに「約束の土地」という旧約聖書の一節を下敷きにしているのですが、こ

の作品においても物語の中心は単にその神話を追体験することではありません。もはや「約束の土地」は20世紀アメリカ社会には存在していないということを明らかにするために書かれたと言っても過言ではないほどです。"this land ain't no lan' of milk an' honey like the preachers say"(「この土地は説教師たちが言うようなミルクと蜂蜜に溢れた豊かな土地なんかじゃない」)(第20章)という一節がすべてを物語っています。このように過去の神話とアメリカ社会の現実との落差はその溝をますます拡大してゆくのですが、以前にも増して20世紀の作家の想像力はこの亀裂を描きだすことに情熱を傾けるようになります。

　1962年に発表されたケン・キージー(Ken Kesey, 1930-)の『郭公の巣の上で』(*One Flew over the Cuckoo's Nest*, 1962)は今まで述べてきた変化をもっとも鮮鋭に、かつ象徴的に示している作品です。この作品の構成、文体、ユーモア、そしてとりわけその結末はマーク・トウェイン(Mark Twain, 1835-1890)の『ハックルベリー・フィンの冒険』(*Adventures of Huckleberry Finn*, 1885)の20世紀版を思わせます。俗語を交えた軽妙な語り口はハックの歯に衣着せない語りを連想させます。特に主人公ランドルフ・マクマーフィーの粗野な言動は、物質文明に染まっていない野生の活力と生命力に溢れています。ランドルフの中に自然児ハックの姿が見え隠れしているのです。おそらく読者はランドルフの破天荒で奔放で奇矯な言動に当初は戸惑い、嫌悪感さえ抱くことでしょう。しかし結末のランドルフの死が、コンピュータに代表される機械文明に支配された現代アメリカの管理社会がもたらした悲劇的な結末を象徴的に示していることに気づくなら、その瞬間から読者は否応なく個人の尊厳と自由の意味について再考を迫られることになるのです。この作品の語り手であるブロムデンが結末において語る"I might go to Canada eventually."(「結局カナダに行くかもしれない」)という台詞はきわめて予言的で暗示に富み、ハックの"I reckon I got to light out for the Territory ahead of the rest."(「他の人よりも早く未開の土地に逃げ出さなくちゃと思う」)に呼応していると考えることができます。ここで「カナダ」も「テリトリー(準州)」も共に機械文明の影響が及んでいない土地、つまり原初の状態を保った未開の空間(フロンティア)として象徴的な意味を帯びているのです。病院を脱走してカナダに逃亡せざるをえないブロムデンが置かれた苦境から判断して、キージーの想像力はアメリカに対してトウェインよりはるかに断

固たる拒否の姿勢を示していると言えるでしょう。1960年代のアメリカには、ハックが文明化した社会で教育されることを嫌うあまり逃亡を計画した、あの「テリトリー（準州）」、すなわち未開の広大な空間はもはや存在しないのです。さらにこの語り手がアメリカ・インディアンであるという設定は、最先端医療技術を誇る精神病院の被害者であることに加えて、そのような技術とシステムを生み出した社会制度そのものの被害者という側面を少数民族の観点から告発する役割を果たし、作品全体にいっそう暗い影を落としています。このように20世紀の作家の想像力は、過去の神話が現代アメリカの現実に当てはまらないことを示すことに向けられています。すなわち現実を逆照射するための鏡として、現実をよりいっそう鮮明に描きだすための手段として神話を使用しているのです。

フィリップ・ロス（Philip Roth, 1930-）という作家は、20世紀アメリカ社会の現実について次のように語っています。

> 20世紀も半ばにいるアメリカの作家は、アメリカの現実をあれやこれや理解し、それから記述し、そしていかにも信用できそうなものとするよう努めることで、猫の手も借りたいほど大忙しである。その現実は、一人の作家のなけなしの想像力を、麻痺させ、辟易させ、憤慨させ、最後はそれに対する一種の当惑にすらなってしまう。現実社会がわれわれの才能をだしぬくことは日常茶飯事のことで、精神文明はほとんど毎日のごとくどの小説家の垂涎の的になるような現実をぽいと投げ上げる。

ロスの言わんとするところは、従来の手法ではアメリカの現実は描けない、使い古された陳腐なアメリカ神話などもはや現代アメリカには適用できないということであるように思えます。しかし20世紀の現実がどれほど複雑怪奇なものに変化しようとも、作家が想像力を駆使して現実を描き出そうとする営みを放棄することはないでしょう。想像力を放棄しないかぎり、神話は作家の想像力の中において原型を変えつつ、ある時は神話を否定する反神話として、またある時は時代に応じた新たな神話を生み出しつつ生き続けるのです。したがってアメリカ文学を読むということは、ただ単に「愛と死」といった普遍的なテーマを理解するだけではなく、連綿としてアメリカ人の意識の底に流れる自己イメージの原型を探

り当てる旅でもあるのです。

推薦図書

[1] 大下尚一訳編『ピューリタニズム』アメリカ古典文庫15（研究社，1976年）．
[2] 大橋健三郎・齊藤 光・大橋吉之助編『総説アメリカ文学史』（研究社，1975年）．
[3] 木村尚三郎・赤井 彰・井門富二夫『告白と抵抗：プロテスタント』（淡交社，1969年）．
[4] 福田・岩元・徳永編『アメリカ文学思潮史』増補版（沖積舎，1999年）．
[5] Cooper, J. F., *The Last of the Mohicans*（邦訳）犬飼和雄訳『モヒカン族の最後』上巻，下巻（早川文庫，1993年）．
[6] Crevecoeur, St. Jean de, *Letters from an American Farmer*（邦訳）『クレヴクール』アメリカ古典文庫2（研究社，1982年）．
[7] Dreiser, Theodore, *An American Tragedy*（邦訳）大久保康雄訳『アメリカの悲劇』上巻，下巻（新潮文庫，1978年）．
[8] Fitzgerald, F. Scott, *The Great Gatsby*（邦訳）野崎 孝訳『偉大なギャツビー』（集英社，1979年）．
[9] Hemingway, Ernest, *In Our Time*（邦訳）高村勝治訳『われらの時代に』（講談社，1977年）．
[10] James, Henry, *The American*（邦訳）西川正身訳『アメリカ人』（河出書房，1969年）．
[11] Kesey, Ken, *One Flew over the Cuckoo's Nest*（邦訳）岩元 巌訳『郭公の巣の上で』（冨山房，1996年）．
[12] Lawrence, D. H., *Studies in Classic American Literature*（邦訳）酒本雅之訳『D・H・ロレンス』アメリカ古典文庫12（研究社，1978年）．
[13] Lewis, R. W. B., *American Adam*, The University of Chicago Press, 1955（邦訳）齊藤 光訳『アメリカのアダム』（研究社，1973年）．
[14] Marx, Leo, *The Machine in the Garden*, Oxford University Press, 1964.（邦訳）榊原・明石訳『楽園と機械文明』（研究社，1970年）．
[15] Smith, Henry Nash, *Virgin Land : The American West as Symbol and Myth*, Harvard University Press, 1950（邦訳）永原 誠訳『ヴァージンランド』（研究社，1969年）．
[16] Steinbeck, John, *The Grapes of Wrath*（邦訳）大久保康雄訳『怒りの葡萄』上

巻，下巻（新潮文庫，1967年）．

[17] Twain, Mark, *Adventures of Huckleberry Finn*（邦訳）村岡花子訳『ハックルベリー・フィンの冒険』（新潮文庫，1966年）．

――〈うらばなし〉――

　私自身の専門がアメリカ文学とは言え，「教養課程用」のという限定詞がついたとたんに，アメリカ文学について書くことは人が思うほど簡単な仕事ではなくなるであろうとそれとなく察しがついた．というのも，読者はおそらく文学書などにあまり触れたことはないかもしれないという危惧が先立ち，何をどう書いたらよいのやらはたと途方に暮れてしまったからである．

　そこでまず頭をよぎったことは，題名さえ耳にしたこともない文学作品を次から次へと並べていっても，なんら意味のない文字の羅列としか映らないであろうから，できる限り作品の数を少なくして，単なる羅列を避けることだった．同時に今流行りの難解な文学理論を振り回すことも余り賢い方法には思えなかった．次に頭を痛めたことは，それらを前提とした上で，では学生のアメリカ文学への関心を喚起するにはどのような書き方が考えられるかという問題だった．結局「アメリカ文学」の精髄について過度の抽象に走らず，具体性を持たせつつ語るには，文学に表れたアメリカ人の自己イメージ（神話）を歴史的に辿るしかないという点に落ち着いた．

　果たしてこのような作業が成功したか否かは読者の皆さんの判断にお任せするしかない．アメリカ文学の面白さに目覚め，興味を示す方が一人でも増えれば望外の幸せというところである．

（大畠一芳）

『怒りの葡萄』（1940）

18. アメリカの言語

18-1. 現代アメリカ合衆国の言語事情

　まず、アメリカ合衆国の言語事情を、1997年版、*Information Please Almanac* の最新資料をもとに、概観しておきたい。表1（272頁）にあるように、1993年4月に出された国勢調査によると、31,844,979のアメリカ人が、1990年の段階で、家庭では英語以外の言語を使っていることがわかる。1980年の段階では、それが、23,711,574のアメリカ人であったことを考えると、単純計算で8,133,405人の増、人口比で見ても、約11％から14％と増加していることがわかる。

　上位5位までの言語をあげると、スペイン語、フランス語、ドイツ語、イタリア語、中国語の順になり、いずれも使用人口が百万人を越えている。中でも、スペイン語は、17,339,172人で群を抜いている。1980年と比較した場合でも、50.1％の増であり、使用人口を考えた場合、その増加が目立つ。フランス語は、8.3％の増はあるものの、ドイツ語、イタリア語はそれぞれ3.7％減、19.9％減となり、ヨーロッパの主要言語は伸びていない。一方、中国語の97.7％増に見るように、韓国語、ヴェトナム語など、アジアの言語の伸びが目立つ。

　また、現在アメリカ合衆国の言語事情を考える場合、英語以外の言語と地域・州との結びつきを落とすことはできない。まず、英語以外の言語を話すアメリカ人の半分以上のものが、カリフォルニア州、ニューヨーク州、フロリダ州に住んでいるという事実がある。それぞれ、約860万人、390万人、400万人と言われる。またニューメキシコ州では、英語以外の言語話者が、36％に達し、カリフォルニア州の32％を抜いている。

　言語と地域、州との結びつきを見てみると、スペイン語は、コロンビア特別区（Washington, D.C.）を含め、39州で強い。イタリア語とドイツ語は、北東部、中西部で、フランス語と中国語は、南部と西部で強い。特にフランス語は、ルイ

Language	1990 Population 5 years and over	1980 Population 3 years and over	Percent change	Language	1990 Population 5 years and over	1980 Population 3 years and over	Percent change
United States	230,445,777	216,384,403	6.5	Navaho	148,530	123,169	20.6
Total	31,844,979	23,711,574	34.3	Hungarian	147,902	180,083	−17.9
Spanish	17,339,172	11,549,333	50.1	Hebrew	144,292	99,166	45.4
French	1,702,176	1,572,275	8.3	Dutch	142,684	146,429	−2.6
German	1,547,099	1,606,743	−3.7	Mon-Khmer[2]	127,441	16,417	676.3
Italian	1,308,648	1,633,279	−19.9	Gujarathi[3]	102,418	36,865	177.8
Chinese	1,249,213	631,737	97.7	Ukrainian	96,568	122,300	−21.0
Tagalog[1]	843,251	451,962	86.6	Czech	92,485	123,059	−24.8
Polish	723,483	826,150	−12.4	Pennsylvania Dutch	83,525	68,202	22.5
Korean	626,478	275,712	127.2	Miao[4]	81,877	16,189	405.8
Vietnamese	507,069	203,268	149.5	Norwegian	80,723	113,227	−28.7
Portuguese	429,860	361,101	19.0	Slovak	80,388	87,941	−8.6
Japanese	427,657	342,205	25.0	Swedish	77,511	100,886	−23.2
Greek	388,260	410,462	−5.4	Serbocroatian	70,964	83,216	−14.7
Arabic	355,150	225,597	57.4	Kru[5]	65,848	24,506	168.7
Hindi and related	331,484	129,968	155.1	Rumanian	65,265	32,502	100.8
Russian	241,798	174,623	38.5	Lithuanian	55,781	73,234	−23.8
Yiddish	213,064	320,380	−33.5	Finnish	54,350	69,386	−21.7
Thai	206,266	89,052	131.6	Panjabi	50,005	19,298	159.1
Persian	201,865	109,293	84.7	Formosan	46,044	13,661	237.0
French Creole	187,658	24,885	654.1	Croatian	45,206	42,479	6.4
Armenian	149,694	102,301	46.3	Turkish	41,876	27,459	52.5

表 1 Non-English Language Speaking Americans, 1990

Top languages spoken at home, ranked for persons five years and over

NOTE: The data for 1980 in this table are for population 3 years old over; for 1990 they are for persons 5 years and over.

Source: Census data published April 1993. 1. Filipino language of Manila and adjacent provinces. 2. Language spoken in southeast Asia, mostly in Cambodia. 3. Language of Gujarat region of western India. 4. Language of Hmong people of mountainous regions of southern China and adjacent areas of Vietnam, Laos, and Thailand. 5. Language spoken in Western Africa, chiefly in Liberia. Otto Johnson, *Information Please Almanac, 1997.* Boston & New York: Houghton Mifflin Company, 1997, p. 835.

(注) 1990年と1980年の調査年令が異なる。概観を得るためであり、そのまま単純計算をさせてもらった。

ジアナ州、メイン州、ニューハンプシャー州、ヴァーモント州で使用され、ドイツ語は、モンタナ州、ミネソタ州、北ダコタ州、南ダコタ州で使用されている。変ったところをあげると、ロードアイランド州では、ポルトガル語が、ハワイ州では、日本語が英語につぐ言語である。

　アメリカ・インディアン諸語については、北米、中米、南米、西インド諸島の諸言語に分類される。アメリカ合衆国に関しては、アサバスカ語族、アルゴンキン語族、スー語族、ムスコギ語族、イロクォイ語族などがある。表１にでているナヴァホ語は、アサバスカ語族に属し、148,530人の言語人口をもつとされる。こうしたアメリカのもともとの言語であるアメリカ・インディアン諸語を話すアメリカ人は、全体で332,000人ほどである。

　以上見てきたように、アメリカ合衆国は、人種のるつぼ（a racial melting pot）と言われてきたように、言語のるつぼでもあると言える。スペイン語やアジア諸国の言語の使用が増えているとは言え、英語は、依然として86％もの圧倒的多数のアメリカ人によって、第一言語（first language）として使用されている言語である。

18-2. アメリカ英語の成立事情[1]

　第一言語として、86％もの圧倒的多数のアメリカ人によって使用されている英語であるが、その成立に関しては、次の３期に分かれるとされる。

18-2-1. 第１期（1607～1790年）

　ジェームズタウン植民地建設（1607年）から、アメリカ合衆国憲法の批准完了（1790年）までの180年余りにわたる植民地時代である。アメリカ英語の基礎が形成されたと言われ、形成期とされる。

　この180年余の形成期において、注目すべきことは、植民者間におこった英語の「水平化」現象である。それぞれの地域から持ち込まれた英語が、融合、平準化し、次第に差異をなくし、植民者すべてに通じるアメリカ英語が形成されていくことになる。ちなみに、1790年に行われた初めての国勢調査によると、人口は

---

1)　松浪　有編『英語の歴史』（大修館、1995年）134-143頁。

約400万人で、そのうちの95％が、アパラチア山脈の東に住んでいたとされる。

18-2-2. 第2期（1790年〜1920年）

アメリカ合衆国憲法の批准完了（1790年）から、アメリカ合衆国上院によるヴェルサイユ条約批准拒否（1920年）までの130年にわたる国家成長期である。この期に、アメリカ合衆国は、ルイジアナ購入（1803年）、フロリダ買収（1819年）、テキサス併合（1845年）、カリフォルニア・ニューメキシコ割譲（1848年）を果し、北米大陸国家に成長する。1849年にはゴールドラッシュがおこり、移民の殺到が頂点に達することになる。また、南北戦争（1861年〜1865年）も体験することになる。この期に合わせて、アメリカ英語も、成長成熟をとげたと言われ、成長期とされる。

この130年間の成長期において注目すべきことは、自国語意識の高揚と飛躍的な語彙の増大の2点である。自国語意識の高揚に大きな役割を果した人物としてまずノア・ウェブスター（Noah Webster）をあげる必要があろう。彼は、政治経済面だけではなく、言語面でも、イギリスからの独立を訴え、みずからも『アメリカ綴り字教本』（1783年）、『アメリカ英語辞典』（1828年）を著わした。また、リンドリー・マリー（Lindley Murray）は、主著 *English Grammar*（1795年）、他多数を著した。これら著作が、アメリカ英語に規範を示し、統一化に果した役割は大きい。飛躍的な語彙の増大については、18-4-1. アメリカ英語の特徴　語彙の項で述べる。

18-2-3. 第3期（1920年〜現在）

第一次世界大戦終了から現代までを含み、目下進行中の期である。第一次世界大戦後、アメリカ合衆国は、単なる北米大陸国家ではなく、世界の超大国への道を歩むことになる。特に、第二次世界大戦後は、その地位を不動のものにする。こうしたアメリカ合衆国の国際舞台への登場に合わせ、アメリカ英語も映画、演劇、テレビ、ラジオ、ジャズ、ポピュラー音楽、広告などを通し、世界に拡大する。この期は、拡大期とされる。

この拡大期において、注目すべきことは、対外的には、上記の通り、英語の国際化であり、国内的には、新聞、雑誌、テレビ、ラジオなどマス・メディアの発

達、学校教育の充実、住民移動の増大などによるアメリカ英語の均質化現象の進行である。

現在、アメリカ英語は、イギリス英語の約4倍の母国語話者数を有し、将来にわたって、イギリス英語はもとより世界の諸言語に対しても、多大の影響を与えていくものと思われる。

18-3. アメリカの三大地域語

まず、図1を見ていただきたい。C. K. Thomas 著, *An Introduction to the Phonetics of American English* によれば、アメリカの主要地域語は、A～Jの地域にわかれるとされる。この著作のそれぞれの地域語についての説明は、割愛するが、明解で詳細である。この項では、彼の説明に従来の学説[2]を加味し、それぞれの地域の特徴で境界をまとめていくと、三大地域語が浮かび上がってくる。つまり、東部型・南部型・中西部型である。以下、図1をもとに概説する。

(1) 東部型（図1のA、Bの地域）
子音の前のrを発音しないことを特色とするイギリス南部の発音に近いとされる。New England dialect とも言われ、アメリカ合衆国の人口の約1割が使用し地域としては、一番広がりが狭い。

(2) 南部型（図1のD、Fの地域）
南部延音（southern drawl）とよばれる長くひき延ばされた母音（elongated vowel）を特色とする。また強勢をもつ母音が二重母音化する傾向もあるとされる。Southern dialect とも言われる。アメリカ合衆国人口の約2割が使用するとされる。

(3) 中西部型（図1のC、E、G、H、I、Jの地域）
綴字中のすべてのrを発音することを特色とする。イギリス北部の発音に近いとされる。General American とも言われ、アメリカ合衆国人口の約7割、面積

---

2) 小栗敬三『英語音声学』（篠崎書林、1987年）96-99頁。

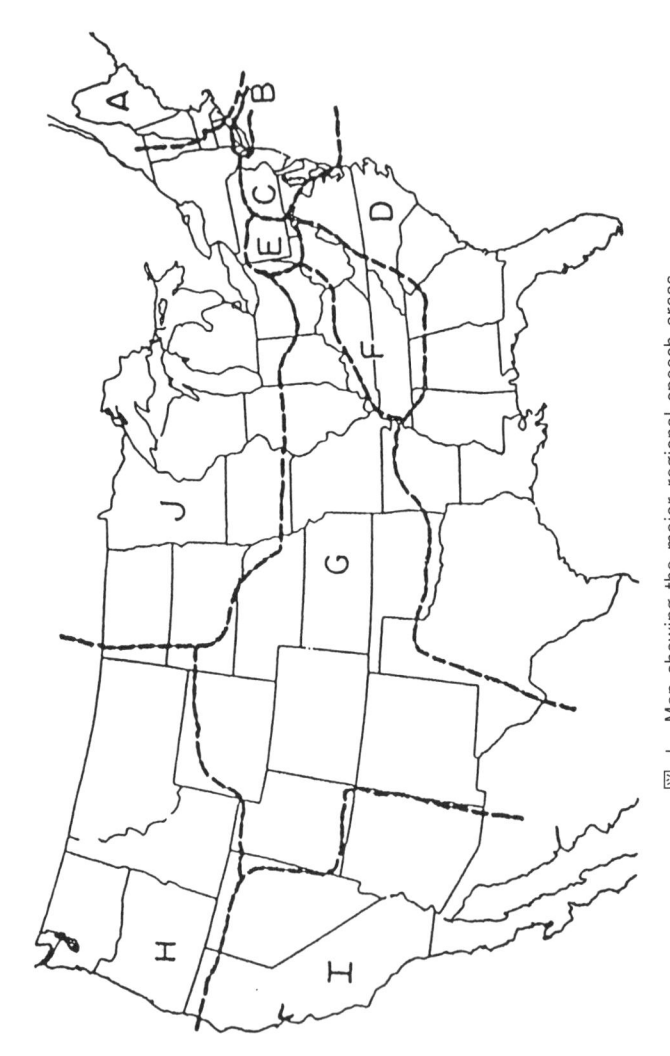

図 1　Map showing the major regional speech areas

A: Eastern New England; B: New York City; C: Middle Atlantic; D: Southern; E: Western Pennsylvania; F: Southern Mountain; G: Central Midland; H: Northwest; I: Southewest; J: North Central.
Charles Kenneth Thomas, *An Introduction to the Phonetics of American English*, New York: Ronald Press Company, 1958, p. 232.

の約8割の地域で使用されている。最も一般的とされる型である。

ただ、留意しておきたいことは、以上のようにアメリカ英語は、三大地域語に大別できるのであるが、それぞれの差異は、発音上の差異によるものであり、その他の面では、むしろ高い統一性・画一性を有しているのが、アメリカの地域語の特色であるということである。

18-4. アメリカ英語の特徴

上述のように、アメリカ英語は主要な地域語だけでも、10地域、それを大別しても3地域に分かれ、それぞれの特徴を有するのであるが、ここでは、断わらない限り、東部型と南部型を考慮に入れながら、アメリカ合衆国の大部分で用いられている中西部型を中心に、その全般的特徴を記したい。

18-4-1. 語彙[3]

アメリカ英語の語彙の特徴を生みだしたそもそもの起こりは、初期植民者が本国イギリスから持ち込んだ英語と新天地アメリカ生活との出会いである。彼等は新環境で出会う事象に、次の3方法で対処したと言われる。
(1) 他言語から語を借りること（借用語）
(2) 使用していた語の意味を変えること（意味変容）
(3) 新語を造ること（新造語）

アメリカ英語の語彙が、イギリス英語のそれとの差異を生み出していった原因は、このことに始まっている。アメリカ英語の成立事情のところで述べた第1期から第3期への推移を含めて、アメリカ英語の語彙の特徴を考えたい。

18-4-1-1. 借用語
(1) インディアン諸語

新天地で見つけた動植物名や地名には、インディアン諸語から、その名を多々、借用した。アメリカ合衆国50州のうち27州は、インディアン諸語から由来してい

---

[3] A・H・マークワート（長井善見訳）『アメリカ英語』（南雲堂、1985年）28-90頁。

るとされる。初期の植民者が東部地方で接したインディアンは、前出のアルゴンキン語族というアメリカ・インディアンの言語語族に属し、その語族からのものが多いとされる。

  （例）動植物名：moose, racoon, skunk, hickory, sequoia, squash
     地名：Alabama, Idaho, Iowa, Kansas, Chicago, Erie, Mississippi

(2)　オランダ語

オランダは、ニューヨーク市を植民地にもつなど、オランダ語は早くから、アメリカ英語に借用されている。借用語数は多くはないが、使用頻度の高い語が多いのが特徴である。

  （例）cookie, waffle, bush, boss, Yankee, Santa Claus, snoop

(3)　スペイン語

アメリカ英語に借用語を最も多く提供していると言われる。前述の第1期の17世紀から借用が行われているが、第2期には、ゴールドラッシュ（1849年）もあり、スペイン語圏から、多くの人が流入した。また、テキサス併合（1845年）、カリフォルニア・ニューメキシコ割譲（1848年）があり、スペイン領であったテキサス、カリフォルニア、ニューメキシコなどからのスペイン文化との接触が行われた。その地での地名、地形に関するものや動植物名、牧場などに関する語にスペイン語からの借用語が多いとされる。

現在でも（第3期に入る）、現代アメリカ合衆国の言語事情で見た通り、17,339,172人がスペイン語を話しており、その影響力は強い。

  （例）bonito, cockroach, coyote, alfalfa, marijuana, yucca, taco, poncho

(4)　フランス語

フランス語は、もともとヨーロッパを代表する言語であり、文化、外交などの分野をはじめ、食事、料理、地勢、探検旅行などに関する語に多いとされる。アメリカ合衆国との関係では、ルイジアナ購入（1803年）が大きな出来事としてあげられる。

  （例）pumpkin, chowder, prairie, rapids, bateau, toboggan

(5) ドイツ語

フランス語と並びヨーロッパを代表する言語であるが、フランス語とやや趣きを異にする。1990年のCensusによると、ドイツ系アメリカ人人口は、57,947,873人とされ、アメリカ合衆国中で最大である。フランス系アメリカ人人口は10,320,935人と較べて、約6倍の多さである。過去300年のドイツからの移民とその歴史を考え合せても、ドイツ語の影響は強い。特に、食品や教育に関する語が多いとされる。

　　(例) delicatessen, frankfurter, hamburger, noodle, semester, seminar
その他の言語からの借用語については、割愛する。

18-4-1-2. 意味の変容

H. W. Horwill は、*A Dictionary of Modern American Usage*, Second Edition (1935年) 序文の中で、英語米語の語彙の差異を分析して、以下の9つのタイプに分類できると述べている。

(1) 単語の意味が米語と英語で全く異るもの
　　(例) billion, precinct, ruby type, solicitor
(2) 米語と英語で一般的意味は同じであるが、米語が特別な意味を加えているもの
　　(例) brotherhood, commute, dues, fit, homestead, senior
(3) 米語において使用域がひろがったもの
　　(例) freight, graduate, hunt
(4) 米語において言外に異なった含みをもつもの
　　(例) jurist, politics
(5) 現代の英語においてすたれてしまった意味を米語では留めているもの
　　(例) apartment, citizen, conclude, tardy, thrifty, town
(6) 現代の英語において使用されていない比喩的意味を米語では獲得しているもの
　　(例) gridiron, knife, pork, stripe, timber
(7) 現代の英語の同意語ではあるが、米語と英語で使用頻度が異なるもの

(例) faucet (tap), hog (pig), line (queue), mail (post), two weeks (fortnight)
(8) 少しだけだが、英語米語間で語形が異なるもの（この項は、綴字の項で後述する。）
(例) aluminum (aluminium), acclimate (acclimatize), candidacy (candidature), deviltry (devilry), telegrapher (telegraphist)
(9) 英語にはない複合語を米語が形成しているもの
(例) blue law, night stick, scratch-pad, thumb tack

以上のように、(8)は除くとしてもアメリカ英語が、長い歴史の中で意味を変容させている姿が見て取れよう。

18-4-1-3. 新造語

アメリカ英語における新造語の特徴は、大きく二つあるとされる。ひとつは、発想が自由奔放であること、もうひとつは、時代が下るに従い、その数を増してくるということである。このことは、アメリカ英語の成立事情のところで述べたことと関連する。前者は、広大な風土、多数の多様な移民、また、西部開拓、ゴールドラッシュなどの影響が考えられ、後者は、アメリカ英語の成長・拡大期にあたる第2期・第3期において、アメリカ合衆国が名実ともに発展を遂げることと軌を一にしていると言えよう。

(例) gold fever, soap opera, rubber neck, shotgun wedding

18-4-2. 発音[4]

前述したように、アメリカ英語の3大地域語のうちの中西部型は、イギリス北部の言葉がもとになっており General American とも呼ばれ、人口の7割、面積の8割の地域で使用され、アメリカの標準的英語発音とされる。一方、イギリスの標準的英語発音とされる Received Pronunciation は、BBC English とも呼ばれ、一つの地域語をもとにして発達したものではなく、英国のパブリック・スクールで教育をうけたイングランド南部出身の人々の言葉の発音をもとにしている。

---

[4] 小栗敬三『英語音声学』（篠崎書林、1987年）93-96頁、99-108頁。

英国の特定の階級の間で使用される階級方言と言われ、実際の Received Pronunciation 話者は、一説によれば人口の3％と言われる。

イギリスの標準的英語発音と比較すると、アメリカの標準的発音は、一般的特色として、以下の5点があげられる。

(1) 鼻音化傾向

すべての音を鼻音化して発音する傾向があるとされる。この傾向は、特に開母音（open vowel）において顕著である。

(2) イントネーションの平板性

イントネーションの上下動が少なく、平板で単調に発音される傾向がある。

(3) 音節をひとつひとつ明確に発音する傾向

強勢に関しては、第1次強勢ほどではないにしても、第2次強勢も相当強い強勢がおかれ、強調される。

(4) 綴字中のすべての r 音を発音する。

(5) 綴字発音（spelling pronunciation）傾向

綴られた文字に従って発音する傾向がある。

18-4-2-1. 母音

母音に関して、イギリスとアメリカの標準的発音の大きな差異をあげると以下の6点である。

(1) 英音［ɑː］→米音［æ］但し、father, palm, psalm の母音は［ɑː］である。
   （例）chance［tʃɑːns］→［tʃæns］, last［lɑːst］→［læst］
(2) 英音［ɔ］→米音［ɑ］、［ɔː］、［ɔ］
   （例）ox［ɔks］→［ɑks］, coffee［kɔ́fi］→［kɔ́ːfi］, dog［dɔg］→［dɔg］
(3) 英音［ʌ］→米音［əːr］
   （例）courage［kʌ́ridʒ］→［kə́ːridʒ］, hurry［hʌ́ri］→［hə́ːri］
(4) 英音［ai］→米音［iː］、［i］
   （例）either［áiðə］→［íːðər］, primer［práimə］→［prímər］
(5) 英音［juː］→米音［uː］
   （例）duty［djúːti］→［dúːti］, new［njuː］→［nuː］
(6) 米音のわたり音（glide）の省略

英音 [iə] →米音 [iː], [i]
(例) experience [ikspíəriəns] → [ikspí(ː)riəns]
英音 [ɛə] →米音 [ɛː], [ɛ], [eː], [æ]
(例) vary [vɛ́əri] → [vé(ː)ri]
英音 [uə] →米音 [uː], [u]
(例) tourist [túərist] → [túːrist]
英音 [aiə] →米音 [ai]
(例) tyrant [táiərənt] → [táirənt]
英音 [auə] →米音 [au]
(例) flowery [fláuəri] → [fláuri]

18-4-2-2. 子音及び半母音

子音に関しては、イギリス発音の方がアメリカ発音よりも強く発音される傾向があることのほかは、差異はほとんどないと言われる。ただ、以下の2点は、留意されてよい。

(1) [t] 音について

米音の [t] は弾き音の [t] (flapped [t]) であるとされ、[d] とも [r] とも聞き取れる。

(例) better, butter, matter, thirty, twenty, water

(2) 英音 [w] →米音 [hw]

米音では、口唇を丸めてつき出した状態に [h] 音を添えて発音する。英語では半母音であるが、米音では無声音になる。

(例) what, where, which, why

18-4-2-3. まぎらわしい英音・米音発音

英音発音と米音発音は、必ずしも規則化できるものではなく、相互に入りこんでおり、ひとつひとつ正確を期さねばならないものがある。

(1) 英音 [e] →米音 [iː]

(例) depot [dépou] → [díːpou], leisure [léʒə] → [líːʒə]

(2) 英音 [iː] →米音 [e]

（例）epoch [íːpɔk] → [épək], amenity [əmíːniti] → [əméniti]
(3)　英音有声子音→米音無声子音
　　　（例）erase [iréiz] → [iréis], nephew [névjuː] → [néfjuː]
(4)　英音無声子音→米音有声子音
　　　（例）Asia [éiʃə] → [éiʒə], version [váːʃən] → [váːrʒən]
(5)　英音前強勢→米音後強勢
　　　（例）aristocrat [ǽristəkræt] → [ərístəkræt]
(6)　英音後強勢→米音前強勢
　　　（例）etiquette [etikét] → [étiket], partisan [paːtizǽn] → [páːrtizən]

18-4-3. 綴字

綴字については、イギリス英語とアメリカ英語では、表2のように異っているものがある。アメリカ英語の綴字は、たしかにイギリス英語のそれに比して、簡便になっていると言えよう。前述のノア・ウェブスター（Noah Webster）の綴字改革運動によるところが大きい。また、そんなに数は多くはないにしても、アメリカ英語の綴字がイギリス英語に取り入れられてもおり、アメリカ英語の拡大のひとつの証左とも言える。

18-4-4. 文法・語法

アメリカ英語とイギリス英語の文法・語法上の差異は、くだけた口語表現に限定され、正式な書かれた文章に見る限り、英米両語の文法・語法上の差異はほとんどないとされ、標準的なアメリカ英語・イギリス英語を使うアメリカ人、イギリス人にとっては、その差異は既知のことと言われている。
　ここでは、代表的なアメリカ英語の文法・語法上の特徴をあげる。
(1)　主語の人称にかかわらず、will, would を用いる。
(2)　提案・要求・命令などの動詞、名詞、形容詞が導く従属節で仮定法現在を使う。
(3)　品詞を転用する。
(4)　単純形副詞を多用する。

表 2 綴字の違い

1. 英 〈―our〉～米 〈―or〉
   - colour 英～color 米
   - rumour 英～rumor 米
   - favour 英～favor 米
   - labour 英～labor 米
2. 二重子音字と単子音字
   - traveller 英～traveler 米
   - jewellery 英～jewelry 米
   - woollen 英～woolen 米
   - waggon 英～wagon 米・英
3. 英 〈―re〉～米 〈―er〉
   - centre 英～center 米・英
   - theatre 英～theater 米
   - fibre 英～fiber 米
   - metre 英～meter 米
4. 英 〈―ce〉～米 〈―se〉
   - defence 英～defense 米・英
   - pretence 英～pretense 米・英
   - offence 英～offense 米・英
   - vice 英～vise 米・英
5. 借用語の語尾
   - catalogue 英～catalog 米
   - prologue 英～prolog 米
   - programme 英～program 米・英
   - verandah 英～veranda 米・英
6. 英 〈ae, oe〉～米 〈e〉
   - mediaeval 英～medieval 米・英
   - haemorrhage 英～hemorrhage 米・英
   - encyclopaedia 英～encyclopedia 米
   - aesthetic 英～esthetic 米
7. 英 〈e〉～米 〈i〉
   - gasolene 英～gasoline 米・英
   - enquire 英～inquire 米
   - encolse 英～inclose 米
   - despatch 英～dispatch 米・英
8. その他
   - i axe 英～ax 米・英
   - ii mould 英～mold 米
   - iii baulk 英～balk 米・英
   - iv cheque 英～check 米・英
   - v draught 英～draft 米
   - vi tyre 英～tire 米・英
   - vii inflexion 英～inflection 米・英
     connexion 英～connection 米・英
   - viii drily 英～dryly 米・英
   - ix ketchup 英～catchup 米
   - x gaol 英～jail 米
   - good-bye 英～good-by 米
   - staunch 英～stanch 米
   - piquet 英～picket 米・英
   - plough 英～plow 米
   - cyder 英～cider 米
   - gipsy 英～gypsy 米
   - grey 英～gray 米
   - cosy 英～cozy 米

◆注意　以上の米英の区別は絶対的なものでなく、主として米国あるいは英国で行われるという意味である。概していえば、米国では発音により近く綴字が行われているということができる。
　　　大塚高信監修『米会話発音教本』（南雲堂、1987年）115-116頁。

(5) 動詞を2つ連続させて使用する。
(6) 完了形を単純過去形で代用する傾向が強い。
(7) 前置詞の使用法が異なるものがある。
(8) 冠詞の使用法が異なるものがある。

推薦図書

［1］ 竹林　滋・東　信行・高橋　潔・高橋作太郎『アメリカ英語概説』（研究社，1988年）．
　　　本書は恐らくアメリカ英語に関する日本での本格的な概説書と言える。本稿の輪郭をとらえるために、全体を参照した。
［2］ A・H・マークワート（長井善見訳）『アメリカ英語』（南雲堂，1985年）．
［3］ J・L・ディラード（大澤銀作訳）『アメリカ英語の社会史的傾向』（文化書房博文社，1988年）．
［4］ ノーマン・W・シュール（豊田昌倫・小黒昌一・貝瀬千章・吉田幸子訳）『イギリス／アメリカ英語対照辞典』（研究社，1996年）．
［5］ トマス・パイルズ（花崎栄一・大澤銀作訳）『米語成立』（文化書房博文社，1983年）．
［6］ アルバート・C・ボー、トマス・ケイブル（永嶋大典訳）『英語史』（研究社，1989年）．
［7］ Otto Johnson, *Information Please Almanac 1997*, Boston & New York: Houghton Mifflin Company, 1997.
［8］ Charles Kenneth Thomas, *An Introduction to the Phonetics of American English*, New York: Ronald Press Company, 1958.

───〈この章を書き終えて〉─────────────────────────

　この章を担当するに当って、アメリカ合衆国の現在を言語の面から、できるだけ、わかりやすく明解に描き出すことに努めた。紙数の関係で内容において、多くを割愛せざるを得なかった。また、事実と思われるものだけを記すことになってしまった。お許し願いたい。

　ひとつの事実の背後には、幾多の経緯と原因がからみ合っていることもある。また、簡単な事実でも、なぜかを問うとなると、議論が起こり、また分れる。そこで俄然、興味も湧いてくるのであるが、その手前で止めざるを得なかった。筆者としても意見もあり、推測（憶測）もないわけではないが、そこは、若い新鮮な知性と感性で切り開いてもらいたく思っている。この章が、アメリカ合衆国の言語の全体像を提供できるだけでなく、そうした議論、考究を喚起する一助となれることを祈るばかりである。

　現在では、アメリカ合衆国の地を踏むことは、そんなにむつかしいことではない。筆者の学生時代とは隔世の感がある。ぜひ、若い時に、アメリカの地を踏まれ、研究されることを祈る。アメリカへ行くとなると、語学が心配な方もおられると思うが、Leap before look. の精神が大切なのではないかと思う。筆者の海外英語実習の学生引率の体験から、環境の中へ入っていけば、なんとかやっていけると確信している。

　アメリカ英語の特徴を存分に味わって身につけていただきたく、限られた中でアメリカ英語の発音の箇所に、かなり意を用いたつもりである。10地域に分かれると言われるアメリカ英語のどの地域に行かれても、言葉には興味関心を持たれ楽しく有意義で、思い出深い体験をされることを願って止みません。　　　（樋口明夫）

19. アメリカの音楽

19-1. はじめに

　この本の性格上、本章のタイトルを「アメリカの音楽」としましたが、実際には、「アメリカ音楽」というような総括的な概念は存在しえないと言っていいでしょう。なぜなら、「アメリカ音楽」と言った場合、その範囲は南北アメリカ大陸からカリブ海の島々までを含んだものとなり、地域的にも民族的にも歴史的にも実にさまざまだからです。したがって、便宜上「アメリカの音楽」という言葉を使いましたが、正確には「アメリカ合衆国の音楽」とするべきだったかもしれません。

　また、ひとくちに「アメリカ合衆国の音楽」と言っても、民族的な意味では、北米大陸の先住民であるアメリカ・インディアンの音楽、ヨーロッパからの移民が持ち込んだ音楽、西アフリカから奴隷として連れてこられた人々が持ち込んだ音楽があります。さらに、歴史的な意味では、それぞれの民族が独自に持っていた音楽（民俗音楽）の他に、ヨーロッパの音楽とアフリカの音楽が融合して生まれた芸術音楽（ジャズ音楽）、ヨーロッパを起点としながらも新大陸で発展した芸術音楽（クラシック音楽）、強大な商業主義を背景にしてさまざまな音楽様式をとり入れながら発展した大衆音楽（ポピュラー音楽）と、きわめて幅広い範囲に及びます。

　したがって、ここにアメリカ合衆国の音楽の全てを網羅することは容易なことではありません。ここでは、本書の目的に沿って、現在のアメリカ合衆国の文化と生活を知るためのごく一般的な知識をとり上げていくことにしました。

19-2. アメリカ音楽の歴史的背景

　先住民の民俗音楽を除けば、アメリカ音楽の歴史はその移民の歴史と同じく、おおよそ300年ほどのものであると言えるでしょう。イギリスから清教徒たちが

宗教的な自由を求めてメイフラワー号で渡来したのが1620年、そして独立宣言の公布が1776年でした。ヨーロッパ音楽史では、宮廷のサロンや教会を中心に、A・ヴィヴァルディ（1678-1741）、J・S・バッハ（1685-1750）、G・F・ヘンデル（1685-1759）といったバロック音楽の巨匠たちが活躍していた時代です。もちろん、この時点では、ヨーロッパの芸術音楽との直接的なつながりがあるわけではありませんので、それは歴史的な座標軸としての意味しかありません。開拓移民時代のアメリカ大陸では、清教徒たちによる賛美歌と日々の労働を慰める世俗的な歌が中心でした。清教徒たちは、教会での礼拝から虚飾をとり除くことを目的にしていましたので、彼らは礼拝に飾り気のない単声聖歌を用い、当時のヨーロッパのように楽器を用いることはしませんでした。また、芸術としての音楽よりは日々の生活のための音楽が中心であったということは、彼らの開拓時代の苦しい生活を考えれば想像に難くありません。

　合衆国独立後の18世紀末には、フランス革命の影響などもあり、かなり多くの音楽家がヨーロッパからアメリカ大陸に渡ってきました。これ以後、アメリカの音楽は一気に活気を帯びていきました。また、19世紀に入ると、ヨーロッパ各地からドイツ人をはじめとする多くの音楽家が移住してきました。19世紀中頃には、各地に交響楽団がつくられて、コンサートに出かけることが市民生活に浸透し、楽譜の出版業などの音楽市場が注目されるようになりました。しかし、当時のヨーロッパ音楽がロマン主義の成熟期であったことと比較すれば、その頃のアメリカ音楽は、どちらかと言えばまだ家庭音楽の域を脱するものではありませんでした。

　スティーヴン・コリンズ・フォスター（1826-1864）【写真1】は、この頃のアメリカを象徴する作曲家の一人です。フォスターは、当時のアメリカの日常生活で歌われていた民謡の影響のもとに、『故郷の人々（スワニー川）』（1851）、『ケンタッキーのわが家』（1853）、『金髪のジェニー』（1854）などの親しみやすい歌曲を200曲近く発表しました。それらの歌曲の大半は、彼自身が歌詞も手がけています。多くの旋律は、両親の血を受け継いでスコットランドやアイルランドの民謡に根ざしていますが、彼の作品には明らかにヨーロッパ風の歌曲とは異なった情緒が表現されています。それらは、当時の奴隷であったアフリカ系の黒人たちの生活感情や音楽的な特徴を彼なりに消化した独特の魅力を持っています。『お

写真1　スティーヴン・コリンズ・フォスター

おスザンナ』（1848）、『主人は冷たい土の中に』（1852）、『オールド・ブラック・ジョー』（1860）などが黒人の心情を歌ったものとして知られています。現在では、歌詞の中に黒人に対する差別的な言葉が多く使われているということで、学校などではあまり歌われることがなくなってきたようですが、当時の厳しい奴隷制度の中で、これらの歌を通してフォスターの優しいまなざしが黒人たちに向けられていたと見ることもできます。フォスターは37歳の若さでこの世を去りますが、彼の死後に発表された『夢見る人』（1864）をはじめとする数々の歌曲は世界中の人々に親しまれています。その意味からも、フォスターは最も世界的に知られたアメリカの作曲家であると言えるでしょう。

　19世紀末から20世紀初頭にかけて、ニューオーリンズを中心にジャズ音楽が生まれたことも歴史的には見逃せません。ジャズの前身となる音楽は、黒人霊歌やラグタイムなどです。ラグタイムとは、当時の酒場などで演奏していた黒人ピアニストの独特な演奏スタイルで、左手で2拍子の伴奏をしながら右手で鋭いオフ

ビートのシンコペーションを伴ったメロディーを奏するものです。スコット・ジョプリン（1868-1917）による数多くの作品が今でも人々に愛されています。これがニューオーリンズの黒人たちが演奏する葬式のブラスバンドの音楽と融合して、ジャズの源流のひとつになったと考えられています。ジャズの特徴は、その自由な即興演奏にあります。彼らにとって、葬式はある意味での自由と解放への旅立ちを象徴するものであり、即興演奏こそ彼らの自由と解放を表現するにふさわしいものだったのです。

　彼らの音楽は、後に「ディキシーランド・ジャズ」と呼ばれ、酒場やダンスホールなどで演奏されるようになりました。その当時、ニューオーリンズで活躍したジャズ・トランペット奏者に「サッチモ」ことルイ・アームストロング（1900-1971）【写真2】がいます。彼の即興演奏のスタイルは、後のジャズ演奏に大きな影響を与え、そのしわがれた独特の歌声とともに、今でもアメリカ音楽界最大のスターとして国宝的な称賛を受けています。その後、ジャズの中心地はニューオーリンズからシカゴを経てニューヨークに移り現在に至っています。初期のジャズは黒人演奏家が中心でしたが、ダンス音楽の隆盛とともに白人の奏者も活躍するようになり、現在では、今世紀の芸術音楽のスタイルのひとつとして世界中で演奏されるようになっています。

　その後、クラシック音楽もジャズ音楽の影響を受けて、アメリカならではの作品が生まれるようになっていきました。その代表的な作曲家が、ジョージ・ガーシュイン（1898-1937）【写真3】です。ガーシュインは、ロシア系ユダヤ人の移

写真2　ルイ・アームストロング

写真3　ジョージ・ガーシュイン

民の子としてニューヨークに生まれ、早くから音楽的才能を発揮して、20歳頃にはポピュラー音楽の作曲家として名が知られ始めました。そして、彼の名声を決定的なものにしたのは、ジャズバンドとピアノのために書かれた『ラプソディー・イン・ブルー』(1924) です。後にこれは、組曲『グランド・キャニオン』で有名なファーディ・グローフェ (1892-1972) によってオーケストレーションが行われ、現在ではピアノとオーケストラで演奏されています。その後作曲された『パリのアメリカ人』(1928)、歌劇『ポギーとベス』(1935) など一連のガーシュインの作品は、ジャズの語法とヨーロッパの伝統音楽を融合させたアメリカ独自の様式の音楽として世界的に高い評価を得ています。この流れは、今世紀後半に活躍したアーロン・コプランド (1900-1990)【写真4】や、指揮者としても有名なレナード・バーンスタイン (1918-1990)【写真5】らの作曲家に受け継がれて現在に至っています。

　1930年代には、ナチズムの台頭と第二次世界大戦の難を逃れて、ヨーロッパ各

写真4　アーロン・コプランド

地から優秀な音楽家がアメリカに亡命してきました。セルゲイ・クーセヴィツキー（1874-1951、ロシア）、ジョージ・セル（1897-1970、ハンガリー）らの指揮者たちは、アメリカのオーケストラの質を飛躍的に向上させ、ベーラ・バルトーク（1881-1945、ハンガリー）、イーゴル・ストラヴィンスキー（1882-1971、ロシア）、アルノルト・シェーンベルク（1874-1951、オーストリア）、パウル・ヒンデミット（1895-1963、ドイツ）などの現代を代表する作曲家たちは、アメリカの高等音楽教育に多大な影響を与えました。

　しかし、このようなヨーロッパ音楽の影響を受けながらも、エドガー・ヴァレーズ（1883-1965）【写真6】やジョン・ケージ（1912-1992）【写真7】らのように、ヨーロッパ伝統音楽の語法を否定して、全く新しい響きの音楽をつくり出そうとする作曲家を生み出してきたエネルギーこそが、アメリカ音楽の真骨頂と言えるかもしれません。ケージは、1930年代末から打楽器のための作品やプリペアード・ピアノ（ピアノの弦に異物を装着して音質を変化させたもの）の曲によっ

写真5　レナード・バーンスタイン

て知られ、1950年代にはチャンス・オペレーション（偶然性の音楽）を始めた作曲家として世界の音楽界に衝撃を与えました。彼は、音楽における時間と空間の概念に不確定性を導入することによって、ヨーロッパ伝統音楽の語法を根底から覆そうとした作曲家として知られています。

　こうした歴史的背景と強力な経済的基盤のもとに、現在では、アメリカはクラシックやジャズからポップスまで幅広いジャンルで世界をリードするまでになっています。それは、音楽が権力や富の象徴としてではなく、コミュニティーの団結や国家統合のシンボルとして、また一人ひとりの国民の生活に密着したものとして発展してきたこの国の歴史的必然性によるものと言えるでしょう。

19-3.　アメリカ音楽の教育的背景

　ある国の文化を語るときに、その国の教育のありようを見過ごすことはできません。アメリカに限らず全ての先進国の文化的基盤は、学校教育によって支えられていると言っても過言ではありません。アメリカの教育全般については、別の章で詳しく述べられていますが、アメリカの教育制度は、小学校・中学校・高等

写真6　エドガー・ヴァレーズ

　学校の課程が日本に比べて多様化しています。とくに義務教育の公立学校に関しては、州政府が教育政策の大綱を決め、各学校区の教育委員会（District Board of Education）がカリキュラムの設定などの実務を行っています。したがって、その学校のカリキュラムに音楽科があるかどうか、また、あるとしても必修か選択かは地域によって異なり、日本のように一様ではありません。もちろん、アメリカの公立学校でも正規のカリキュラムに音楽や美術が含まれていないところもありますが、アメリカは世界でも稀な音楽教育大国であり、音楽ばかりではなくその教育の面でも世界をリードしています。
　アメリカの音楽教育は、1830年頃のボストンで行われた実験的な試みに始まっています。ボストンの小学校で音楽教育をスタートさせたロウエル・メーソン（1792-1872）【写真8】は、賛美歌集の編纂と聖歌隊指揮者としての名声を得た後、全ての子どもたちのための音楽教育を普及させようと、ペスタロッチ理論にもとづく学校教育の実践に努力しました。その結果、ボストンの教育委員会は、

写真7　ジョン・ケージ

　1838年に音楽をカリキュラムにとり入れています。これを契機に、アメリカの学校音楽教育は全米各地に広まっていきました。
　音楽教育の研究者以外にはあまり知られていませんが、明治維新後の日本の音楽教育は、当時のアメリカの学校教育を模倣して始められました。しかし、当時の日本では、それをすぐに実施するための基盤がなかったため、明治政府は、精力的に留学生の派遣、教科書の翻訳、外人教師の招聘を進めました。日本の音楽教育のスタートにあたって最も功績のあった人は、アメリカに派遣されて音楽教育の調査と研究をした伊沢修二（1851-1917）です。伊沢は、ボストンの音楽教育界で活躍していたルーサー・ワイティング・メーソン（1818-1896）【写真9】のもとで音楽を学び、帰国後は、日本に招聘したメーソンとともに当時のアメリカの教科書に倣って日本最初の音楽の教科書を編纂しました。その後、時代を経て両国の音楽教育は違った方向に進み現在に至っていますが、日本の学校音楽教育のルーツはアメリカにあったのです。

写真8　ロウエル・メーソン

　現在のアメリカで行われている音楽教育を一言で説明するのは容易なことではありません。それは、前にも述べたように、地域や環境によって実にさまざまだからです。就学前のナーサリー・スクール（日本の保育園にあたる）やキンダーガーテン（日本の幼稚園にあたり、公立小学校に併設されている場合と私立のナーサリー・スクールに併設されている場合とがある）では、身体表現を伴った歌遊びがよく行われています。そういった点では、日本とあまり変わらないかもしれません。小学校も日本と同じように、歌を歌ったり簡単な合奏をしたりということは同じですが、アメリカの教科書には世界中の歌がとり入れられています。これは、まさにアメリカが多民族国家であることを示しています。"Sharing World Musics" を合い言葉にして世界に目を向けた音楽教育は、1980年代以降のアメリカの文化政策を象徴していると言えるでしょう。

　しかし、アメリカの音楽教育における最大の特徴は、その中等教育（中学校・高等学校）と高等教育（大学・大学院）にあります。州や地区の財政状況などに

写真9　ルーサー・ワイティング・メーソン

もよりますが、ハイスクールでは、吹奏楽、オーケストラ、ジャズバンド、合唱などの演奏そのものを体験するタイプの授業が行われているところが多いようです。とくに吹奏楽教育については、授業のためのメソッドが完備され、スクールバンドのために書かれた作品が数多く出版されています。一般教育に吹奏楽やオーケストラが普及し始めたのは1920年代以降ですが、公立学校の選択課目に楽器演奏を加えるという試みは世界に類のない画期的なものでした。この音楽や美術を他の基礎学科と同等に扱うという考え方は、アメリカを世界の経済の中心としてだけではなく、文化の中心として発展させてきた大きな原動力となっています。

　また、アメリカのほとんどの総合大学には、音楽や演劇などのパフォーミング・アーツを専攻できる学部が設置されています。アメリカの大学では、ダブル・メージャーという制度があって、法律や経済学などを勉強しながら音楽を専攻するというようなこともできます。そういった意味でも、若者に音楽を学ぶ機会が幅広く用意されているということが言えます。もちろん、総合大学以外にコンサーヴァトリー（音楽専門学校）もあります。そして、たいていの音楽学部や音楽

学校にはジャズ専攻のコースがあって、クラシック専攻の学生の多くがジャズの講座も受講しています。アメリカの演奏家（とくに管楽器奏者）にクラシックとジャズの両方を演奏する人が多いのは、そのような教育の基盤があるからでしょう。

端的に言ってしまえば、まさに「芸術の存在そのものが教育である」ということになるのでしょうが、6月から9月までの夏の期間には、アメリカ各地で大小さまざまの音楽祭が催されています。アスペン（コロラド州）で開かれるアスペン音楽祭、レノックス（マサチューセッツ州）で開かれるタングルウッド音楽祭、モントレイ（カリフォルニア州）で開かれるモントレイ・ジャズ・フェスティヴァルなどは日本でもよく知られています。アメリカ全土で1,000を超すと言われているプロの交響楽団の演奏会を支えているのも、そのような大衆の生活に密着した教育的基盤があるからにほかなりません。

19-4. アメリカズ・ミュージック

それでは、これぞ正真正銘の「アメリカ音楽」と言えるものは何でしょうか。アメリカの音楽は、クラシック音楽をはじめ、ジャズ、カントリー・アンド・ウエスタン、ミュージカル、ロックなど、いずれも世界の音楽に大きな影響を及ぼしています。アメリカは、まさに巨大な音楽のショーケースです。この国には何でもあると言っても過言ではありません。きら星のごとく輝くジャズ奏者たち、世界最高水準の多数の管弦楽団、連日のように観客を動員するオペラやミュージカルの劇場、放送メディアを通して世界に響くポップ・シンガーたちの歌声、ボストン・ポップス管弦楽団が演奏する華やかな映画音楽の数々、アメリカン・フットボールのハーフタイムにスタジアムで喝采を浴びるマーチングバンドのショー、どれをとってもそれが「アメリカ音楽」なのです。「アメリカ音楽」という概念を一言で定義してその典型を示すということは、あまりにも無謀なことなのかもしれません。

そんな中で、筆者がアメリカで聴いたコンサートのプログラムに「アメリカズ・ミュージック」と謳った印象深いものがありました。それは、ジョン・フィリップ・スーザ（1854-1932）【写真10】の伝統を引き継ぐ「アメリカ海兵隊バンド」でした。それは、卓越した演奏技術と芸術性に裏付けされた、まさにアメリカの

写真10　ジョン・フィリップ・スーザ

誇りを感じさせるものでした。筆者の独自の判断でアメリカの香りの濃い作曲家を3人あげるとすれば、前述のフォスターとガーシュイン、そしてこのスーザが「アメリカズ・ミュージック」という言葉に最もふさわしい人物であるということになります。

　ジョン・フィリップ・スーザは、ポルトガル出身でワシントンの海軍軍楽隊のトロンボーン奏者であった父とドイツ人の母の間に生まれました。彼は、幼い頃からヴァイオリンと和声学を学び、ワシントンやフィラデルフィアの劇場で指揮者およびヴァイオリン奏者として活躍した後、1880年に26歳でワシントンの海兵隊バンドの指揮者に就任しました。1892年にその職を辞した後は、「スーザ吹奏楽団」を組織して全米各地を回って演奏活動を続け、ヨーロッパをはじめ世界中をめぐって大成功を収めました。スーザは、1932年に77歳でこの世を去るまで吹奏楽指揮者として世界的な人気を集め、歌曲や喜歌劇などの他に136曲の行進曲を作曲しました。『星条旗よ永遠なれ』(1897)、『ワシントン・ポスト』(1889)、『雷神』(1889)、『士官候補生』(1890)をはじめとする名曲の数々は、吹奏楽の愛好者でなくても必ず耳にしたことがあるに違いありません。

「行進曲王」スーザの名声は、彼のバンドのために考案された「スーザフォン」（チューバを行進用に改造したもので、管体を円環状に巻いて奏者の左肩から右脇に斜めに掛ける）とともに今でも世界中の人々に知られています。スーザの行進曲は、いずれもトリオ（行進曲の中間部）の部分に大変親しみやすいメロディーのオブリガート（対旋律）が用いられているのが特徴です。行進曲というと軍隊の士気を鼓舞するためのものであると誤解されがちですが、ほとんどの作曲家は、大衆の健全な娯楽のために行進曲を書いています。もちろん、スーザもその例外ではありません。スーザが活躍した時期は南北戦争（1861-1865）が終わってまもなくの頃で、人々は開拓に励み、文化的な娯楽を求めていました。スーザの音楽は、そのような人々が公園の野外奏楽堂や博覧会の会場で夢と勇気を共有するための重要なメディアだったのです。そうしたフロンティア精神に支えられたスーザの音楽こそ、まさにアメリカズ・ミュージックと呼ぶにふさわしいものかもしれません。

19-5. アメリカの国歌（星条旗）

　アメリカの国歌はオリンピックでおなじみですが、アメリカではフットボールなどの試合の前に必ず歌われます。全員が起立して、右手を左胸に当てて大きな声で合唱するのが習慣です。"The Star-Spangled Banner" と呼ばれるこの歌は、弁護士のフランシス・スコット・キー（1779-1843）の作詞によるものです。1814年の米英戦争のさなか、キーは、ボルティモア郊外のマックヘンリー要塞で、イギリス軍のすさまじい砲撃にもかかわらず明け方にはためいている星条旗を見て感動し、この詩を書いたと言われています。その詩を『天国のアナクレオンに捧ぐ』というすでにあったイギリスの歌に合わせたのがこの歌です。ただし、正式に国歌として制定されたのは1931年になってからです。

（楽譜）

参考文献

［１］ 『平凡社音楽大事典・１〜６』（平凡社，1982年）．
［２］ 『新訂・標準音楽辞典』（音楽之友社，1991年）．
［３］ F・フェネル（隈部まち子訳）『タイム＆ウィンズ』（佼正出版社，1985年）．
［４］ 秋山紀夫『行進曲インデックス218』（佼正出版社，1984年）．

推薦図書

［１］ 海老沢敏・稲生　永監修『ガイドブック音楽と美術の旅・アメリカ』（音楽之友社，1994年）．

［2］　F・ティロー（中嶋恒雄訳）『ジャズの歴史』（音楽之友社，1993年）．
［3］　H・クレルマン（渋谷和邦訳）『ガーシュイン』（音楽之友社，1993年）．
［4］　W・W・バートン（山田治生訳）『バーンスタインの思い出』（音楽之友社，1997年）．
［5］　J・ケージ，D・シャルル『小鳥たちのために』（青土社，1982年）．
［6］　T・テルストロム（川島正二訳）『アメリカ音楽教育史』（財団法人音楽鑑賞教育振興会，1985年）．

〈パラレル？〉

　いきなり難しそうな音楽理論の話で恐縮ですが、音楽用語で主音を同じくする長調と短調の関係を「同主調（または同名調）」と言い、調号を同じくする長調と短調の関係を「平行調」と言います。つまり、ト長調とト短調の関係は「同主調」で、ト長調とホ短調の関係は「平行調」というわけです。

　ずいぶん前の話ですが、あるアメリカ人の指揮者と話をしているとき、どうしても話がかみ合わないことがありました。その曲がト長調からホ短調に転調するところで、私が「ここでパラレル・キーに転調する」と言うと、彼は「それはパラレルじゃない」と言うのです。彼は「ト長調のパラレルはト短調だ」と言うのです。そのときは釈然としないまま引き下がりましたが、「パラレル＝平行の」と思い込んでいた私にはどうしても納得できませんでした。

　とりあえず、家に帰って音楽辞典で調べると、「近親関係」の項目の終わりの部分に次のように書かれていました。

　　（日）同主調＝（英）parallel keys＝（独）gleichnamige Tonarten
　　（日）平行調＝（英）relative keys＝（独）Paralleltonarten
　　（日）関係調＝（英）related keys ＝（独）verwandte Tonarten

　　　　　　　　　　　　　　　　　—新音楽辞典・楽語（音楽之友社）より—

　つまり、「parallel」はドイツ語では「平行調」なのですが、英語では「同主調」なのです。どうしてこのようなことになったのかわかりませんが、「近親関係」という用語の定義そのものも比較的曖昧なようです。ちなみに、私はこれ以後、英和辞典を選ぶ際に、まず「parallel」の訳語を調べてから買うようにしています。訳語の形容詞のところに「同主（名）調の」という記述があればOKです。さて、あなたの英和辞典は？

　　　　　　　　　　　　　　　　　　　　　　　　　　　　　　　（北山敦康）

20. アメリカ大衆文化がつくった日本
―― アメリカ文化研究への誘(いざな)い ――

20-1. 文化とは

　文化という言葉を、私たちは日常生活において、よく耳にします。「文化国家」「文化財」、「文化住宅」「文化包丁」、そして今ではオリンピック種目にもなっている野球について、規則は同じでも、日本の野球とアメリカのベースボールは別物で、それは日米の文化の違いであるというようなことが言われたり、カラオケ文化論が論じられたり、様々です。そこで、まず最初に「文化」についておさらいをしておきます。たとえば、『広辞苑 [第4版]』の「文化」の項には、

(1) 文徳で民を教化すること。
(2) 世の中がひらけて生活が便利になること。文明開化。
(3) (culture) 人間が自然に手を加えて形成してきた物心両面の成果。衣食住をはじめ技術・学問・芸術・道徳・宗教・政治など生活形成の様式と内容とを含む。文明とほぼ同義に用いられることが多いが、西洋では人間の精神的生活にかかわるものを文化と呼び、文明と区別する。↔自然。

とあります。(1)の説明の文徳の「文」とは、学問、芸術の意味で、「文武」という言葉の「武」の対に当たる意味です。「文化国家」「文化財」の文化は、(2)の意味です。「文化住宅」「文化包丁」の文化は、便利なとか、改善された、という意味で、私たちの日常生活において用いられている場合で、これは上記(2)の一般化された意味といえます。
　大学「基礎演習」のテキスト『知の技法』の「表現の技術」の冒頭には、「…議論には、聞き手と読み手が同等の他者になるための技術と作法があります。それがあって、はじめて議論は立つのです。それらは自然と身につくものではなく、

『文化』として意識的にきっちりと学ぶものなのです。…」と書かれています[1]。この場合の文化や、日米文化の違いなどの文化が、『広辞苑』の(3)の意味です。ここでいう文化とは、このような英語の culture の訳語と思ってください。

　ヨーロッパや北米では伝統的に、英米やカナダの生活と諸制度の学習を学校教育で実施しています。そのような科目で教えられている英米文化の具体的内容は、歴史、地理、制度、文学、芸術、音楽、生活様式、等です[2]。ゲイル・ロビンソンという「異文化教育」研究者の調査によると、異文化教育の担当教師に、文化の意味を尋ねて得られた、最も共通している回答は、次の図で示されるということです[3]。

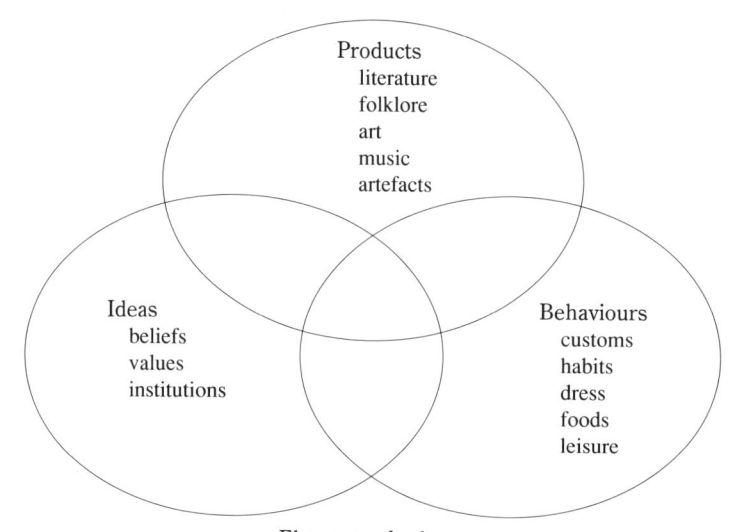

```
              Products
              literature
              folklore
              art
              music
              artefacts


   Ideas                    Behaviours
   beliefs                  customs
   values                   habits
   institutions             dress
                            foods
                            leisure

          Elements of culture
```

　一言で文化といっても、範囲が非常に広いことが分かります。この本で扱っている、これまでの16章全てが含まれるということができます。そのために、「アメリカの文化」について書かれた多くの書物を手にし目を通してみて、その内容がいずれも異なっていて戸惑うことがあるかもしれません。それは編者や著者に

---

1) 小林康夫／船曳建夫編『知の技法』（東京大学出版会、1994年）210頁。
2) Tomalin, Barry and Susan Stempleski. *Cultural Awareness*. New York: Oxford University Press, 1993, pp. 7-8.
3) Robinson, G. L. N. *Crosscultural Understanding*. New York: Prentice Hall, 1985.

よって、限られた条件の下で、何を取り上げるかが、異なっているためなのです。
　なお、文明という言葉は英語 civilization の訳語です。

20-1-1．アメリカ文化

　ここでいうアメリカとは、勿論アメリカ合衆国を指します。文化とは「人間が自然に手を加えて形成」するものですから、「アメリカ文化」というのは、アメリカ人すなわちアメリカ合衆国の国民が形成してきた文化を意味します。では、次に、このアメリカ人について考えてみましょう。

20-1-2．アメリカ人

　日本の26倍近い広大な領土に、日本の約2倍の2億5千万人のアメリカ人が住んでいます。東海岸、西海岸、南部、北部では気候・風土が異なりますから、そこに住むアメリカ人の気質も当然異なっていることでしょう。したがって、このことだけを考えてみても、アメリカ人像を描き出すことは容易ではありません。

　西暦1492年にクリストファー・コロンブスがアメリカ大陸を発見してから5世紀あまり、1607年にイギリス最初の北米の植民地となるジェイムズタウンが建設されてから390年、1776年の独立宣言の公布から数えてみると、わずか220年という、私たちの国日本と比べてみると、アメリカ合衆国がとても若いことが分かります。

　このように若いアメリカ合衆国は移民の国、多民族国家です。106も数え上げられるという人種・民族集団の中には、映画『刑事ジョン・ブック　目撃者』(1985) で描かれている、アーミッシュ[4]という今でも200年前そのままの電気もなければテレビもない、徹底した無抵抗非暴力主義を貫いて生活している集団も含まれています。祖先の出身国・地域もヨーロッパ、中南米、アジア、北アメリカと多種多様です。

　そのような多様な文化的背景を持ったアメリカ人は、その多様性を維持しながら、国としての統一を実現しようと努力しています。1955年までのアメリカ合衆国の標語は、ラテン語の e pluribus unum (＝one out of many) で、もとの意

---

4)　菅原千代志『アーミッシュ』(丸善、1997年)。

味は、「多数からできた一つ」ということですが、アメリカ合衆国の標語としては、「多州からなる統一国家」ないし「多くの州の連合でできた一つの政府」という意味で用いられています。この標語は、現在アメリカ合衆国で使用されている4種類の硬貨に刻まれています。いつか確かめてみてください。

　独立革命以来の「多州からなる統一国家」建設の苦難の歴史を通じて、アメリカ人の国民性は育まれてきたといっていいでしょう。では何がアメリカ人をアメリカ人たらしめているのでしょうか。それは一言でいえば、アメリカ人の価値観——平等主義、勤労倫理、個人主義であり、アメリカ人気質であり、アメリカ式生活様式であろうということができます。

20-1-3．アメリカ文化の特質

　1630年に、マサチューセッツ湾植民地を建設したのは、イギリスからやってきた清教徒たちでした。彼らはわずか6年後の1636年にはハーヴァード大学を創立しています。1964年に社会学者が著した書物の、「あるブリティシュ-アメリカン、ホワイト-アングロ・サクソン-プロテスタント（White Anglo-Saxon Protestant）・エスタブリッシュメントが……」という記述から[5]、一般的になったワスプ（WASP：アングロ・サクソン系のプロテスタントの白人という意味）と呼ばれることになる彼らは、独立革命を推進し、合衆国独立後の建国期アメリカの政治、経済その他の面で主流となりましたから、彼らがイギリスから持ってきたヴィクトリア朝のイギリス産業革命時代の文化が、植民地時代および19世紀のアメリカ文化を規定することになりました。それは、現在でもなお、アメリカ的生活様式の一典型になっています。現在使用されている4種類の硬貨の人物像が刻まれている面には、前に述べたラテン語 e pluribus unum が刻まれている面の裏側ですが、Liberty の文字と一緒に、現在の合衆国の標語 In God We Trust が刻まれています。信仰の自由を求めて新大陸に渡った清教徒たちのいわば建国の精神を今に伝えているといえるかもしれません。

　ワスプでない移民、とくに19世紀末から20世紀初めにかけて急増した東欧や南

---

[5]　本間長世『思想としてのアメリカ —現代アメリカ社会・文化論』（中央公論社、1996年）42-43頁。

欧からの主にユダヤ系およびカトリック系のいわゆる「新移民」[6]にとっては、ワスプの生活様式を見習い、ワスプのように振る舞うことがアメリカ人に同化し、彼らの「アメリカの夢」を実現するための手段と考えられました。

　20世紀初めにアメリカは「人種のるつぼ」[7]であるという考え方が広まると、これに対抗して、各々の移民集団が持つ先祖以来の文化を保つことによって、アメリカは世界の諸文化の連邦となるという文化多元主義（cultural pluralism）が唱えられ、論争を巻き起こします。これには新移民には属さない黒人と、上で述べた東欧と南欧からの新移民の文化面での自己主張が強まったことが背景にあります。これはそれまで支配的だった清教徒文化への挑戦でした。黒人の自己主張が強まった背景には、1920年代の「ジャズの時代」を経て、ジャズがアメリカを代表する音楽として評価されたことを指摘でき、この間の変化を象徴しています。新移民の自己主張が強まった背景には、20世紀初めはワスプが支配していた、アメリカを世界に紹介していくことになる映画産業を、1915年の連邦裁判所の判決を境に、新移民のとりわけユダヤ系の移民や、その息子たちの手に移すという経済的勝利を挙げることができます。ちなみに、主要映画製作会社のうち現在でも世界の映画産業に影響力をもつユニヴァーサル、20世紀フォックス、パラマウント、ワーナー・ブラザース、MGMは、すべてユダヤ系の映画会社です。

　1980年代になると、多文化主義（multi-culturalism）が主張されるようになりました。多様な民族集団が溶け合って一つに融合する人種のるつぼとみる見方に対して、アメリカは諸民族の「モザイクのようなもの」だという主張がなされたこともありますが[8]、さらに新しい見方は、アメリカ合衆国を各民族集団が独自の文化をもったまま混在するする「サラダ・ボウル（salad bowl、サラダ用の大きな鉢の意）」とみる見方です。このサラダ・ボウルとみる見方をさらに徹底して、各民族集団はそれぞれの独自の文化を守るべきであり、同時に他の民族文化を十分に尊重しなければならないというのが多文化主義（マルティカルチュラリズ

---

6) Kraut, Alan M. *The Huddled Masses : The Immigrant in American Society, 1880-1921.* Arlington Heights, Illinois: Harlan Davidson Inc., 1982.
7) 坩堝：　金属や他の物質を入れて、強く熱したり、溶かしたりする耐熱性のつぼのことで、種々のものが入り乱れるたとえに用いられます。
8) ヴィンセント・N・パリーロ（富田虎男訳）『多様性の国アメリカ　変化するモザイク』（明石書店、1997年）。

ム）なのです。特定の民族文化が独占的に支配することを拒否するという意味では、多元主義的ということができます。これはPC論争（＜Political Correctness debate）と密接な関係があります。ポリティカル・コレクトネスとは、政治的正しさという意味ですが、具体的には、性差別に関してはフェミニズムの立場に立ち、黒人や先住民など少数派の権利を擁護し、文化的には多元主義を主張し、環境保護を優先させ、第三世界への軍事的介入を拒否します。アメリカの大学では、それまでの西洋文化偏重のカリキュラムを文化的に多元主義に基づくカリキュラムに変えた大学もあります。PC論争が少数派に対する配慮を求めたものとすると、多文化主義は小数派による自己主張を積極的に容認する立場といえるでしょう。

さらに、アメリカ文化をヴィクトリア文化、エスニック文化、ものの文化、精神の文化、そして勿論民主主義の文化という視点から論じることもできます[9]。

20-2. 大衆文化

文学について、日本では純文学と大衆文学という区別が一般的になっています。アメリカ文化についても、いわば「純」文化と大衆文化を区別するような、大衆文化に対する批判がいろいろとなされてきました。しかし、アメリカで生まれ全世界の人々を引き付け、受け入れられてきたアメリカの大衆文化の具体例は数多くあります。たとえば、ロシアの大統領も着用しているジーンズを始め、コーラ、ホット・ドッグ、ハンバーガー、…。ハンバーガーの支店がロシアや中国で開店したときには、ニュースとして報じられるほどです。

オルコット夫人の『若草物語』やマーク・トウェインの『トム・ソーヤーの冒険』からスティーヴン・キングにいたる大衆小説、『モルグ街の殺人事件』のポー、ロマンティック・ミステリーの始祖ともいわれる『螺旋階段』のラインハート夫人からエラリー・クイーンまでの探偵小説・推理小説、それにハードボイルドの巨匠ダシール・ハメットとレイモンド・チャンドラーが聳え立っています。

ジャズからロックまでの大衆音楽、ディスコ、ディズニー以来の漫画、映画、ミュージカルについては、あらためて言うまでもないでしょう。演劇では、今年

---

[9] 有賀 貞・大下尚一編『概説アメリカ史［新版］』（有斐閣選書、1990年）266-276頁。

(1997年) 生誕百年を迎えるソーントン・ワイルダー (1897-1975) の2作品が東京で相次いで公演されるほどです。9月から10月にかけては、寓意にみちた喜劇「危機一髪」が、12月にはワイルダーの代表作で世界中で上演されている「わが町」が、といった具合です。

大衆文化こそ、アメリカ文化の中で世界に誇れる文化そのものであることに異論を唱える人はいないでしょう。ちょうど歴史研究の場合に一次史料に当たるように、実際のアメリカ大衆文化に当たってみて、アメリカ大衆文化の良さを味わってほしいと思います。小説を読み、映画、音楽、それにミュージカルを鑑賞してみてください。最近では、非常に多くのアメリカのミュージカル作品の公演が、劇団四季その他によって、日本の各地において、なされるようになりました。

20-2-1. 歴史概観

まず、次に示す年表に、ざっと目を通してみてください。

西暦年	事　項	人物と映画
	アメリカ大衆文化関連略年表	
1603	シェイクスピア『ハムレット』上演／家康、江戸幕府を開く	ポカホンタス (1595-1617)
1607	ヴァージニア会社、最初の北米植民地ジェームズタウンを建設	ベンジャミン・フランクリン (1706-90)
1776	ペイン『コモン・センス』出版／アメリカ独立宣言を公布	ダニエル・ブーン (1734-1820)
1844	モース、ボルティモア＝ワシントン間の電信に成功	デイヴィ・クロケット (1786-1836)
1852	ストウ夫人『アンクル・トムの小屋』出版／ジーンズの登場	ジェームズ・F・クーパー (1789-1851)
1855	ホイットマン『草の葉』出版——1892年までに9版を重ねる	ヘンリー・ロングフェロー (1807-82)
1860	ウィンチェスター、連発銃発明／「10セント小説」の出版開始	トーマス・ライス (1808-60)
1861	南北戦争 (-65)／戦後から1890年頃までを〈鍍金時代〉と呼ぶ	エドガー・アラン・ポー (1809-49)
1869	最初の大陸横断鉄道完成／初の大学対抗フットボール試合開催	ハーマン・メルヴィル (1819-91)
1876	ベル、電話を発明／プロ野球ナショナル・リーグが組織される	スティーヴン・C・フォスター (1826-64)
〃	マーク・トウェイン『トム・ソーヤーの冒険』出版	ジェロニモ (1829-1909)
1878	エディソン、蓄音機の特許を取得	ヴィクトリア・ウッドハル (1838-1927)
1879	エディソン、実用発熱電球を発明	バッファロー・ビル (1846-1917)
1880	この頃から東・南欧からのいわゆる「新移民」が急増 (-1921)	カラミティ・ジェーン (1852?-1903)
1884	ウォーターマン、万年筆発明／内村鑑三、渡米 (88年帰国)	ルイス・サリヴァン (1856-1924)
1883	『レディーズ・ホーム・ジャーナル』創刊	メアリ・ラインハート (1876-1958)
1885	最初の摩天楼ホーム・インシュアランス・ビルがシカゴに完成	イザドラ・ダンカン (1878-1927)
1886	薬剤師J・ペンバートン、コーラ飲料を創製	マーガレット・サンガー (1879-1966)
1888	写真の大衆化始まる／1880年代末頃からタイプライターが普及	シンクレア・ルイス (1885-1951)
1896	ニューヨークで活動写真（無声映画）の営業始まる	レモンド・チャンドラー (1888-1959)
1903	ライト兄弟、初の飛行に成功	ヘンリー・ミラー (1891-1980)
1909	フォード、「モデルT」型自動車の大量生産を開始	コール・ポーター (1892-1964)
1914	第一次世界大戦勃発 (-18)／バローズ『猿人ターザン』出版	『イントレランス』(1916)
1917	第一次世界大戦に参戦／ピュリッツァー賞設定	ダシール・ハメット (1894-1961)
1919	〈禁酒法時代〉に入る (-33)／『デイリー・ニュース』創刊	ノーマン・ロックウェル (1894-1978)
1920	ラジオ放送開始／いわゆる「失われた世代」が登場	ベーブ・ルース (1895-1948)
〃	1920年代を〈狂乱の20年代〉といい、〈ジャズの時代〉と呼ぶ	オスカー・ハマースタイン (1895-1960)
1923	『タイム』創刊／関東大震災が起こる	F・フィッツジェラルド (1896-1940)

年	出来事	人物・作品
1925	レコードの販売が始まる／『ニューヨーカー』創刊	ルイ・アームストロング (1900-71)
1927	トーキー映画始まる／リンドバーグ、N.Y.＝パリ無着陸飛行	『キートン将軍』(1927)
1928	「ミッキー・マウス」などのディズニーの漫画映画始まる	リチャード・ロジャーズ (1902-79)
1929	ニューヨーク株式市場の株価が大暴落／大恐慌始まる	アースキン・コールドウエル (1903-87)
〃	エラリー・クイーン『ローマ帽子の謎』出版／「ポパイ」登場	グレン・ミラー (1904-44)
1930	「ブロンディ」登場／1930年代は〈スウィングの時代〉と呼ぶ	リリアン・ヘルマン (1905-84)
1931	世界最高のエンパイア・ステート・ビルがニューヨークに完成	ロバート・ハインライン (1907-88)
〃	P・バック『大地』、F・アレン『オンリー・イエスタデイ』出版	ベニー・グッドマン (1909-86)
1935	カラー映画始まる／ガーシュウィン『ポーギーとベス』初演	『キング・コング』(1933)
1936	M・ミッチェル『風と共に去りぬ』出版／『ライフ』創刊	『モダン・タイムス』(1936)
1938	T・ワイルダー『わが町』上演／「スーパーマン」登場	『白雪姫』(1938)
1939	第二次世界大戦勃発 (-1945)／「ポケット・ブックス」発足	『スミス都へ行く』(1939)
1941	第二次世界大戦に参戦(太平洋戦争)／営業テレビ放送開始	フランク・シナトラ (1915-98)
1943	ミュージカル『オクラホマ！』上演、大成功を博す (-48)	『カサブランカ』(1942)
1944	テネシー・ウイリアムズ『ガラスの動物園』上演	『我等の生涯の最良の年』(1946)
1948	A・キンゼー『男の性行動』発表——性意識の革命始まる	アイザック・アシモフ (1920-92)
〃	マクドナルド兄弟、ハンバーガー・チェーン店を開く	アレックス・ヘイリー (1921-92)
1949	アーサー・ミラー『セールスマンの死』上演	マリリン・モンロー (1926-62)
1950	「スヌーピー」登場／マッカーシー旋風が吹き荒れる (-54)	マイルス・デイヴィス (1926-91)
1951	J・D・サリンジャー『ライ麦畑でつかまえて』出版	『真昼の決闘』(1952)
1953	カラーテレビ放送開始／『プレイボーイ』創刊	アンディ・ウォーホル (1928-87)
1955	ディズニーランド完成／W・インジ『バス・ストップ』上演	エルヴィス・プレスリー (1935-77)
1956	この頃から「ビート世代」による文学・文化運動が活発化	『捜索者』(1956)
〃	ユージン・オニール『夜への長い旅路』(作者の死後)上演	『やさしく愛して』(1956)
1958	V・ナボコフ『ロリータ』出版——「ロリータ旋風」起こる	『めまい』(1958)
1960	経口避妊薬解禁／I・ウォレス『チャップマン報告』出版	『お熱いのがお好き』(1959)
〃	1960年代から70年代初めにかけ、「対抗文化」運動盛り上がる	ジョーン・バエズ (1941-)
1962	E・オールビー『ヴァージニア・ウルフなんかこわくない』上演	ボブ・ディラン (1941-)
1963	この頃から「ヒッピー」の運動「緑色革命」が活発化	『アメリカ アメリカ』(1963)
〃	ベティ・フリーダン『新しい女性の創造』出版	『博士の異常な愛情』(1964)
1965	ヴェトナムへの北爆開始／N・メイラー『アメリカの夢』出版	ジョン・アーヴィング (1942-)
1966	『ファニー・ヒル』出版に無罪——性文学出版の自由化進む	ジャニス・ジョプリン (1943-70)
1967	反戦ロック・ミュージカル『ヘアー』上演——全裸男女が登場	ジミ・ヘンドリクス (1947-70)
1969	ウッドストック音楽芸術祭開催——30万人の若者が集まる	『イージー・ライダー』(1969)
1970	ケイト・ミレット『性の政治学』(婦人解放のための書)出版	『ある愛の詩』(1970)
1974	デイヴィッド・マメット『埋められた子供』上演	スティーヴン・キング (1947-)
1975	ヴェトナム戦争終結／米ソの宇宙船、ドッキングに成功	『タクシードライバー』(1976)
1977	NWSA(全米女性学会)設立／パソコン元年	『スター・ウォーズ』(1977)
1978	サム・シェパード『埋められた子供』上演	『クレイマー、クレイマー』(1979)
1982	アリス・ウォーカー『カラーパープル』出版	『E.T.』(1982)
1985	第1回エイズ国際会議をアトランタで開催	マドンナ (1958-)
1995	第1回エルヴィス・プレスリー国際会議開催／映画誕生100年	マイケル・ジャクソン (1958-)

　人物の中には、見慣れない名前があるかもしれません。幾分専門的な事柄も含まれていますが、かなりのことはよく知られていることです。

　ポカホンタスの誕生から映画誕生100年まで400年のアメリカ文化の歴史を概観してみますと、植民地時代は清教徒がイギリスから持ってきたヴィクトリア文化が基本で、西部開拓時代はフロンティア精神を基本とする文化の時代ということができます。そして、現代アメリカ文化は南北戦争後の鍍金時代にさかのぼります。この名称はマーク・トウェインとウォーナー (Charles D. Warner) の共作

20. アメリカ大衆文化がつくった日本　311

小説『鍍金時代 The Gilded Age』(1873) の題名に由来し、1865年に終わった南北戦争から90年ころまでの約4分の1世紀を指します。この時代に、アメリカは農業中心から工業化、商業化を進めて、最初の大陸横断鉄道が完成し、西部も含めた大陸全土に渡って、空前の繁栄を謳歌しました。しかし、経済的急成長の結果、政治が腐敗し、社会的堕落をもたらし、繁栄と腐敗が出現した金銭万能主義的な風潮を軽蔑して、「鍍金時代」と名づけられたのです。

　上の年表の鍍金時代を見て確認してみてください。フットボールや野球などのスポーツをはじめ、ベル、エディソン、ウォーターマンによる発明、「アメリカの夢」の実現を求めた「新移民」の急増が始まり、雑誌の創刊、最初の摩天楼の完成、コーラの創製、写真の大衆化、タイプライターの普及、等々と列挙するときりがないほどです。現代アメリカ文化は鍍金時代にさかのぼるという意味がお分かりでしょう。マーク・トウェイン (1835-1910) が、『トム・ソーヤーの冒険』(1876) や『ハックルベリー・フィンの冒険』(1885) を著し、いわばアメリカの国民文学を樹立したのも、この時代なのです。

　アメリカの文化史において、第一次世界大戦が分水嶺であり、現代の大衆文化は1920年代の「ジャズの時代」に始まり、20世紀前半に、アメリカの大衆文化は全盛期に達しました。ラジオ、ジャズ、『タイム』などの週刊誌、レコード、トーキー映画、「ミッキーマウス」から「スーパーマン」といった漫画のヒーローたち、推理小説とSF、ポピュラー音楽、カラー映画、演劇、テレビ、ミュージカル、マクドナルドのハンバーガー店の創業まで、世界の大衆に受け入れられてきたものが数多く登場し、現在に至っています。

20-2-2. 映画

　20世紀末の現在、アメリカ映画が世界の映画市場を席巻している事実に、異論を差し挟む人はまずいないと思います。そこで、アメリカ大衆文化の代表として、アメリカ映画について簡単に見ておきましょう。

　アメリカ映画を、日本文学における純文学と大衆文学という具合に、2種類に分類すると、その本領ともいえるハリウッド製の世界の映画市場向けの娯楽・大作「大衆」映画と、純文学風「純」映画に分けることができます。「純」映画のみならず一般の娯楽映画にも、アメリカ映画には社会性の強い一面があることに

気が付いたことはありませんか。たとえば、年表の中に挙げた『真昼の決闘』と『捜索者』はともに西部劇映画なのですが、1988年に制定された映画保存法に従って選ばれた作品に入っています。『捜索者』は、ジョン・フォード監督、ジョン・ウェイン主演によって製作された数多くの西部劇の1本なのですが、白人と先住アメリカ人（インディアン）の確執(かくしつ)を扱っています。

『真昼の決闘』(1952) 　　　　　　　　『捜索者』(1956)

本年（1997年）、東京で公開された『ネイティブ・ハート』(1995)と『心の指紋』(1996)の2本のアメリカ映画も、インディアンを扱っています。両作品には、罪を犯してまでインディアンを救おうとする白人が登場します。その共通点に「インディアンに対する白人の悔悟(かいご)と鎮魂(ちんこん)」[10] を見ることができ、多文化主義の広まりを感じることができるでしょう。

実を言えば、この章の「アメリカ大衆文化がつくった日本」というタイトルは、「映画がつくったアメリカ」[11] という書名を、もじったものなのです。

20-2-3. ヒーローを二人挙げるとすれば

アメリカ大衆文化のヒーローを二人挙げるとすれば、マリリン・モンローとエ

---

10) 猿谷　要「悔恨超え異文化尊重へ」（朝日新聞、1997年9月10日夕刊）。
11) Sklar, Robert. *Movie-Made America: A Cultural History of American Movies.* Revised and updated. New York: Random House, 1994.

ルヴィス・プレスリーでしょう。いずれも日米の学者、研究者による本格的な研究が行われています。

　日本の『マリリン・モンロー』の著者は、あとがきで、「これは、モンローをめぐる『文化』についての本だともいえる…」[12]と述べています。一方、アメリカの"American Monroe: The Making of a Body Politic"という本の裏表紙の図書分類には、「Cultural Studies / Politics / Gender Studies（下線、引用者）」とあります[13]。ちなみに、副題のa Body Politicという言葉は、1620年の「メイフラワー号の誓約」の中で用いられています[14]。

『七年目の浮気』（1955）　　　『お熱いのが好き』（1959）

　クリントン大統領は、ダイアナ元英皇太子妃の葬儀で「エルトン・ジョンさんが『キャンドル・イン・ザ・ウインド』を歌った際、涙が出た」と記者団に語り、「あの歌はお気に入りの曲。（もともと曲がささげられた）マリリン・モンローも、死亡した時は36歳だった」と述べたそうです（時事）。

　1997年は、エルヴィス・プレスリー没後20年の記念の年として、プレスリーの

12）　亀井俊介『マリリン・モンロー』（岩波新書、1987年）199頁。
13）　Baty, S. Paige. *American Monroe: The Making of a Body Politics*. Berkeley: University of California Press, 1995.
14）　"…, Covenant and Combine ourselves together into a Civil Body Politic,…."（下線、引用者）. William Bradford, *Of Plymouth Plantation, 1620-1647* (Samuel Eliot Morison, ed., 1952), pp. 75-76.

『やさしく愛して』(1956) 　　　　　　　『燃える平原児』(1960)

　故郷メンフィスのみならず、ロンドンでも、追悼記念を兼ねた大規模なコンサートが開かれ、ボン・ジョビ、ロッド・スチュアート、矢沢永吉ら10人のロック歌手が競演、約7万人の観客を楽しませました。

　NHKは追悼番組として衛星第2で、「エルヴィス・プレスリー ―アロハ・フロム・ハワイ」を放送、さらにプレスリー出演映画9作品の特集を「衛星映画劇場」の枠で放送、このうちの5本を、9月15日から19日にかけて再放送しました。

　1995年には、第1回エルヴィス・プレスリー国際会議が開催されています[15]。

　1997年11月から12月にかけ、横浜の百貨店で、アメリカ神話を創った95人のアーティストたちの一環として、「マリリン・モンローとエルヴィス・プレスリー展―象徴から神話へ～アメリカン・ポップ・カルチャーの聖像」が開催されました。

20-3. 日本のアメリカ化

　「日本では"欧米文化"という言い方が支配的であったため、特にアメリカ的な影響によるものであることをえり分けることが難しい場合がしばしば」[16]あります。神戸児童殺傷事件について、ある臨床心理士は「欧米化に伴って日本でも

---

15) 前田絢子『エルヴィス雑学ノート』(ダイヤモンド社、1996年)。
16) 本間長世「第7章 日本文化のアメリカ化 ―ライフスタイルと大衆文化―」、『アメリカ史像の探求』(東京大学出版会、1991年) 153-181頁。

…、今後、こうした快楽犯罪は増える（下線、引用者）」と、見ています[17]。しかし、和魂洋才（明治以降、「和魂漢才」をもじってできた語で、日本固有の精神をもって、西洋の学問・知識を学び取りこと）が唱えられた頃の「洋才」というのは、明治時代初期にはイギリス、フランスの文化であり、大正時代にはドイツ文化などのヨーロッパ文化を意味したといえるでしょう。その後、第一次世界大戦を経て、1922年の日英同盟の廃棄や翌年の関東大震災による東京の破壊を契機にして、アメリカの影響が以前よりも強まり、第二次世界大戦後は、圧倒的にアメリカの影響を受けるようになり、現在に至っています。あるいは、欧米化というよりもアメリカ化という方が、正確かもしれません。

現在、NHKで放送されている外国のテレビドラマや映画は、大半がアメリカ製です。時間帯から判断して、少年少女が対象と思われる夕方の時間帯に「ボーイ・ミーツ・ワールド」や「フルハウス」が再放送されています。比較的視聴率が高かったからなのでしょう。高校生向きには「サブリナ」が、大学へ進学すれば「ビバリーヒルズ青春白書」が用意されています。これに劇場用映画と音楽が加わりますから、愛情表現[18]から恋愛、結婚、家庭のあり方まで、日本人のアメリカ化が進まないとしたら、むしろそちらの方が不思議というものです。

日本文学研究者のE・G・サイデンステッカー（コロンビア大学名誉教授）さんは、長年にわたって日本文化の紹介に尽くしてきた人ですが、「（最近の日本には）紹介したい文化がもうなくなってしまった」という感想を述べています[19]。日本人にとって、耳の痛いところです。一方、海の向こうのアメリカでは、「目に見える規律」として制服を採用する公立学校が激増しているようです[20]。

確かに、Libertyという文字を硬貨に刻んでいる「自由」の国アメリカは、日本人にとって、まさに解放の象徴といっていいでしょう。しかし、「アメリカ的価値観に苦言を」いう批判に聞く耳を持つことも、多文化主義の精神でもあるのです。

---

17) 『アエラ』No. 42（1997年10月13日）67頁。
18) 亀井俊介「10章 日米文化の交渉 ―愛情の表現をめぐって」、細谷千博・本間長世編『日米関係史［新版］』（有斐閣、1991年）223-244頁。
19) 「テーブルトーク」（朝日新聞、1997年8月18日夕刊）。
20) 「米の公立校 制服広がる」（朝日新聞、1997年10月18日夕刊）。

推薦図書

[1] 本間長世『アメリカ文化のヒーローたち』(新潮選書, 1991年).
[2] 井上一馬『アメリカ映画の大教科書（上),(下)』(新潮選書, 1998年).
[3] 亀井俊介『サーカスが来た！ アメリカ大衆文化覚書』(岩波書店同時代ライブラリー, 1992年).
[4] 亀井俊介編著『アメリカン・ベストセラー小説38』(丸善ライブラリー, 1992年).
[5] 長坂寿久『映画で読むアメリカ』(朝日文庫, 1995年).
[6] 能登路雅子『ディズニーランドという聖地』(岩波新書, 1990年).
[7] 陸井三郎『ハリウッドとマッカーシズム』(現代教養文庫, 1996年).
[8] ロバート・スクラー（鈴木主税訳）『アメリカ映画の文化史 ―映画がつくったアメリカ―(上),(下)』(講談社学術文庫, 1995年).

---『人生は映画で学んだ』---

　本文中の「略年表」では取り上げているにもかかわらず、限られた紙幅(しふく)のため、割愛(かつあい)したことの一つが、「アメリカ文化における性の問題」です。関連図書として、亀井俊介著『ピューリタンの末裔たち ―アメリカ文化と性』（研究社出版、1987年）を挙げておきます。

*

　ところで、『人生は映画で学んだ』（河出書房新社、1994年）というビデオガイドブックが出版されていますが、誰にでも思い出の映画があると思います。私の思い出の1本は、小学6年生ころに見たアメリカ映画の『白鯨』（監督ジョン・ヒューストン、脚本レイ・ブラッドベリー、ジョン・ヒューストン）です。今では、映画として必ずしも出来の良い作品とは思いません。しかし、当時、映画『白鯨』を見て、いたく感動かつ興奮した少年の私は、是非とも原作を読んでみたいと、翌日、小説を求めて何軒もの書店をあたってみました。やっとの思いで、挿し絵入りの少年少女向け世界文学全集に入っていた『白鯨』を見つけ、その日のうちに読み終えたものです。挿し絵については、映画と比べて迫力に欠けていたためでしょう、子供心にガッカリしたことを、今でも覚えています。

　『白鯨』がアメリカ文学史上に残る傑作であること、レイ・ブラッドベリーの『火星年代記』や、映画に神父役で出演しているオーソン・ウエルズの『市民ケーン』を知ったのも、この映画を通じてでした。

『市民ケーン』（1941）　　　『白鯨』（1956）

（矢野重喜）

『風と共に去りぬ』(1939)

あとがき

　本書刊行までの道のりは、ある人の「複数の大学、地域の出身者による共同出版は大変」という忠告通りのものでしたので、上梓(じょうし)できる喜びはひとしおです。惜しむらくは、企画したものの諸般の事情で割愛せざるを得なかった分野のあることですが、その責任の一端は編者にあります。できる限り近い将来、増補改訂版を出し、文字通りの増補を図りたいと思います。

　本書に、映画の写真を多用したのは、アメリカ学会で「たかが映画、されど映画」という発表の経験を持つ編者の意向です。いつか一度、NHKのテレビ放送1週間の番組案内に眼を通してみてください。ドラマを含めると、映画は毎日放送されています。今年、元日のNHKスペシャル「21世紀に挑む　立花　隆と若者6人の夢」の6人の一人は、映画監督でした。また、ソニー映画が昨年の興行収入で、ディズニーの記録を上回り、世界記録を達成したそうです。

　映像媒体の急激な発達によって、映像は現代社会に氾濫するようになり、活字中心社会から映像文化を主体とする社会に、時代は明らかに移りつつあります。言い換えると、動く映像によって芸術や大衆文化が創造され、それが社会に大きな影響を与えるようになっています。今、世界で、そのような影響力を最も持っている国は、アメリカ合衆国といって間違いないでしょう。

　最後に、本書の出版を快諾された成美堂代表取締役社長佐野義光氏、および企画の当初からお世話になった平岩　清さんを始め、ご協力をいただいた多くの方々に対して、この場を借りて、あらためて御礼申し上げます。

1998年1月15日　成人の日に

3年前の初版のあとがきに、「できる限り近い将来、増補改訂版を出し、文字通りの増補を図りたい」と記しましたが、今回このような形で出版する運びとなり、21世紀まで1週間を切った今日、まずはホッとしたというのが実感です。

　アメリカ合衆国では、理念を欠いた「後世の歴史家たちからは『世紀末現象』と片づけられることになるだろう」（猿谷　要東京女子大学名誉教授）、「良くも悪くも米国的な体質が表れた選挙」（佐々木毅東京大学教授）の結果、21世紀最初の次期第43代大統領に、ブッシュ・テキサス州知事が正式に決定した。

　ブッシュ氏は、国務長官・大統領補佐官（国家安全保障担当）・ホワイトハウス法律顧問に、非白人を指名し、非白人を積極的に登用する姿勢を鮮明にした。あとがき21世紀アメリカ合衆国の方向性を示すものかもしれない。

　末尾になってしまいますが、本書の出版に骨折ってくださった成美堂の佐野英一郎氏、および編集担当の松本健治さんを始め、ご協力をいただいた皆さんに対して、この場を借りて、心より御礼申し上げます。

　　　　　　　　　　2000年12月25日　クリスマスの日に

　　　　　　　　　　　　　　　　　　　　　　　矢野　重喜

付　　録

1．地図
2．アメリカ合衆国歴史重要人物一覧
3．アメリカ研究関連インターネット・ホームページ一覧
4．アメリカ研究関連機関電話番号一覧
5．アメリカ永久保存指定映画25本
6．索引

322

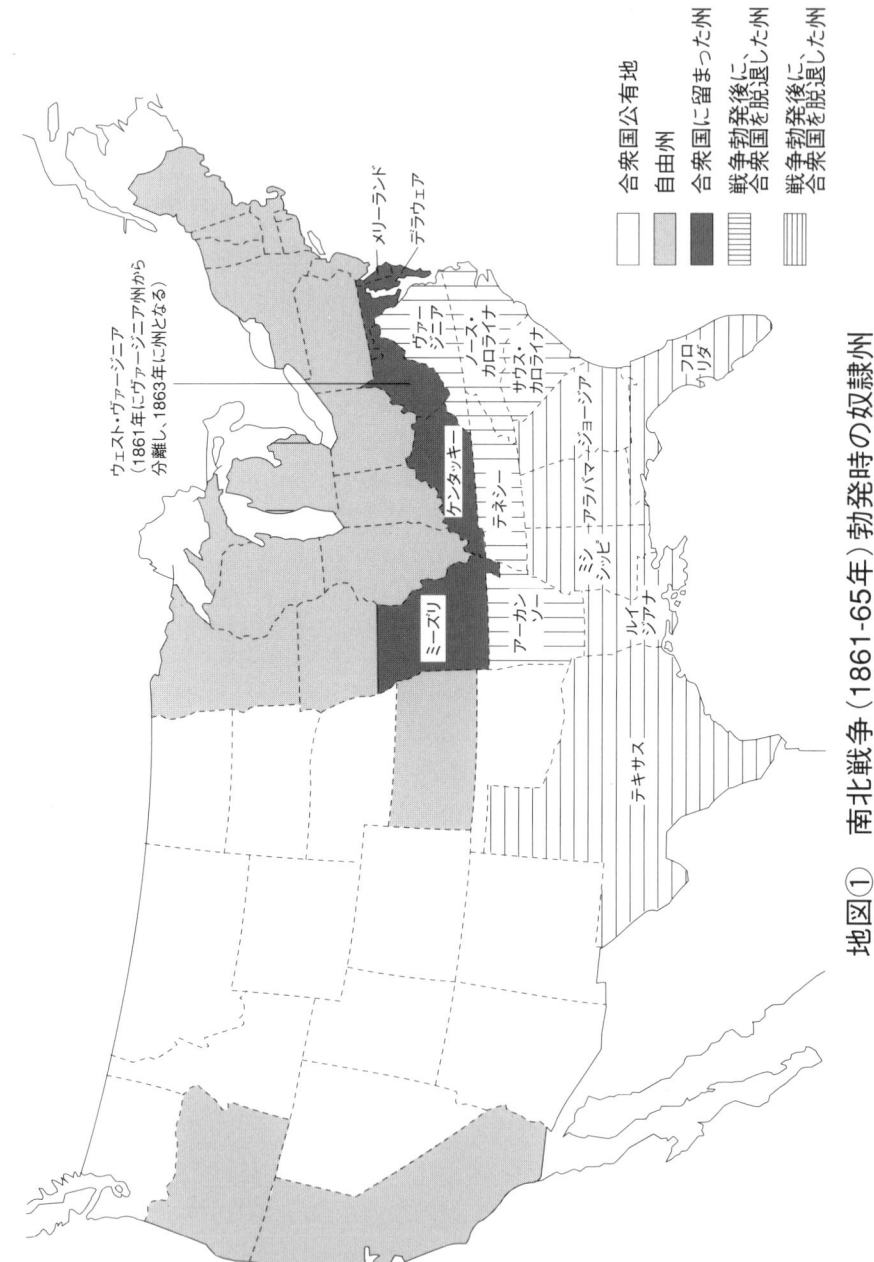

凡例:
- 合衆国公有地
- 自由州
- 合衆国に留まった州
- 戦争勃発後に合衆国を脱退した州
- 戦争勃発後に合衆国を脱退した州

地名:
- メリーランド
- デラウェア
- ヴァージニア
- ノース・カロライナ
- サウス・カロライナ
- フロリダ
- ウェスト・ヴァージニア（1861年にヴァージニア州から分離し、1863年に州となる）
- ケンタッキー
- テネシー
- ジョージア
- アラバマ
- ミシシッピ
- ミズーリ
- アーカンソー
- ルイジアナ
- テキサス

地図① 南北戦争（1861-65年）勃発時の奴隷州

付 録 323

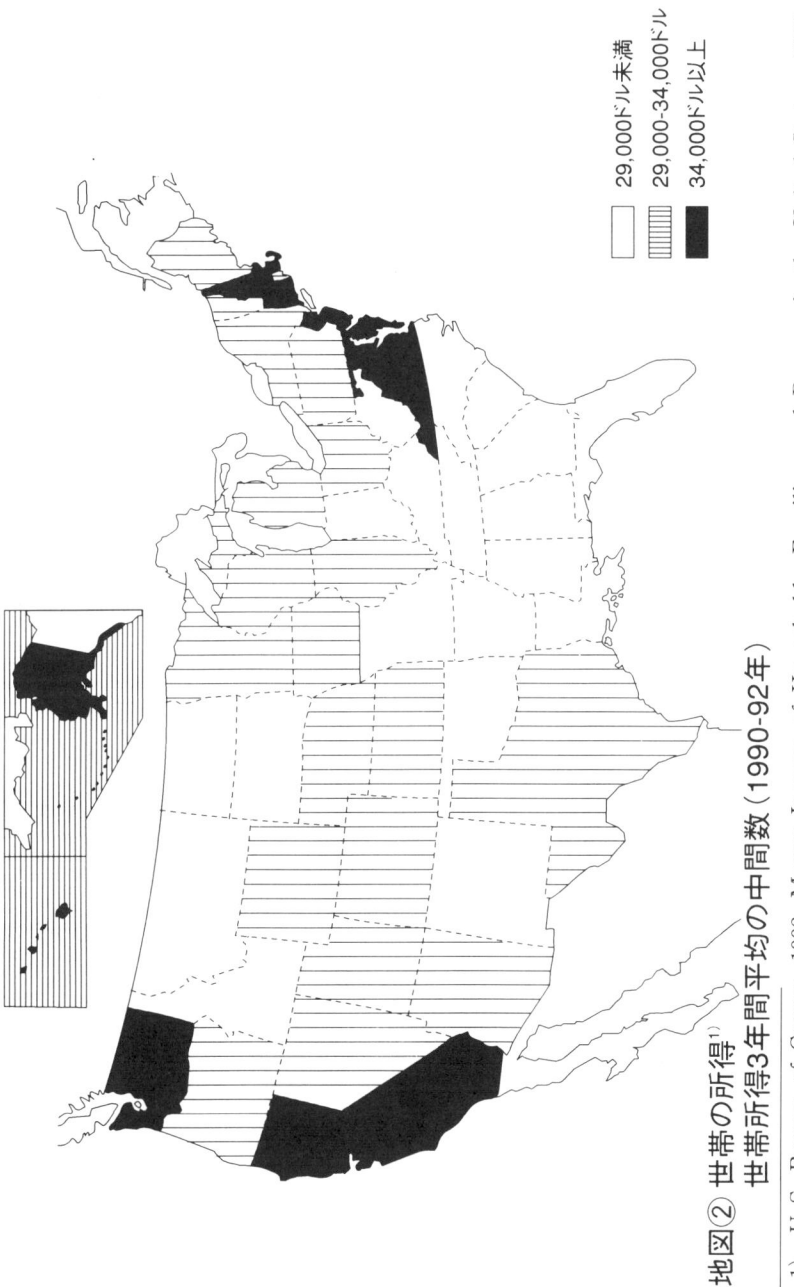

29,000ドル未満
29,000-34,000ドル
34,000ドル以上

地図② 世帯の所得[1]
世帯所得3年間平均の中間数（1990-92年）

1) U. S. Bureau of Census, 1992. Money Income of Households, Families, and Persons in the United States : 1992, *Current Population Reports*, Consumer Income Series, pp. 60-184. Washington, DC : U. S. Government Printing Office.

地図③　人口の推移、1790-1940年[2]

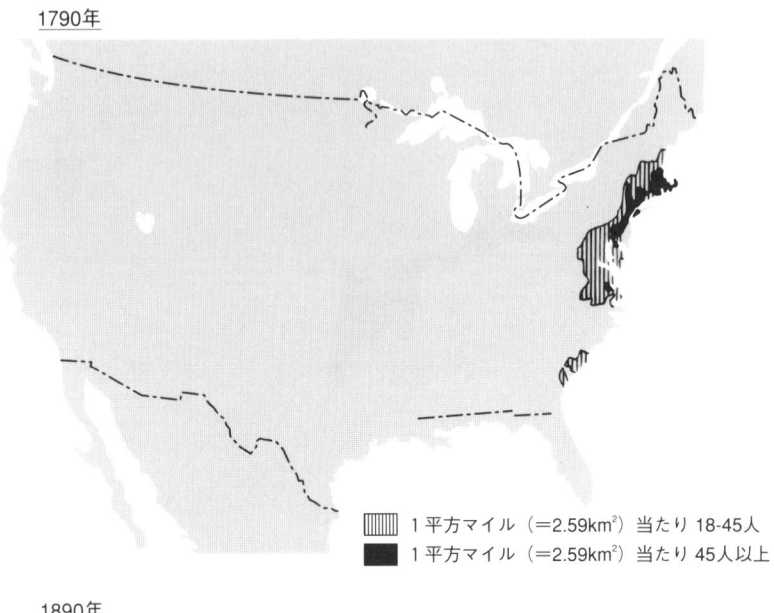

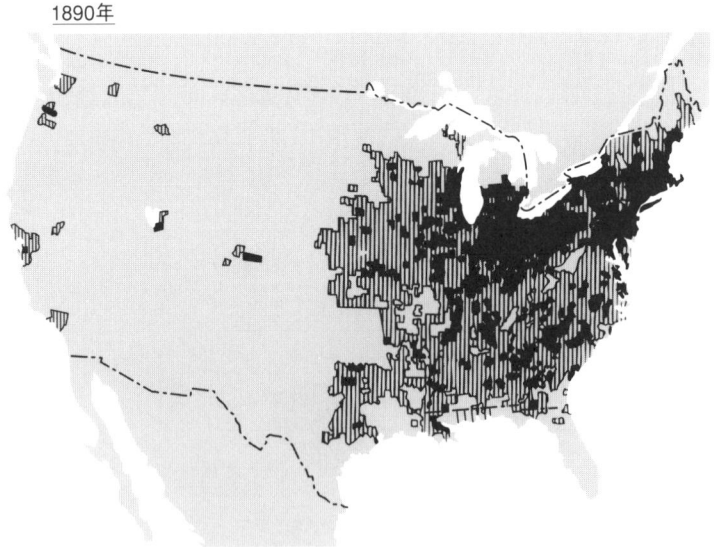

1790年

1平方マイル（＝2.59km²）当たり 18-45人
1平方マイル（＝2.59km²）当たり 45人以上

1890年

---

2) Bradbury, Malcolm & Howard Temperley, ed., *Introduction to American Studies*. Third ed., New York: Longman, 1998, pp. 350-51.

付　録　325

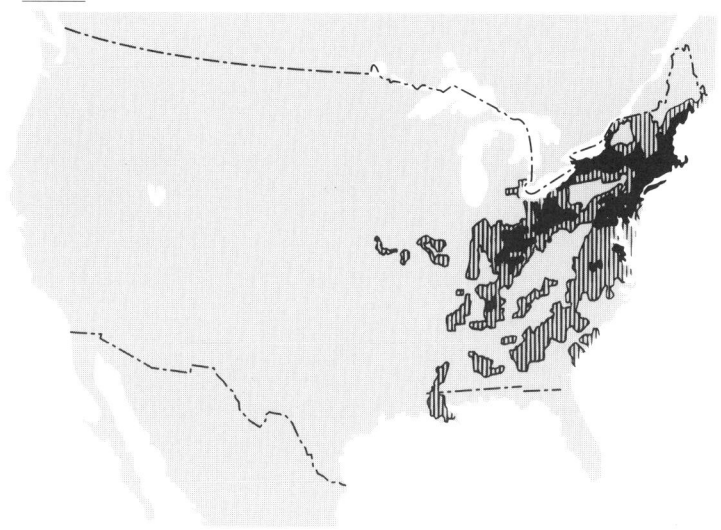

1840年

1940年

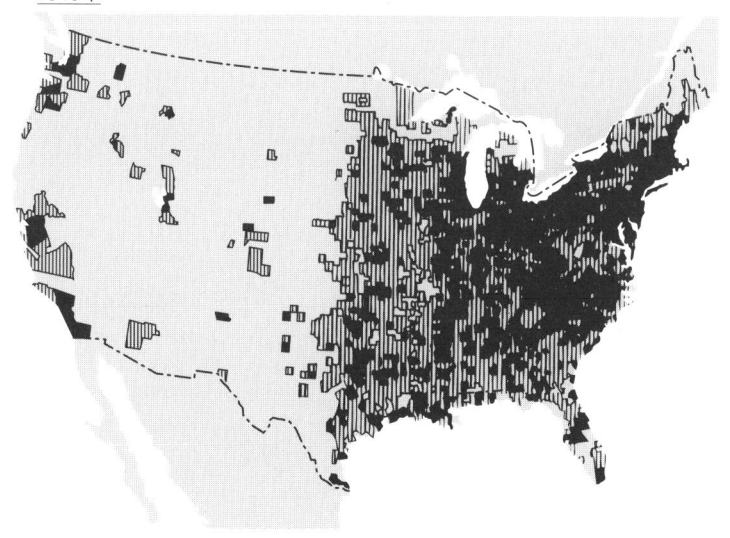

2. アメリカ合衆国歴史重要人物一覧

1. コロンブス (1451-1506)
2. ポカホンタス (1595？-1617)
3. ウイリアム・ペン (1644-1718)
4. ベンジャミン・フランクリン (1706-90)
5. ジョージ・ワシントン (1732-99)
6. ダニエル・ブーン (1734-1820)
7. パトリック・ヘンリー (1736-99)
8. トーマス・ジェファソン (1743-1826)
9. アンドリュー・ジャクソン (1765-1845)
10. デイヴィ・クロケット (1786-1836)
11. サカガウィーア (1789?-1884)
12. ナサニエル・ホーソン (1804-64)
13. タウンゼンド・ハリス (1804-78)
14. エドガー・アラン・ポー (1809-49)
15. エイブラハム・リンカーン (1809-65)
16. ストウ夫人 (1811-96)
17. ジェームズ・C・ヘボン (1815-1911)
18. ウォルト・ホイットマン (1819-92)
19. スティーヴン・C・フォスター (1826-64)
20. マーク・トウェイン (1835-1910)
21. アンドリュー・カーネギー (1835-1919)
22. J・D・ロックフェラー (1839-1937)
23. ジョゼフ・ピュリッツアー (1847-1911)
24. トーマス・エディソン (1847-1931)
25. ラフカディオ・ハーン (1850-1904)

26. ジョン・フィリップ・スーザ (1854-1932)
27. ウッドロー・ウイルソン (1856-1924)
28. セオドア・ローズヴェルト (1858-1919)
29. ジョン・デューイ (1859-1952)
30. ジェーン・アダムズ (1860-1935)
31. ヘンリー・フォード (1863-1947)
32. F・D・ローズヴェルト (1882-1945)
33. チャールズ・チャップリン (1889-1977)
34. マーサ・グレアム (1894-1991)
35. ベーブ・ルース (1895-1948)
36. ウイリアム・フォークナー (1897-1962)
37. E・ヘミングウエイ (1899-1961)
38. ルイ・アームストロング (1900-71)
39. ウォルト・ディズニー (1901-66)
40. チャールズ・A・リンドバーグ (1902-74)
41. J・R・オッペンハイマー (1904-67)
42. ジョセフィン・ベーカー (1906-1975)
43. レイチェル・カーソン (1907-64)
44. ジョン・F・ケネディ (1917-63)
45. ベティ・G・フリーダン (1921-)
46. マリリン・モンロー (1926-62)
47. マーティン・L・キング, Jr. (1929-68)
48. エルヴィス・プレスリー (1935-77)
49. テッド・ターナー (1938-)
50. ビル・ゲイツ (1955-)

主要参考文献：
　　猿谷　要編『アメリカ史重要人物 *101*』（新書館、1997年）。

3. アメリカ研究関連インターネット・ホームページ一覧

  アメリカ学会   http://park.ecc.u-tokyo.ac.jp/cas/
  立教大学アメリカ研究所   http://rikkyo.ac.jp/~ias/

  H-NET（Humanities and Social Sciences On-Line）
           http://h-net.msu.edu/

  ホワイトハウス   http://www.whitehouse.gov/
  アメリカ合衆国国会図書館   http://www.loc.gov/

  ニューヨーク・タイムズ   http://www.nytimes.com/
  USAトゥデイ   http://www.usatoday.com/
  ワシントン・ポスト   http://www.washingtonpost.com/

4. アメリカ研究関連機関電話番号一覧

　　アメリカ学会　　　　　　　　　　　　　　　　　03-5454-6163
　　立教大学アメリカ研究所　　　　　　　　　　　　03-3985-2633
　　南山大学アメリカ研究センター　　　　　　　　　052-832-3111
　　同志社大学アメリカ研究所　　　　　　　　　　　075-251-3930

　　アメリカ大使館　　　　　　　　　　　　　　　　03-3224-5000

　　日米教育委員会（フルブライト・プログラム）事務局
　　　　交流部　　　　　　　　　　　　　　　　　　03-3580-3233
　　　　教育情報部　　　　　　　　　　　　　　　　03-3580-3231

　　東京アメリカン・センター　　　　　　　　　　　03-3436-0901
　　名古屋アメリカン・センター　　　　　　　　　　052-581-8631
　　関西アメリカン・センター　　　　　　　　　　　06-6315-5967
　　福岡アメリカン・センター　　　　　　　　　　　092-761-6661

5. アメリカ永久保存指定映画25本

以下のアメリカ映画は、映画保存法（1988年制定）に従って選ばれた作品です*。

作品名（製作年）	監督
1．イントレランス（1916）	D・W・グリフィス
2．ナヌーク（1921）	R・フラハティ
3．キートン将軍（1927）	B・キートン、C・ブラックマン
4．サンライズ（1927）	F・W・ムルナウ
5．群集（1928）	K・ヴィダー
6．モダン・タイムズ（1936）	C・チャップリン
7．白雪姫（1938）	W・ディズニー
8．風と共に去りぬ（1939）	V・フレミング
9．オズの魔法使（1939）	V・フレミング
10．スミス都へ行く（1939）	F・キャプラ
11．怒りの葡萄（1940）	J・フォード
12．市民ケーン（1941）	O・ウエルズ
13．マルタの鷹（1941）	J・ヒューストン
14．カサブランカ（1942）	M・カーティス
15．我等の生涯の最良の年（1946）	W・ワイラー
16．サンセット大通り（1950）	B・ワイルダー
17．真昼の決闘（1952）	F・ジンネマン
18．雨に唄えば（1952）	J・ケリー、S・ドーネン
19．波止場（1954）	E・カザン
20．捜索者（1956）	J・フォード
21．めまい（1958）	A・ヒッチコック
22．お熱いのがお好き（1959）	B・ワイルダー

23. 博士の異常な愛情（1964）　　　S・キューブリュック
24. 知恵の木（1969）　　　　　　　G・バークス
25. スター・ウォーズ（1977）　　　G・ルーカス

　　　　　　　＊ 佐藤忠男『アメリカ映画』（第三文明社、1990年）9-10頁。

『モダン・タイムズ』(1936)

6. 索引（五十音順）

[ア]

アイゼンハワー（大統領） 147
IT（情報）革命 113
アカウンタビリティ 241
アダム神話 257,259,264
圧力団体 75,167
アパラチア山脈 13,14,21,22,24,162, 258,274
アファーマティブ・アクション 188
アーミッシュ 230,305
アメリカ・インディアン諸語 273,277
アメリカズ・ミュージック 298,299,300
アメリカニズム 103,113,114,115,116
アメリカの学者 213,219
アメリカの思想 204,205,206,217,219
アメリカ文化 6,9,92,140,191,303,305, 306,308,309,310,311,317
アメリカン・ドリーム 105,117,192,193, 201
アングロ・コンフォーミティ 179,180, 181,182
アングロ・サクソン 57,106,125,202, 230,231,239,306
『怒りの葡萄』 18,253,265
イデオロギー外交 81,84
移民法 95,175,176
岩倉使節団 77,93
インターネット 149
インディアン 3,6,10,32,33,165,171, 177,178,181,186,187,189,267,278, 287,312
ヴァージニア 21,25,33,34,36,37,158, 159,161,162,165,172,212,225

ウイリアム・オオウチ 112
ウイリアム・ブラッドフォード 255,313
ウイリアム・ペン 35,161,223
ヴェトナム戦争 47,81,85,88,98,119, 148,149,150,152,199,206
ウォーターゲイト事件 83,86
ウッドロー・ウィルソン（大統領） 43, 77,81,82
英米法 52,56,58
エドワーズ 202,204,207,208,209,211, 212,217,218,219,220
エマソン 203,204,205,212,213,216, 217,218,219,220,259
丘の上の町 63,255

[カ]

カウンター・カルチャー 199,200
科学技術 139,140,144,145,148,149
ガーシュイン 290,291,299
家族 1,191,192,193,194,197,198,199, 201,240
カーター（大統領） 83,152
価値観 4,5,6,35,119,121,122,191,194, 198,199,201,306,315
カトリック 35,42,49,159,162,165,166, 173,174,223,227,230,231,254,307
カーネギー 42,105,142,232
カリフォルニア 15,16,17,19,20,23,24, 28,29,36,63,95,134,149,174,175,253, 254,271,274,278,298
灌漑農業（かんがいのうぎょう） 16,17, 18,26,29
環境保護 149,152
環境ホルモン 150,155

完全雇用 123
成臨丸（かんりんまる） 92
キッシンジャー 81,83,98
旧移民 173,174,176
教育達成度 129,130,131
共産主義 80,206
共和党 41,43,44,74,75
拒否権 67
キング牧師 10,47,221,252,253,254
クエーカー教徒 35,161,223
組合組織率 133,144
クラーク博士 93
クリントン（大統領） 32,54,87,99,100,116,238,313
クレヴクール 180,258,259
ケインズ 44,108,109,110,116
ケース・メソッド 59
ケネディ（大統領） 32,76,147,148,231
ケン・キージー 265
原子力 141,150,152
憲法制定会議 65,66
権利章典 66,67,68,77
公正主義 105
公民権運動 10,47,74,85,200,206,221
効率主義 105
国益 80,81,82,84
国際連合 45,82
国際連盟 43,44,77,82
コネティカット 22,161,172
コミュニティ・カレッジ 241
コールドフツシュ 28,174,274,278,280
孤立主義 5,45,82,83,84
コロンブス 31,32,33,177,254,262,265

［サ］

サンディカリズム 110
General American（ジェネラル・アメリカン） 275,280
ジェームズ1世 158
シカゴ 22,25,290

ジャクソン（大統領） 32,235
ジャズ 199,274,287,289,290,291,293,297,298,307,308,311
ジャズの時代 307,311
銃社会 167,168,169
自由主義 32,80,81,105,206
集団安全保障 82
集団代表訴訟 67
情報革命 2,6,113
情報通信技術 155
ジョージア 134,157,158,161,165
女性解放運動 194,200
ジョセフ・ステイグリッツ 124
ジョン・K・ガルブレイス 109,116
ジョン・ケージ 292
ジョンソン（大統領） 32,71,147,148
ジョン・ロック 32,71,147,148
シリコンバレー 22
新移民 42,43,174,175,176,307,311
信教自由法 225
信仰復興運動 207,224,225,227
人種のるつぼ 125,180,239,173,307
真珠湾（パール・ハーバー）攻撃 45,88,96
神的な光 209,210,218
深南部 135
スーザ 298,299,300
スタインベック 18,253,254,265
ストウ夫人 309
スプートニク・ショック 149,238
成功神話 260,262
生産要素 119,120
聖書 208,209,210,226,228,229,253,258,265
生命倫理 150
セオドア・W・シュルツ 129
セオドア・ドライサー 263,264
セオドア・ローズヴェルト（大統領） 43,77,94
セクト 226

付　録　335

全米ライフル協会　167
訴訟社会　60,61,169
ソースタイン・ヴェブレン　109,110

［タ］

大覚醒　207,211,212,224,225
太平洋戦争　95,96,175
大陸法　52,56,58
タウンゼント・ハリス　91,92
ダコタ　273
ダニエル・ブーン　309
ダニエル・ベル　309,311
多文化主義　125,181,307,312,315
多民族国家　13,106,191
チェスター・バーナード　112
チャーチ　226,227,231
チャールズ1世　35,161
チャールズ2世　35,161
中央平原　14
中国　43,45,47,91,95,174,176
中産階級　163,164,165,200
朝鮮戦争　47
デイヴィ・クロケット　309
ディズニー　33,308
テキサス　14,16,17,18,20,23,24,27,134,153,274,278,
デノミネーション　226,227,228,230,231,233
デューイ　203,218
独立革命　2,31,33,35,36,38,39,52,159,173,179,204,306
独立宣言　2,32,65,162,164,213,288,395
土壌保全　18,25,26,27
ドス・パソス　263
トーマス・ジェファソン　32,77,164,235,257
ドミノ理論　81
トルーマン（大統領）　71,99,100,146,147
奴隷解放宣言　41

奴隷制　36,37,38,39,40,41,164,179,188,213,289
奴隷制廃止論　39
奴隷貿易　37,38,40,178,179

［ナ］

南部延音　275
南北戦争　25,32,35,39,41,42,72,77,83,143,168,200,204,205,260,274,310,311
ニクソン（大統領）　83,86,98,141,151
日米安全保障条約　97
日米経済摩擦　98
日米修好通商条約　91,92
ニューイングランド　14,22,23,34,35,37,40,49,156,163,211,212,221,222,223,229,255,256,260
ニューディール　32,42,43,44,97,206
ノア・ウェブスター　274,283
ノーマン・メイラー　263

［ハ］

バイオテクノロジー　150,151,154
バイリンガル教育　240,241
ハーヴァード大学　31,49,59,62,141,142,148,153,156,168,207,212,213,237,306
陪審制度　56,57
Pugwash Conference（パッグウオッシ会議）　147
ハーバート・サイモン　112
ハミルトン　66
判例法主義　56
ピッツバーグ　22
ピューリタニズム　35,207,220,221,222,223,268
ピューリタン　34,35,49,158,159,162,222,223,224,252,254,255,256,257
ピルグリム・ファーザーズ（巡礼始祖）　36,161,172,221,255
ビル・ゲイツ　105

貧困指数　122
フィッツジェラルド　265, 309
フィラデルフィア　65, 141, 223, 299
フィリップ・ロス　267
フーヴァー（大統領）　44
フォークナー　264
フォスター　288, 289, 299, 309
フォード（大統領）　71
フォード（ヘンリー）　105, 107, 111, 113, 116, 142, 143
物量主義　105
プラグマティズム　104, 203, 205, 218
フランクリン・D・ローズヴェルト（大統領）　44, 45, 67, 72, 77, 143, 145, 146
フランス革命　164, 173, 230, 288
プリマス　161, 172, 221, 222, 255
プレスリー　313, 314
フレデリック・テイラー　106, 111
プロテスタント　5, 35, 106, 159, 161, 162, 166, 173, 227, 230, 231, 232, 233, 239, 274
フロリダ　16, 17, 49, 134, 158, 271, 274
フロンティア　35, 43, 84, 111, 141, 142, 167, 168, 205, 208, 260, 261, 262, 266, 310
文化多元主義　180, 181, 182, 307
ベーコンの反乱　37
ベティ・フリーダン　193, 194
ベビーブーム　191, 192, 194, 198, 200, 201
ヘミングウェイ　264
ペリー　91, 102
ベンジャミン・フランクリン　66
ペンシルヴェニア　35, 38, 161, 164, 223, 228
ヘンリー・ジェームズ　262, 263
ヘンリー8世　159, 254
ポー　308, 309
ホイットマン　259
法曹一元　53, 54, 55
膨張主義　32, 39, 42, 43, 47, 83, 84
法の支配　52, 53
ポカホンタス　33, 309, 310

ボストン　22, 24, 31, 37, 40, 49, 142, 148, 156, 174, 212, 255, 294, 295, 298
ボストン茶会事件　65
ボブ・ディラン　168
ホームステッド法（自営農地法）　165, 262
ポール・サミュエルソン　109
ホレイショー・アルジャー　260, 264

[マ]

マイケル・E・ポーター　112, 116
マーク・トウェイン　266, 308, 309, 310, 311
マグネットスクール　245
マサチューセッツ　22, 23, 35, 36, 49, 140, 142, 147, 161, 172, 207, 208, 212, 222, 224, 237, 298, 306
マーシャル・プラン　46
マッカーサー元帥　51, 96
マッカーシズム　81
ミシシッピ　162, 237
ミシシッピ川　13, 162, 177, 254
ミルトン・フリードマン　109, 110
民主党　41, 43, 44, 74, 75, 100
メイフラワー号　22, 36, 161, 172, 221, 255, 256, 288, 313
メキシコ戦争　36
メーソン=ディクソン線　164, 181
鍍金時代（めっきじだい）　310, 311
メリーランド　35, 161, 162, 164, 165, 172, 223
メルヴィル　309
メルティング・ポット論　180, 181, 182
綿花　27, 29, 38, 40, 260
モリル法　237
モルモン教　227, 228
モンロー宣言　84

[ヤ]

約束の地　252, 253, 254, 256, 259, 265, 266

豊かな社会　107
抑制と均衡　67, 73

　　　　　　　　［ラ］

ラジオ　274, 311
リトル・トーキョー　29
リンカーン　41, 72, 77, 258, 261
リンドバーグ　310
リンドリー・マリー　274
ルイ・アームストロング　290, 310
ルイジアナ　162, 272
ルイジアナ購入　274, 278
冷戦　1, 81, 97, 99, 100, 101, 296
レイモンド・チャンドラー　308, 309
レーガン（大統領）　101, 167, 206
連邦制　66
労働組合　132, 133, 134, 135
労働市場　119, 132
労働生産性　126, 127, 128, 129, 130, 134
ロサンゼルス　13, 21, 22, 28, 29, 47, 63, 125, 188
ロシア　79, 87, 92, 164, 290, 292, 308
ロッキー山脈　13, 14, 15, 16, 18, 20, 21
ロックフェラー　42, 104, 142, 144
ロードアイランド　35, 65, 161, 172, 224, 225
ロビイスト　75

　　　　　　　　［ワ］

ワシントン（大統領）　65, 66, 70, 76, 77
ワシントン（D.C.）　23, 24, 53, 83, 163, 271, 299
ワスプ（WASP）　5, 6, 125, 239, 306, 307
ワーズワース　212, 216
湾岸戦争　168

執筆者一覧（執筆順）

鈴木　透（すずき とおる）　慶應義塾大学

氷見山　幸夫（ひみやま ゆきお）　北海道教育大学

川島　正樹（かわしま まさき）　南山大学

植村　泰三（うえむら たいぞう）　目白大学

重乃　皓（しげの あきら）

石井　貫太郎（いしい かんたろう）　目白大学

岡地　勝二（おかち かつじ）　龍谷大学

竹内　潔（たけうち きよし）　北海学園大学

矢野　重喜（やの しげき）

黒岩　裕（くろいわ ゆたか）　青山学院女子短期大学

藤田　真理子（ふじた まりこ）　広島大学

佐久間　重（さくま あつし）　名古屋文理大学

柴田　史子（しばた ふみこ）　聖学院大学

濱田　佐保子（はまだ さほこ）　岡山学院大学

大畠　一芳（おおはた かずよし）　茨城大学

樋口　明夫（ひぐち あきを）　松山東雲女子大学

北山　敦康（きたやま あつやす）　静岡大学

新・アメリカ研究入門
[増補改訂版]

2001年3月30日	初 版 発 行
2013年10月10日	第 7 刷 発 行

編　者　　矢野 重喜

発行者　　佐野 英一郎

発行所　　株式会社 成美堂
　　　　　〒101-0052　東京都千代田区神田小川町3-22
　　　　　TEL 03-3291-2261　　　FAX 03-3293-5490
　　　　　http://www.seibido.co.jp

印刷・製本　　東港出版印刷(株)

ISBN 978-4-7919-6655-4　　　　　　　　　　　　Printed in Japan

・落丁・乱丁本はお取り替えします。
・本書の無断複写は、著作権上の例外を除き著作権侵害となります。